JN320344

幻想の自治体財政改革

川瀬光義

日本経済評論社

はしがき

　いわゆる'夕張ショック'を契機として，自治体財政のあり方についてかつてなく関心が高まっている．「負担最大・サービス最低」というほかない厳しい内容の夕張市財政再建計画をみるにつけ，たとえ「お役所仕事」と揶揄される非効率の象徴のような存在であっても，私たちの暮らしが公共部門といかに密接に関係しているか，その運営に失敗するといかに暮らしに深刻な影響を及ぼすかを，多くの人々が改めて認識したのではないだろうか．

　また，多くの研究者によって明らかにされている夕張市が財政破綻に至る過程からは，石炭政策やリゾート開発政策など，国の施策に振り回されてきた自治体財政の姿が改めて浮き彫りになっている．それはまた，今，財政再建団体転落の際にたたされている自治体にほぼ共通して見受けられる状況といってよい．このことからして，戦後3回目の全国的な自治体財政危機を分析するに際して，歴史的考察が必要なことを改めて痛感させられるのである．

　図序-1が示すように，現憲法によって民主主義的権利としての地方自治制が実施されて以降，地方財政の歳出純計規模は，一貫して国家財政よりはるかに大規模に推移してきた．とくに高度経済成長期の地方財政歳出規模は，国家財政の2倍にもなったのである．つまり軍事国家であった戦前とは異なり，私たちが負担する租税を活用した公共サービスは，もっぱら地方自治体が提供してきたのである．しかし，高度経済成長が終わりを告げて以降のこの30年間，矢継ぎ早に「改革」が打ち出されては，地方財政が縮小し続けてきている．この間の政策の基調は，①国の財政再建の踏み台として自治体財政を活用し，福祉など増加が予想される行政需要には外注化などで対応することで，公共部門の縮小をすすめること，②経済成長をめざすための景気政策に自治体財政を動員するためには財政優遇策を用意して，公共事業をす

すすめることであった．本書の課題は，一連の「改革」策が，財政再建政策としても失敗であったこと，その分岐点となったのが1970年代の戦後2回目の全国的な自治体財政危機とそれに関する施策の誤りにあったことを示すことにある．

近年，いわゆる裏金問題，公共事業の談合など，自治体の浪費構造が改めて俎上に上り，自治体をめぐる世論の風当たりはかつてなく厳しくなっている．しかしだからといって，公共部門の縮小を闇雲に進めることが妥当な施策といえるであろうか．民間部門においても，著名な企業が相次いで不祥事をおこしており，単純に公共部門を縮小し，民間に移すことが無条件によいはずがない．また，訪問介護最大手コムスンの事業所指定打ち切り処分をきっかけに改めて浮き彫りになりつつあるのが，民間が担っている介護現場の劣悪な労働条件である．その背景には，増え続ける給付費を抑制するために，国が事業者に支払う介護報酬を過去2回の改定で引き下げていたことがあるという．はたして，サービス供給において公共部門が直接責任をはたさずに民間事業者に委ねるという介護保険の枠組みが，介護という人々の生存に直接関わる人的サービスのあり方としてふさわしいのかが，改めて問われているといえないだろうか．

振り返ってみると，1960年代後半から70年代前半にかけての時期は，革新自治体を中心とした先駆的な施策が次々と打ち出され，多くの自治体労働者が誇りをもって仕事に打ち込んでいたように思われる．ところが，財政危機が深刻になった70年代後半期に入ると，公務員の仕事がいかに非効率であるかなど，主権者と公務員を分断させるキャンペーンが展開され，公共部門の縮小策がすすめられていったように思われる．その後，1980年代の「行政改革」や国鉄民営化，そして最近では郵政民営化を問題にした2005年9月の総選挙など，時代の節目ごとに公共部門で働く人々と一般の人々の対立をあおることによって，問題の根本がどこにあるかが十分に検討されないまま，諸施策が強行されてきた．そして今，分権の時代を迎えていっそうの充実が求められる地方交付税を浪費の温床であるかのようにみなし，その縮

小をすすめるのは，都市と農村を分断する施策以外の何ものでもないといってよい．

どの公共サービスをどのように供給するか，その負担をどうするかは自治体が主権者と向き合って決定すべきことだが，一連の「改革」のような縮小均衡つまり歳出カット策では，条件が不利な地域に所在する自治体と人々の暮らしをいっそう困難な状況に追いやるだけではないだろうか．

いずれにしろ，「民」か「官」かといった単純な図式ではなく，それぞれにふさわしい役割を公正なルールにもとづいて果たすことが肝要なのではないか．自治体などの公共部門が無駄を改めるのは当然である．しかし私たちの暮らしや経済活動は，自治体をはじめとする公共部門が，採算にあわなくても必要とされる様々なサービスをおこなってこそ成り立っている．その意味で，公共部門で働く人々と一般の人々は，対立ではなく連帯すべきであり，財政はその連帯の手段であるといってよい．ところが今この国ですすめられているのは，地方交付税を財政危機の主因であるかのように唱えて都市と農村の対立をあおったり，基地を受け入れさせるために補助金をばらまいて地域の人々の対立をあおったりする施策である．

本書で最も強調したいことは，ある意味で単純である．現憲法第8章において民主主義的権利としての地方自治が明記され，地方交付税法においても第1条において「地方自治の本旨の実現に資する」ことを目的としていることを踏まえた財政運営をおこなうべきだということである．有償資金を大量に導入して地方交付税特別会計の債務残高が異常に累積したり，事業費補正や合併特例債などによって国の財政誘導の手段に使われることは，地方交付税法の趣旨にまったく反し，したがって「地方自治の本旨」をないがしろにすることなのである．その趣旨を理解していれば，地方交付税制度の持続性が危うくなる今日のような事態に陥ることは決してないはずである．

今，この国では，憲法や旧教育基本法の趣旨をまったく理解せず，その理想を実現する努力をまったくしないで，社会の様々な矛盾を憲法などに起因するかのように主張して，これらを破壊する動きがすすんでいる．地方交付

税制度をないがしろにする動きも同様である．地方交付税のような制度を活用して条件不利地域に財政資金を配分するのが悪いのではない．その本来の趣旨をないがしろにし，運営を誤った結果が今日のような事態を招いているのである．

　さて，私が，財政学研究を志して池上惇先生の研究室の門をたたいたのは，1975 年度末のことであった．折しも財政危機をめぐって国と地方自治体との間で論争が盛んにおこなわれているときであった．ゼミナールでは，改訂版が出版されたばかりの宮本憲一先生の『社会資本論』を教材として取り上げるなどして，自治体の財政危機についていろいろと議論したことが，本書を執筆する上での出発点となったように思われる．池上先生は京都大学退官後も，福井県立大学，京都橘大学で新しい学部・研究科の運営に従事され，さらに通信制大学院「文化政策・まちづくり大学院大学」の設立にむけて奔走されるなど，私どもに絶えず新しい刺激を与えてくださっている．拙い作品ではあるが，本書を長年の公私にわたるご指導へのお礼とさせていただきたい．

　前著『台湾・韓国の地方財政』を上梓して以降，国内では沖縄を主な調査対象としてきた．沖縄が 1972 年に日本の支配下に復帰して以降 35 年にわたって展開されてきた財政政策は，基地を引き続き沖縄に押し込めておくことだけを優先したもので，地方自治とは決して相容れない．とくに，地方分権推進委員会が設置されるなどして全国的には分権型社会をどう形成するかを模索してきたこの 10 年間，沖縄では，新たな基地を受け入れさせるための財政政策が展開されてきたのである．西山太吉『沖縄密約』（岩波書店，2007 年）が明らかにしたように，日本政府は，沖縄返還に際してアメリカ合州国政府と密約を結び，不当な財政支出を行ってきた．すでに，アメリカ合州国政府が公表した公文書で密約の存在がたびたび明らかになり，日本外務省の当時の交渉担当者もそれを認めている．これだけ証拠があがってもなお嘘をつき続ける日本政府による財政運営を誰が信用するであろうか．

ともあれ，私に沖縄研究のきっかけを与えてくださった沖縄持続的発展研究会の諸先生方，とくに代表である宮本憲一先生，現地調査に際して多大な協力をいただいた宮城康博前名護市議会議員をはじめとする多くの沖縄在住の知人・友人，そして資料提供で何かと便宜をはかっていただいた沖縄県市町村課・名護市役所をはじめとする自治体関係者の人々に，この場を借りてお礼申し上げたい．沖縄の人々に多大な協力をいただいたにもかかわらず，私の力不足により，収集した膨大な資料のほんの一部しか活用することができていない．本書の第5章，第6章は，ささやかな成果にすぎない．これを足がかりにして，沖縄からみた日本財政のあり方を問う書をできるだけ早く仕上げたいと考えている．

　その他，日本財政学会，日本地方財政学会，日本地方自治学会，自治体問題研究所，地方自治問題研究機構，韓国地方財政学会などでの討論から多くの刺激を受けたことを記して，謝意を表したい．また，私事にわたって恐縮であるが，私たち夫婦の共働き研究活動を何かと支えてくれている母と義母，そして妻憲子と2人のこどもたちにも感謝したい．

　なお，本書の一部は，2002・03年度，および2004・05年度日本学術振興会科学研究費補助金基盤研究の成果である．また，前任校である静岡県立大学で交付された特別研究資金も活用させていただいた．法人化を控えた多忙な時期であるにもかかわらず，私が転出することを了解してくださった西垣克学長や経営情報学部の諸先生方にも感謝したい．新しい職場である京都府立大学は，2008年度から「公共」を前面に打ち出した新学部・研究科を発足させることとなっている．本書が，新学部・研究科の発展に少しでも貢献できれば，これに勝る喜びはない．最後に，小生の怠慢により当初の約束から2年もすぎたにもかかわらず本書の出版をお引き受けいただいた日本経済評論社，とくに清達二氏に心よりお礼申し上げたい．

2007年初夏
京都下鴨の研究室にて

目　次

はしがき

序章　希望を奪う「改革」……………………………………1
 1.　分権型財政改革をめぐって　1
 2.　縮小均衡型財政政策の推進　6
 3.　地方交付税が財政危機の原因か　12
 4.　本書の構成　20

第1章　住民税にみる集権性 ……………………………………29

 はじめに　29
 1.　大きな地方財政を支える地方税制　31
 2.　日本における地方所得税改革の変遷　37
 3.　住民税フラット化で課税自主権は機能するか？　43
 おわりに　50

第2章　固定資産税にみる集権性 …………………………………55

 はじめに　55
 1.　固定資産税の沿革と現状　57
 2.　課税標準決定方式にみる固定資産税の集権性　62
 3.　土地の課税標準決定過程にみる集権性　65
  (1)　負担調整措置の導入　65
  (2)　1994年度評価替えによる複雑化　67
  (3)　負担水準の導入　68

おわりに　　　　　　　　　　　　　　　　　　　　　76

第3章　「財政戦争」の帰結 ………………………………81
　　　――「行政改革」がもたらしたもの――

　　はじめに　　　　　　　　　　　　　　　　　　　　　81
　　1.　1970年代財政危機の特徴　　　　　　　　　　　　82
　　2.　財政危機をめぐる論争　　　　　　　　　　　　　88
　　3.　財政調整制度の変質　　　　　　　　　　　　　　95
　　　(1)　地方交付税制度の変質　95
　　　(2)　補助金一律カット　97
　　4.　財政硬直化の新たな様相　　　　　　　　　　　　100
　　おわりに　　　　　　　　　　　　　　　　　　　　　105

第4章　投資的経費膨張政策の帰結 ………………………109

　　はじめに　　　　　　　　　　　　　　　　　　　　　109
　　1.　バブル経済による地方財政の「好転」　　　　　　110
　　2.　公共事業の変貌　　　　　　　　　　　　　　　　113
　　　(1)　自治体の比重の高まり　113
　　　(2)　「民活」型公共投資の展開　116
　　　(3)　「民活」型公共投資の破綻　118
　　3.　バブル経済崩壊と自治体財政　　　　　　　　　　124
　　　(1)　税収減にもかかわらず地方単独事業が急増　124
　　　(2)　自治体を単独事業に動員するしくみ　127
　　おわりに　　　　　　　　　　　　　　　　　　　　　134

第5章　基礎自治体からみた「三位一体改革」……………141
　　　――沖縄を中心に――

　　はじめに　　　　　　　　　　　　　　　　　　　　　141

  1.　沖縄自治体財政の特徴　　　　　　　　　　　　　　143
  2.　2004年度国庫補助負担金削減の影響　　　　　　　　150
   (1) 公共事業補助金削減の影響　150
   (2) 公立保育所運営費一般財源化の影響　156
  3.　小規模離島自治体の状況　　　　　　　　　　　　　158
  おわりに　　　　　　　　　　　　　　　　　　　　　165

第6章　安全保障と地方自治 …………………………… 171

  はじめに　　　　　　　　　　　　　　　　　　　　　171
  1.　基地維持のための財政支出　　　　　　　　　　　　173
   (1) 従来の財政支出　173
   (2) 基地関係収入の「優遇」度　177
   (3) 基地維持財政政策の新展開　183
  2.　基地と自治体財政：嘉手納町を中心に　　　　　　　186
  3.　基地と自治体財政：名護市を中心に　　　　　　　　194
   (1) 名護市の地域特性　194
   (2) 基地新設と名護市財政　201
  おわりに　　　　　　　　　　　　　　　　　　　　　206

終章　地方交付税を連帯の証に ………………………… 215

 参考文献　　　　　　　　　　　　　　　　　　　　　　228
 索　　引　　　　　　　　　　　　　　　　　　　　　　239

図表一覧

序章
表序-1 2004-06年度国庫補助負担金改革
図序-1 国歳出純計（100）に対する地方歳出純計の推移
図序-2 交付税総額，法定分（当初），債務残高の推移
図序-3 団体別普通交付税の構成比の推移

第1章
表1-1 主要国の税収比較
表1-2 各国の主要税目の自治体間税率格差
表1-3 税源移譲後の所得税・個人住民税の税率
表1-4 昭島市における税源移譲の影響額試算
表1-5 税源移譲による負担増減のモデルケース
表1-6 個人所得課税の減税の概要
図1-1 国及び地方の歳出・税収の国際比較
図1-2 課税ベースでみた地方税収の構成比の推移
図1-3 税源移譲による税収の変化
図1-4 スウェーデン基礎自治体の歳入構造
図1-5 スウェーデン基礎自治体の目的別歳出構造
図1-6 スウェーデン基礎自治体の性質別歳出構造

第2章
表2-1 米英加日韓の財産税の構造（2003年）
表2-2 2006年度商業地等（住宅用地以外の土地）の課税事例
表2-3 2006年度小規模住宅用地の課税事例
表2-4 固定資産税の超過税率の採用状況
表2-5 1991年度住宅用地の負担調整措置
表2-6 2003年度商業地等の負担調整措置
表2-7 2003年度小規模住宅用地の負担調整措置
表2-8 大都市における固定資産税収（土地）の増減率の推移
図2-1 固定資産税収等の推移
図2-2 固定資産税額の課税対象別推移
図2-3 国（地方税法）と市町村（条例）の役割
図2-4 商業地等の宅地と住宅用地の課税のしくみ（2006年度～2008年度）

図 2-5　商業地等の税負担の変化（1997 年度〜2006 年度）
図 2-6　大阪市の市民税，固定資産税（土地）の推移
図 2-7　大阪市の地方交付税，市債の推移
第 3 章
表 3-1　主な目的別地方経費構成の推移
表 3-2　主な性質別地方経費構成の推移
表 3-3　大阪府における主な目的別歳出決算額の推移
表 3-4　大阪府行政投資の変化
表 3-5　大阪府性質別歳出決算額（普通会計）の変化
表 3-6　大阪府下自治体の財政収支の推移
表 3-7　財政構造改革試案
表 3-8　国庫補助率の変更による地方への影響度
表 3-9　国庫補助負担率引き下げ措置の推移
表 3-10　国庫補助負担率引き下げと補塡措置
表 3-11　1980 年代における主な歳入の推移
表 3-12　経常収支比率の推移
図 3-1　都民の所得階層別税負担率，所得税＋個人住民税（1973 年）
図 3-2　地方財政の財源不足と補塡措置の推移
図 3-3　物件費の推移
図 3-4　大阪市の経常的経費と投資的・臨時的経費の推移（一般会計）
第 4 章
表 4-1　主な地方歳入の推移
表 4-2　東京都における法人事業税収入の推移（対全国比）
表 4-3　事業主体・経費負担別行政投資の推移
表 4-4　第三セクター等の損失保証契約・債務保証契約に係わる債務残高
表 4-5　長期保有土地の総額及び面積
表 4-6　第三セクターの業務別黒字・赤字法人数（額）
表 4-7　東京都の一般会計歳入総額と都税収入の推移
表 4-8　地方単独事業（投資的経費）の推移
表 4-9　投資的経費算定方法改正の変遷
図 4-1　普通建設事業費の財源構成比の推移
図 4-2　大都市圏・地方圏の行政投資額の構成比の推移
図 4-3　地方単独事業費の財源構成の推移
図 4-4　態容補正の分類
図 4-5　ふるさとづくり事業の財政措置
図 4-6　主な補正による基準財政需要増加額の推移（市町村）
第 5 章
表 5-1　沖縄県内資金負担別行政投資額

図表一覧

表 5-2　地方6団体案移譲対象補助金（沖縄関係）の状況
表 5-3　2004年度「三位一体改革」に伴う沖縄県内市町村への影響額試算
表 5-4　沖縄県内市町村における2004年度当初予算編成における財源確保策
表 5-5　名護市における「三位一体改革」の影響
図 5-1　沖縄県主な性質別歳出の推移
図 5-2　普通建設事業費（補助）の構成比の推移
図 5-3　三位一体改革と高率補助の行方
図 5-4　渡嘉敷村交付税の推移
図 5-5　本島南部周辺離島6村の普通交付税と交付税総額にしめる割合の推移
図 5-6　渡嘉敷村基準財政需要額の推移
図 5-7　渡嘉敷村費目別基準財政需要額（経常経費）の推移
図 5-8　沖縄県内市町村特別交付税の推移

第6章

表 6-1　主な自治体の基地関係収入（2004年度）
表 6-2　昭島市における2002年度防衛関連補助事業
表 6-3　金武町・浜岡町の主な歳入（2003年度）
表 6-4　主な米軍基地の所有形態
表 6-5　嘉手納町主な歳入と基地関係収入の推移
表 6-6　嘉手納町主な性質別歳出の推移
表 6-7　名護市旧町村別人口の推移
表 6-8　名護市性質別歳出の推移
表 6-9　那覇市性質別歳出の推移
図 6-1　軍用地料支払額別所有者数（2001年度）
図 6-2　名護市の位置図
図 6-3　名護市基地関係収入の推移
図 6-4　名護市主な性質別歳出の推移
図 6-5　名護市主な歳入の推移

終章

表終-1　「三位一体の改革」の成果
表終-2　人口・面積による普通交付税の配分にかかる試算

付図1　沖縄県行政区域図
付図2　沖縄県内米軍提供施設・区域配置図

序章

希望を奪う「改革」

1. 分権型財政改革をめぐって

　「本来,「三位一体の改革」は,真の地方自治の確立に向けた「地方分権改革」である.地方公共団体の自己決定,自己責任の幅を拡大し,自由度を高めて創意工夫に富んだ施策を展開することにより,住民ニーズに対応した多様で個性的な地域づくりを行い,国民が豊かさとゆとりを実感できる生活を実現することができるよう,財政面の自立度を高めるための改革である」[1].

　これは,政府の要請を受けて,3兆円規模の税源移譲を行う前提として,全国知事会など地方6団体が2004年8月にまとめた国庫補助負担金改革案における冒頭の一文である.1993年に衆参両議院で「地方分権の推進に関する決議」が行われ,ほどなく設置された地方分権推進委員会が,『中間報告―分権型社会の創造―』(1996年3月)において,この改革を明治維新,戦後改革に次ぐ「第三の改革」と唱えてから10年以上が経過した今日,地方分権改革の進展に対して,冒頭に述べたような希望を抱くことができるだろうか.もし「三位一体の改革」なるものが,「真の地方自治の確立に向けた「地方分権改革」」であるならば,いま日本の地方自治体はどこも,希望に満ちて生き生きとしているはずである.

　ところが多くの自治体は,それどころか当面の予算編成にも四苦八苦し,自治体としての存立を維持するのに精一杯となっている.その象徴的な出来事の1つが,三位一体改革初年度である2004年度の予算編成に際して,ほ

とんどの自治体において難航を極めたことであろう．というのは，国庫補助負担金が約1兆円削減されたのに対し，国から自治体への税源移譲は約4,500億円にとどまり，加えて，臨時財政対策債の発行額を加えた地方交付税の実質削減額が約2兆9,000億円にものぼったからである．1990年代に，国の景気対策に協力して単独事業を大幅に増やし，その財源を交付税措置のついた起債に依存してきた自治体にとっては，その償還のピークを迎えたまさにその時に，はしごをはずされることとなった．地方自治体からみると「2004年度は，国の財政再建のみを先行させた地方分権改革には程遠い内容であり，国と地方の信頼関係を著しく損なう結果となった」[2]のである．

さらに2005年末にようやく成案をみた国庫補助負担金改革は，削減額が4.7兆円であるのに対し，税源移譲額は3兆円ほどにすぎず，税源移譲の対象とならなかった公共事業関係等の補助金についてはスリム化が1兆円弱，交付金化が8千億円弱となった．加えて，補助負担金削減の中身をみると，地方側が求めていなかった国民健康保険の都道府県負担，児童扶養手当・児童手当の国庫負担率の引き下げ，義務教育費国庫負担の国庫負担率引き下げなど，地方の自由度・裁量度が高まらない単なる負担の付け替えが多くを占めたのである（表序-1）[3]．

ところで，分権型財政改革をめぐって，近年様々な改革案が提起されているが，その目指すべき将来像は概ね一致していると思われる．第1に，日本の自治体財政が典型的に示しているような歳出額と税源配分の著しい乖離を可能な限り縮小すること，第2に，それを実現するために所得税など基幹的税源を大幅に移譲し，自治体の仕事は可能な限り自己の税財源でまかなえるようにしようということである．これによって地方自治体は，これまでのように補助金等を獲得するために中央省庁への説明に力を注ぐのではなく，租税等の負担も含めて主権者に説明責任を果たすことに力を注ぎ，主権者の必要性に応じた多様なサービスを提供できるような財政システムを構築することが目指されているといえよう．

このように目指すべき姿はよく似ていても，問題の所在をどこに見出し，

表序-1 2004-06年度国庫補助負担金改革

(1) 税源移譲に結びつく国庫補助負担金の改革（①+②+③）		31,176億円

(2004年度税源移譲に係るもの)
- 義務教育費国庫負担金及び公立養護学校教育費国庫負担金
  - （うち共済長期給付負担金及び公務災害補償基金負担金） (2,184億円)
  - （うち退職手当及び児童手当） (2,309億円)
- 児童保護費等負担金（うち公立保育所運営費） (1,661億円)
- 介護保険事務費交付金 (305億円)
- 軽費老人ホーム事務費補助金 (167億円)
- など　　　　　　　　　　　　　　　　　　　　計　7,093億円　①

(2004年政府・与党合意（2004.11.26）に係るもの)
- 義務教育費国庫負担金及び公立養護学校教育費国庫負担金 (8,467億円)
- 国民健康保険国庫負担 (6,862億円)
- 養護老人ホーム等保護費負担金 (567億円)
- 在宅福祉事業費補助金（うち介護予防・地域支え合い事業
  （緊急通報体制等整備事業） 等） (125億円)
- 公営住宅家賃対策等補助（うち公営住宅家賃収入補助） (641億円)
- 協同農業普及事業交付金（うち職員設置費の一部） (146億円)
- 小規模企業等活性化補助金（うち小規模事業経営支援事業費補助金等） (96億円)
- 消防防災設備整備費補助金（緊急消防援助隊関係設備分を除く） (61億円)
- など　　　　　　　　　　　　　　　　　　　　計　17,539億円　②

(2005年政府・与党合意（2005.11.30）に係るもの)
- 児童扶養手当給付費負担金 (1,805億円)
- 児童手当国庫負担金 (1,578億円)
- 介護給付費等負担金（うち施設等給付費に係るもの） (1,302億円)
- 地域介護・福祉空間整備等施設整備交付金（うち都道府県交付金） (389億円)
- 公営住宅家賃対策等補助（うち公営住宅法に基づく国庫負担金分等） (620億円)
- 公立学校等施設整備費補助金（うち不適格改築の一部等） (170億円)
- など　　　　　　　　　　　　　　　　　　　　計　6,544億円　③

(2) スリム化の改革　　　　　　　　　　　　　　　　　　　9,886億円
(3) 交付金化の改革　　　　　　　　　　　　　　　　　　　7,943億円

国庫補助負担金改革の全体像　(1)+(2)+(3)		46,661億円

（2003年改革分を除く）

出所）総務省自治財政局『地方財政関係資料』2006年5月．

どういう手順で進めるかをめぐって，次の2つの立場がせめぎあっていると思われる[4]．

　第1の立場は，自治体に仕事量に見合うだけの税源が保障されておらず，そのためどのような事業をおこなうにせよ，補助金など国の財政支出に依拠せざるを得ないことに問題の所在を見出そうとする立場である．この立場からは，国と地方の事務配分の見直しによって自治体の歳出における裁量を拡大するとともに，税源移譲を中心とした歳入の抜本的な改革が提起される．例えば，2001年6月に発表された地方分権推進委員会最終報告では，「収入の質の転換を図る」ことを基本目的として，地方税源の充実を主張する一方，国から地方への移転的支出の削減については，「まず国の関与の強い特定財源である国庫補助負担金を対象にすべきである」としている．もう1つの大きな移転的支出である地方交付税については「税源移譲による歳入中立の下での地方税の充実に伴い，地方交付税の総額は縮小することが見込まれるが，地域間の税源の偏在により，財政力の格差が拡大する可能性があることから，財政力の格差を是正するという地方交付税制度の役割は依然として重要」とし，その「総量の縮小や配分基準の簡素化の議論は，法令による歳出や事務事業の義務付け，補助負担金等による国の関与の廃止・縮小と一体として検討していかなければならない」と，慎重な姿勢をみせている[5]．要するに，まず税源移譲を中心に「収入の質の転換を図る」ことを目指し，国から地方への移転的支出の見直しは，特定財源である国庫支出金を優先し，地方交付税の見直しは「国の関与の廃止・縮小」と一体で時間をかけて検討するべきだというのである．

　第2の立場は，国からの移転的支出への過度な依存がまねく「受益と負担」の乖離に問題の所在を見出そうとする見解である．ここで主な原因としてやり玉に挙げられるのが地方交付税である．財政力が弱く交付税への依存度が高い自治体では「受益と負担」の乖離が大きいため財政運営においてモラル・ハザードに陥りやすい．そうした'甘え'が自治体財政危機及び地方交付税特別会計の債務残高の累積を招いた主な原因であるというのである．

この立場からは，岐阜県庁の裏金問題や北海道夕張市の財政破綻にみられるような「地方において不適切な財政運営が見逃されてきた背景として，地方交付税による財源保障機能が，各自治体における受益と負担の関係を希薄化させ」[6]たことがあるということになる．したがってまず，地方交付税の財源保障機能を大幅に縮小することによって自治体財政の自立を促すことが提起される．例えば，毎年 11 月に出される財政制度審議会の翌年度予算に関する建議では，こうした趣旨の主張が繰り返されている．そこでは税源移譲について「国と地方の財政事情，債務残高の取扱い，地方の課税自主権発揮の状況，国税が巨額の国債の貴重な償還財源であり，国債への信任の担保となっていることなどを踏まえて検討すべき」[7]と，消極的な姿勢をみせているのである．

この 2 つの立場は，地方交付税を分権社会においてどのように位置づけるかをめぐる対立ともいえる．第 1 の立場は，分権社会においても不可欠のシステムと位置づけ，課税自主権など自治体の自己決定権充実と両立するものであると主張する．他方，第 2 の立場は，交付税は公共部門の非効率と財政運営のモラル・ハザードの象徴として，その縮小・廃止を唱えるのである．それはまた，分権社会において公共部門の役割をどのように位置づけるかという見解とも密接にかかわっている．第 1 の立場は，教育・福祉など人的サービスの提供において，地方自治体をはじめとした公共部門に積極的な役割を見出そうとする分権型福祉社会をめざすものといえる[8]．他方，第 2 の立場は，増加する福祉サービスなどへの需要に対しては，非公共部門の役割に依拠して対応しようとするものであり，公共部門の縮小均衡をはかる考え方と一致している．

このように 2 つの立場がせめぎあっているとはいえ，現実には，国の財政再建を優先し，公共部門の役割を縮小させようとする第 2 の立場にもとづく施策が展開されている．そしてそれは，今日に始まるのではなく，30 年以上にわたって行われてきたのである．

2. 縮小均衡型財政政策の推進

　図序-1は，国の純歳出額を100とした場合の地方の純歳出額の推移を高度経済成長期初期の1960年度から最近までをみたものである．高度経済成長期は，地方財政が国家財政のおよそ2倍の歳出規模であったが，低成長期になると160あたりまで低下していることがわかる．バブル経済崩壊後，92年度からしばらくは190近くまで回復しているものの，99年度以降は再び低下し，150から160あたりにまで下げていることがわかる．そして「三位一体改革」が始まった2004・05年度は連続して低下し，05年度は146と150をも割り込むこととなったのである．つまり，1970年代半ば以降，バブル経済崩壊を契機とした景気対策に地方財政が動員された時期を除くと，地方財政は国家財政に比べて縮小傾向にあったのである．

　地方財政が縮小を余儀なくされた期間は，国の財政再建のための「改革」を押しつけられた時期でもあった．すなわち，1970年代の戦後2回目の全

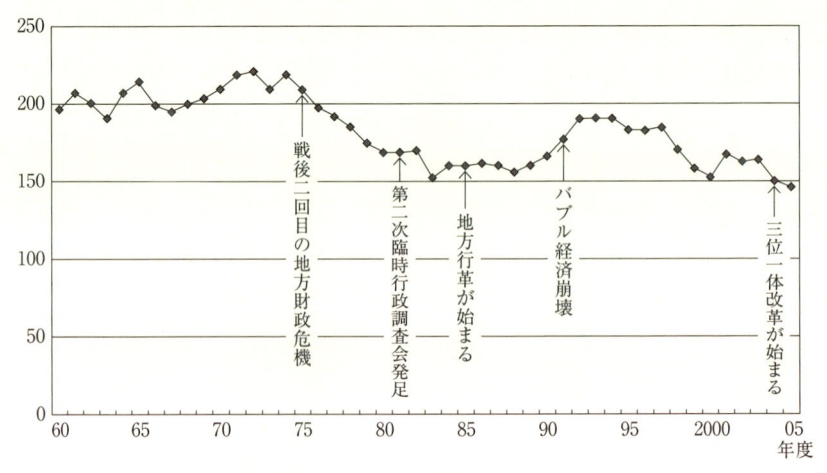

出所）地方財政制度研究会編『地方財政要覧』各年版，より作成．

図序-1　国歳出純計（100）に対する地方歳出純計の推移

国的な自治体財政危機に対する処方箋として打ち出された「都市経営論」，大平内閣がすすめようとした付加価値税導入による財政再建が挫折したことをうけて「増税なき財政再建」をスローガンにして80年代にすすめられた「行政改革」，バブル経済崩壊後の景気対策によって悪化した財政赤字を解消するために橋本内閣がすすめようとした「財政構造改革」，そして小泉内閣において「聖域なき構造改革」が叫ばれる中ですすめられている「三位一体改革」と市町村合併の推進などである．

　これらは名称は違えど，その手法にはおおむね次のような共通点がある．すなわち，国の財政負担を減らし，自治体の財政規模を縮小することを主眼とした量的目標の達成が第一義的に追求されていることである．今すすめられている「三位一体改革」を例にとると，「経済財政運営と構造改革に関する基本方針2003」で国庫補助負担金の削減目標として4兆円をめざすことが唱えられて以降，国と地方の役割分担・事務配分を真摯に見直し，自治体の裁量を拡大するために補助事業をどう整理するかという本来の課題よりも，この量的目標をどう達成するかに焦点が移ることとなってしまった．そのため，全国知事会など地方6団体が廃止対象リストに載せることをためらうほど優先順位が低い，いわば「ラストバッター」[9]である義務教育費国庫負担金や，リストにも載せていない，つまり地方側が廃止を求めていない国民健康保険に関する国庫支出金などが，量的目標を達成するための'生け贄'にされたのである．地方側は，1980年代に強行された補助金一律カットのような「一方的な負担転嫁は絶対にみとめられない」[10]と繰り返し強調したにもかかわらず，何ら地方分権の前進に貢献しない方策が，量的目標を達成するために強行されたのである．しかも縮小の対象とされたのは，もっぱら人件費や社会保障移転など住民に対する基礎的サービスにかかわる経常的経費であった．

　このような縮小路線の大枠は，小渕内閣下で設けられた経済戦略会議答申「日本経済再生への戦略」（1999年2月）において，すでに明確になっていた．同答申は，日本独自の「第三の道」を実現するための4課題のうちの第1に

「地方も含め「小さくかつ効率的な政府」を実現する」ことをあげ，具体的方策として，国はもとより地方も含めた公務員の削減と民間への業務委託を掲げるなど，公共部門の縮小路線を打ち出している．そして第2に「地方主権」の確立を挙げ，具体的に次の2つの方策を掲げた．

第1は，「市町村合併の推進」である．すなわち，それは「基礎的な自治体である市町村の行政サービスに関する提供能力と効率性を大幅に向上させる」ために不可欠であり，「全国3,200の市町村を少なくとも1,000以下に減らすことを目標に，国は市町村合併を促進するための有効なインセンティブ・システムの拡充」をすすめるべきというのである．

第2は，「抜本的な地方税財政改革」である．その理由は，「現行の地方税財政制度については，国からの地方交付税や補助金を通じた財政移転がモラル・ハザードを生じさせており，真の地方自治の確立が妨げられている」ことにある．したがって「財政上のモラル・ハザードを排除」し「地方の必要とする財源は地方税によって賄いうる制度に改める」ために「税収の都市部への偏りを是正し，地方間の税収格差が解消されるように，税制の在り方を抜本改革」し，「これに伴い，地方交付税は，離島，山間僻地などの特別な場合を除き，段階的に縮小し，地方債についても原則自由化する」と述べられている．

このように基礎自治体を3分の1以下に減らすこと，民間委託・民営化による公共部門の縮小路線，交付税など国から地方への財政移転が招くモラル・ハザードを解消するために交付税などを大幅に縮小するという基本路線は，すでにこの段階で明確になっていたことがわかる．そしてこの路線は，政府の諸施策の基本的指針として2001年以降毎年6月に発表されている「今後の経済財政運営及び経済社会の構造改革に関する基本方針」（以下「基本方針」と略記）において，いっそう具体化されることとなった．

「基本方針」では毎年のように，市町村合併や地方財政改革について言及されているが，最も包括的で具体的な施策が盛り込まれたのが「基本方針2003」であった．そこではまず，「三位一体改革によって達成されるべき

「望ましい姿」」として,「地方の一般財源の割合の引き上げ」「地方税の充実,交付税への依存の引き下げ」などがあげられている.しかしそれらは「効率的で小さな政府」を実現するためであり,「社会保障関係費の抑制」「地方歳出の徹底した見直しによる交付税総額の抑制」などの歳出カット,つまり公共部門の縮小によって達成されるべきだというのである.

こうした歳出カットを優先する姿勢は,「基本方針2003」に盛り込まれた「三位一体改革の具体的な改革工程」に次のように貫かれている.

まず第1に,国庫補助負担金については,「国庫補助負担金等整理合理化方針」にもとづいて2006年度までに「概ね4兆円程度を目途に廃止,縮減等の改革を行う」と,初めて具体的な数値目標が明記された.

第2に,地方交付税について,「国庫補助負担金の廃止,縮減による補助事業の抑制」「地方財政計画人員を4万人以上純減」「投資的経費(単独)を1990-91年度の水準を目安に抑制」「一般行政経費等(単独)を現在の水準以下に抑制」することにより,「地方財政計画の歳出を徹底的に見直す.これにより,地方交付税総額を抑制し,財源保障機能を縮小していく」と,ここでも具体的な縮小目標が設定されている.

第3に,税源移譲を含む税源配分の見直しについては,まず「基本方針2002」で打ち出した「廃止する国庫補助負担金の対象事業の中で引き続き地方が主体となって実施する必要のあるものについては税源移譲する」という方針を再確認する.そして「税源移譲は基幹税の充実を基本に行う」としつつも,移譲額については「個別事業の見直し・精査を行い,補助金の性格等を勘案しつつ,8割程度を目安として移譲し,義務的な事業については徹底的な効率化を図った上でその所要の全額を移譲」と述べるなど,税源移譲対象事業についても一定の縮減を求めているのである.

これを受けた三位一体改革初年度の2004年度予算においては,税源移譲が不十分な上に,臨時財政対策債を含めた地方交付税総額が,前年度比12%も削減されたため,多くの自治体の財政運営に深刻な影響を及ぼしたことはすでに述べたところである.

このように，今政府がすすめようとしている政策は，国の財政再建を目的として「効率的で小さな政府」をめざす縮小均衡路線であるといってよい．4兆円の国庫補助負担金の縮減，「基本方針2005」で具体化された所得税から個人住民税への税源移譲による3兆円規模の税源移譲も，「2010年代初頭における基礎的財政収支の黒字化」（基本方針2005）をめざす一環でしかない．そのために地方交付税の財源保障機能の縮小，市町村合併や道州制の推進，民営化・民間委託の推進などを通じた，歳出削減が徹底してすすめられようとしている．そして実際にここ数年間，次のような施策がすすめられてきた．

第1に，地方交付税特別会計の債務残高の累積を背景として，その総額の削減が先行して進んでいる．地方交付税総額は，2000年度の21.4兆円をピークに4年連続減少した．2005年度は前年度と同じ16.9兆円となったが，06年度は15.9兆円，07年度は15.2兆円に減少した．とくに，2002年度には「基本方針2001」での指摘を受けて，小規模自治体において経費が割高とならざるを得ない点を配慮して設けられた「段階補正」が見直されたことにより，小規模自治体の交付税が相対的に大きく削減された．それでも，2003年度までは臨時財政対策債でまかなわれている分を交付税に含めると増額が続いていた．ところが，2004年度においては，すでに述べたように臨時財政対策債分も含めて前年度比12％減となって以降減少が続き，06年度の臨時財政対策債を含めた交付税総額は前年度比6.5％減の18.8兆円，07年度は18.1兆円となった[11]．

第2に，このように交付税削減などによって多くの自治体を財政的に困難な状況に追い込む一方，財政優遇措置という'アメ'をちらつかせて，他の自治体との合併推進政策が強行されている．すでに述べたように政府は，人口1万人以下の自治体を主な合併の対象として，3,000余あった自治体を1,000程に減らそうとしてきた．これは，町と村をこの国から消滅させようとしているとも言える．その際，現在の国と地方自治体との役割分担・税財源の配分などはまったく問題とされない．現行の国と自治体との関係を前提と

して，交付税など国の移転財源への依存度が高い自治体を一掃し，国にあまり迷惑をかけない「自治体」を作り出そうとしているといえる．これでは，かつて明治地方自治制の創設において中心的な役割を果たした山縣有朋が，地方自治を兵役・納税と並ぶ義務の一つと見なしたこと，つまり国に負担をかけないで国から与えられた仕事をこなすことと定義したのと基本的に変わらない発想であるといえる[12]．

第3に，補助負担金の削減はすすめられているものの，多くの場合は自治体の裁量を拡大しない単なる歳出カットに過ぎない．すでに述べたように，2004年度から06年度までの第1期三位一体改革で，3兆円の税源移譲に対して，国庫補助負担金は4.7兆円削減される．税源移譲に結びつく改革額3.1兆円のうち，国の負担率の引き下げに過ぎないのが多くをしめている．これはまったく自治体の裁量の拡大につながらず，地方自治体が禁じ手としていたものである．内訳を見ると，最大のものは義務教育費国庫負担金の引き下げ（教員人件費の国庫負担率を2分の1から3分の1への引き下げなど）である．次いで大きいのが，国民健康保険における国庫負担の引き下げと都道府県負担の導入である．繰り返し述べたように，これらは，自治体側が求めていなかったものである．また，児童扶養手当などの国庫負担率も引き下げられたが，これは自治体側が強く反対した生活保護費国庫負担率引き下げの代わりに浮上したものである．

総じて，自治体の裁量の拡大という本来の目的を達成するために補助負担金を見直したのではなく，4兆円という量的目標を達成するための数字合わせに終始したのである．これでは，第3章で述べる80年代の補助金一律カットの焼き直しに過ぎないといえよう．つまり自治体への財源再配分にかかわる中央省庁の権限は維持したまま，財政再建のために国の負担だけ減らそうとしてきたのである．

第4に，このように自治体財政の縮小をすすめる一方，投資的経費が膨張する枠組みはしっかりと確保されている．まず，すでに述べたように，建設国債を原資としているから税源移譲の対象にできないという財務省の姿勢故

に，国庫補助負担金削減の対象がもっぱら経常的経費にかかわる事業が対象となり，公共事業や施設整備関係の補助負担金の削減がわずかにとどまったことは，補助負担金を通じて投資的経費が膨張する枠組みが，依然として強固に残存していることを意味する．加えて，起債と交付税措置を組み合わせた投資的経費膨張の枠組みも健在である．さすがに，1990年代に乱発された地域総合整備事業債などは廃止されたが，市町村合併をすすめるためのアメとして合併特例債が活用され，三位一体改革初年度の2004年度には，新たに地域再生事業債が設けられた．いずれも，単独事業としての普通建設事業をより多くおこなう自治体に対して，交付税措置のついた起債の上乗せを認めるという財政誘導策であることに変わりはない．

3. 地方交付税が財政危機の原因か

このように，今この国では，「効率的で小さな政府」をめざして公共部門の縮小路線が強行されており，その際政府は，もっぱら地方財政計画の歳出の縮小による地方交付税の縮小をすすめている．地方交付税をやり玉にあげるのは，前述の第2の立場や経済戦略会議答申が指摘するように，交付税などの財政移転が，自治体，とくに財政力が弱くて交付税への依存度が高い小規模自治体の財政運営にモラル・ハザードをもたらしているからというのである．

はたして，財政力が弱い小規模自治体における「受益と負担」の乖離が財政危機にどれほど「貢献」しているであろうか．交付税特別会計の債務残高が急増した1990年代以降の状況をみることで確認しておきたい．図序-2は，交付税総額と法定分，及び交付税特別会計の債務残高の推移をみたものである．これには，1975年度以来毎年発行されている財源対策債（基準財政需要額の投資的経費の一部を振替），及び2001年度から発行されている臨時財政対策債を含めていないので，実際の乖離はもっと大きいはずである．そういう限界はあるが，80年代末のバブル経済期には法定分が交付税総額を上

序章　希望を奪う「改革」

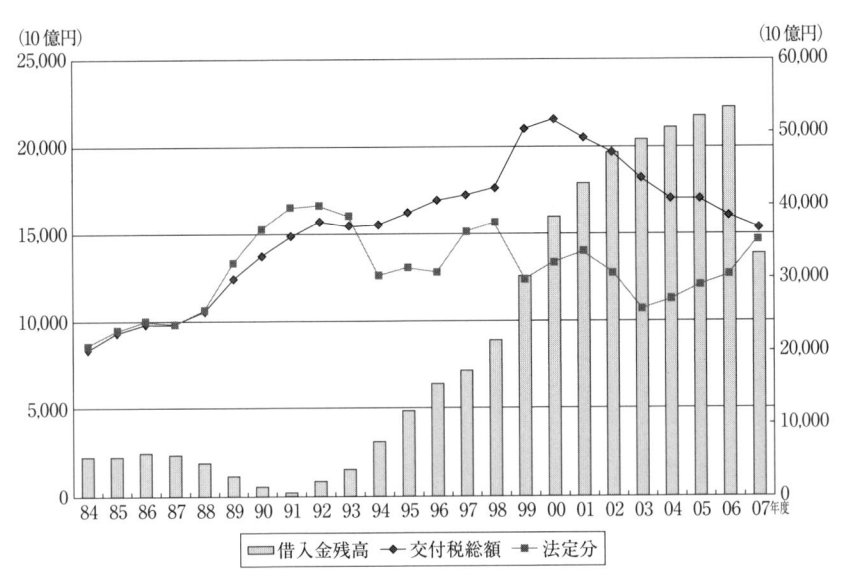

注）2007年度の借入金残高の減少は，国負担分残高（約19兆円）を全額一般会計借入金に振替えたことによる．借入金残高は右目盛り，交付税総額と法定分は左目盛り．
出所）地方交付税制度研究会編『2007年度地方交付税のあらまし』地方財務協会，より作成．

図序-2　交付税総額，法定分（当初），債務残高の推移

回る状態が続き，ピーク時の83年度には11.5兆円（うち地方負担分5.7兆円）もあった交付税特別会計の借入金残高は91年度にはほとんど解消されていることがわかる．ところが，93年度以降，再び法定分と交付税総額との乖離が拡大し，特別会計の債務残高が急激に増大することとなったのである．乖離幅が最も大きかった99年度は，法定5税は前年度比20％減の12兆3,271億円であったのに対し，交付税総額は前年度比19.1％増の20兆8,642億円と，8兆5千億円もの乖離があったのである．

図序-3は，法定分と交付税総額との乖離が拡大し，交付税特別会計の債務残高が急増した90年代半ば以降の，普通交付税の団体別構成比の推移をみたものである．国が消滅させようとしている町村は94年度には30％近い比重をしめていたが，その後一貫して比重を低下させ，03年度は20％を少し上回る程度となっている．そして05年度は，市町村合併による町村数の

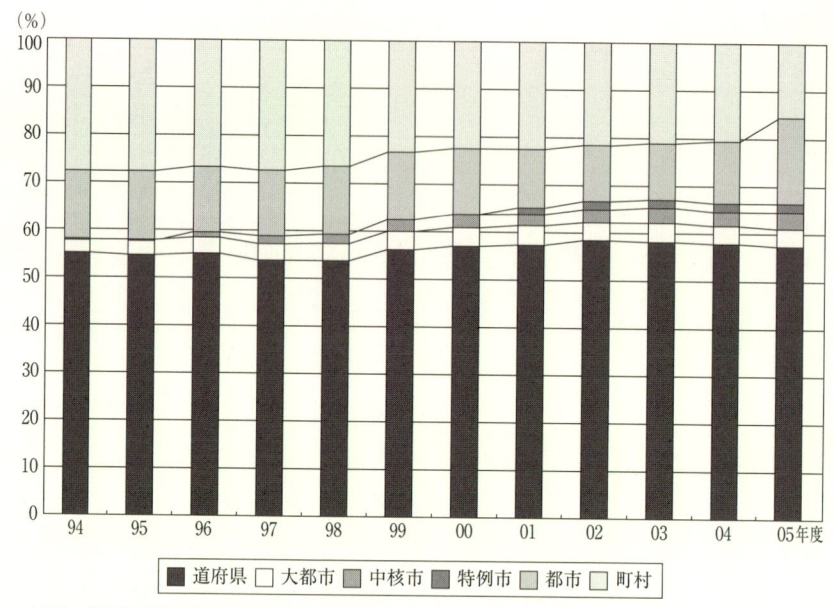

図序-3　団体別普通交付税の構成比の推移

出所）『地方財政白書』各年版，より作成．

凡例：■道府県　□大都市　■中核市　■特例市　□都市　□町村

　減少も影響して，20％を大きく割り込むこととなっている[13]．他方，これに代わって比重を上昇させているのが，大都市・中核市，つまり町村と比べると財政力が強く「受益と負担」の乖離が小さい自治体なのである．先に法定分と交付税総額との乖離が最大であったと指摘した99年度の普通交付税額についてみると，道府県は10兆9,204億円で前年度の9兆102億円に比べ21％増，大都市は7,917億円で前年度6,189億円に比べ28％増であるのに対し，町村は4兆6,585億円で前年度4兆5,185億円に比べ3％の伸びにしか過ぎなかったのである．

　これが，個々の自治体にはどう現れているか．まず，第5章で取り上げる，人口700人弱の沖縄県渡嘉敷村をみると，94年度の交付税額は7億1,557万円で，歳入総額の51.4％をしめていた．以後，交付税額は増加し続けるが，全国のピークより2年早い98年度の8億2千万円をピークとして，毎年減

少し続け，03年度は6億4千万円に減少した．注目すべきはこの間，財政力指数は94年度0.065から03年度0.094に上昇し，交付税収入が歳入総額にしめる割合も51.4%から36.1%に低下していることである．要するに，交付税総額が法定5税を上回って，交付税特別会計の債務残高が急増した1994年度以降，渡嘉敷村における「受益と負担」の乖離は縮小しているのである．

他方，大阪市の場合，90年度から93年度までは不交付団体であったが，94年度から再び交付団体となっている．94年度の交付税額は48億2,800万円であったが，以後急増し，全国の総額が減少した01・02年度も増加を続け，ピーク時の02年度は843億8,400万円，歳入総額にしめる割合も5%となっている．

さらに2003年度に清水市と合併して，人口約70万人にもかかわらず05年度から政令指定都市となった静岡市をみると，93年度まで財政力指数は1前後で推移していた．つまり，地方交付税の不交付団体であるか，交付団体であっても普通交付税が歳入にしめる割合はごくわずかであった．ところが94年度から交付税額が急増し，ピーク時の99年度は138億円，歳入総額比7.2%となった．2000年度からは減少に転じたが，清水市と合併する前年の2002年度の交付税額は101億円，歳入総額比6.2%で，財政力指数は0.865に低下した．

第2の立場のような，地方交付税特別会計の債務残高累積の原因を財政力が弱い自治体の責にあるかのような見解に対して，全国町村会『町村の訴え』(2003年2月)も，次のように的確な批判をしている．それによると，1996年度から2000年度にかけて，地方交付税の総額は16.9兆円から21.4兆円へと約5兆円増加したが，そのうち2000年度において，人口1万人以下の，いわゆる小規模町村に配分された地方交付税の総額は2.9兆円，地方交付税の総額の13%に過ぎない．さらに，町村に対する地方交付税の総額は，その5年間に4.7兆円から5.2兆円と5千億円しか増えていないのに対し，市に対する交付税は3.3兆円から4.8兆円と1.5兆円増えている．また，

地方交付税の総額，増加額ともに過半を占めているのは都道府県であり，この5年間において8.9兆円から11.8兆円へと3兆円増加しているのである．つまり「地方交付税総額の急激な増大の主たる原因は，これまで税収が豊富で交付税をあまり必要としなかった都市自治体の多くが，不況によって税収が伸び悩んだ結果，交付額が膨れあがったことにある」というのである．

こうした事実は，第2の立場にもとづいて，国の財政再建を優先し，国から自治体への財源再配分，とくに交付税の縮小を先行させて小規模自治体の一掃をめざす方策をいくらすすめたところで，そのめざすところの国の財政再建に貢献するという点においても，さほど効果はあがらないであろうことを示唆している[14]．

こうした，交付税が財政運営のモラル・ハザードをもたらしているという考えは，国と地方の財政関係をいわゆる消費者主権論にもとづいて判断した短絡的な見解ではないだろうか．いうまでもなく消費者主権論とは，「有限な資源をいかなる財・サービスの生産に，どれだけ用いるかを決定する究極的な権限は消費者にある」[15]という考え方である．消費者主権といえるほど，日本の自治体が歳出の中身，および地方交付税額の決定において主導的な役割をはたすことができる余地が，はたして，どれくらいあるだろうか．詳細は次章以降に譲るとして，ここでは交付税の膨張が決して自治体の主体的選択によるものであるとはいえない根拠をいくつか指摘しておきたい．

まず第1に，繰り返し強調されているのが，地方交付税の財源保障機能を抜本的に見直し，財政力格差是正機能にのみ特化させようという点である[16]．しかし，この財源保障機能があるが故に自治体の財政運営にモラル・ハザードが生じているわけではない．この機能は事務配分における集権性の裏返しにすぎない．なぜなら，地方財政計画の歳出額は「地方団体が標準的な行政サービスをおこなうのに必要となる金額」[17]であり，その中身は国庫補助関連事業，警察官，高校教員数，消防職員など国が法令等で基準を設定しているもの，戸籍，保健所，ごみ処理など国が法令でその実施を義務づけているものが大半をしめており，したがって国は必要な財源措置を講じる義務を負

っているのである[18]．決して自治体のモラル・ハザードによって地方財政計画の歳出が膨らんでいるのではない．

　財源保障機能の見直しを追求するのであれば，当然のことながら国と地方の事務配分のあり方について抜本的な改革があわせて提起されなければならない．国庫補助負担金の縮減・廃止こそ，その試金石のはずである．しかし繰り返し述べたように，「基本方針」においても，政府自身が具体策を提起することができず，成案の作成を全国知事会など地方6団体に委ねたのである．ところが，その成案がほとんど顧みられないで国庫補助負担金の削減が進んでいるのである．

　第2に，毎年のように繰り返される交付税特別会計借入金の償還金が翌年度以降の交付税総額に加算する措置が講じられていることである．例えば，06年度の場合，交付税特別会計借入金1兆1,610億円のうち5,444億円については，その償還金に相当する金額を2012年度から21年度までの各年度分の交付税の総額に加算されることとなっている．こうした加算額は，地方交付税法の付則に明記されており，法定5税分とは別途に加算されることとなっているのである．

　第3に，地方債のうち，自治体が自らの意志で申請する通常分とは別途に発行される地方債が毎年大量に発行されていることである．2007年度地方債計画をみると，普通会計分9兆6,529億円のうち半分に相当する4兆8,100億円が特別分（臨時財政対策債2兆6,300億円，財源対策債1兆5,900億円，退職手当債5,900億円）である．これらの大半をしめる臨時財政対策債と財源対策債は，本来ならば交付税が充当されるべきであるにもかかわらず，国の政策によって自治体が発行を余儀なくされたものである．したがってその元利償還分について，前者は100％，後者は50％普通交付税措置されることとなっている．また，1994年度から2006年度までは，国の景気対策の一環として特別減税による住民税の減収を補塡するための減税補塡債（元利償還金の100％普通交付税措置）の発行も余儀なくされていたのである．

第4に，通常分の地方債のなかにも国の政策誘導によるものが多く含まれている．これらは，起債充当率や償還分の交付税措置率が通常の起債よりも優遇されている「有利な」地方債である．バブル経済崩壊後の景気対策に自治体を動員するために乱発された地域総合整備事業債，合併を選択した自治体に認められる合併特例債などがその典型例である．

　これら一連の措置を用意したのは，いうまでもなく自治体ではなく総務省（旧自治省）である．かつてシャウプ勧告において，地方税源の充実，補助金の縮小・廃止，及び平衡交付金の導入など抜本的な地方財政改革が提起された際，国と地方自治体との間の財政上の諸問題を検討し協議する機関として地方財政委員会の設置が盛り込まれた．今，交付税に関連して生じている諸問題は，地方財政委員会のような機関で国と地方自治体が対等の立場で協議し，決定したことによるのではなく，あくまで総務省（旧自治省）が主導して決定したことによるのである[19]．

　こうした方策については，地方交付税本来の趣旨からしても疑問を投げかけざるを得ない．地方交付税は，「地方団体が自主的にその財産を管理し，事務を処理し，及び行政を執行する権能をそこなわずに，その財源の均衡化を図り，及び地方交付税の交付の基準の設定を通じて地方行政の計画的な運営を保障することによって，地方自治の本旨の実現に資するとともに，地方団体の独立性を強化することを目的とする」（地方交付税法第1条）ものである．運営の基本として「国は，交付税の交付に当たっては，地方自治の本旨を尊重し，条件をつけ，又はその使途を制限してはならない」（地方交付税法第3条2項）のである．

　交付税の総額は「所得税，法人税及び酒税の収入額のそれぞれ100分の32，消費税の収入額の100分の29.5並びにたばこ税の収入額の100分の25をもって交付税と」（地方交付税法第6条）[20]し，もし「毎年度分として交付すべき普通交付税の総額が引き続き第10条第2項本文の規定によって各地方団体について算定した額の合算額と著しく異なることとなった場合においては，地方財政若しくは地方行政に係る制度の改正又は第6条第1項に定め

る率の変更を行う」(地方交付税法第6条の3第2項) こととなっている．

　つまり，地方交付税は憲法が定める「地方自治の本旨」を実現し，「地方団体の独立性を強化する」ためのものであること，国は「使途を制限」するなどして，政策誘導に使ってはならないということ，財源は所得税など国税5税の一定割合，つまり無償資金であるということ，もしそれで不足する場合には制度を抜本的に見直すか，国税5税のうち交付税の財源に充当する割合を引き上げること，以上が地方交付税本来の姿なのである．

　地方交付税特別会計の債務残高の膨張など，交付税制度の持続性が危ぶまれている今日の事態をもたらしたのは，こうした交付税本来の姿と逸脱した運営が続けられてきたことによる．いま地方交付税の改革をめぐってまず問われるべきは，小規模自治体の「モラル・ハザード」ではなく，地方分権推進委員会最終報告が強調した「収入の質の転換を図る」ことを怠り，以上のように地方交付税が本来の姿を逸脱してしまった要因を解明することにあるのではないだろうか．

　本書は，こうした課題意識にもとづき，1970年代の戦後2回目の自治体財政危機の時期こそが今日の財政危機を招いた決定的な分水嶺であるとし，日本地方財政の史的特質を解明することを目的としている．その時期を分水嶺とするのは，以下の理由による．第1に，1960年代末から70年代前半にかけての高度経済成長期末期に，都市地域の自治体を中心にいわゆる革新自治体が続々と誕生し，政府をして1973年を「福祉元年」と言わしめるほど，国政にも大きな影響を及ぼしたことにある．この時期，日本の財政構造は，地方自治体がリードして，経済成長のための投資的経費を優遇する集権的システムから，福祉的施策を中心とした分権的システムへの転換を遂げようとしていたのである．第2に，いわゆるオイルショックを契機として高度経済成長の時代が終わると，大都市地域の自治体を中心に深刻な財政危機にみまわれた．政府は，わずか2年たらずで福祉充実の看板を下ろし，財政危機の原因を，革新自治体による'上乗せ福祉'や職員の人件費にあるという主張を展開した．他方，その原因と対策をめぐって革新自治体を中心とした自治

体側が提起した財政改革案には，上述の第1の立場に近い構想が先駆的に盛り込まれていたのである．そして第3に，この時に，分権型福祉社会にふさわしい財政改革に踏み出すことができないまま，以後，自治体財政は次の2つの意味で一貫して国の政策目的実現の踏み台とされたのである．

1つは，国の財政再建の踏み台とされ，経常的経費を主たる対象とした縮小均衡型の財政再建策がすすめられたことである．先に図序-1に関連して述べたように，中央政府による「改革」が強行されると，自治体財政は縮小を余儀なくされるという事態が生じたのである．もう1つは，内需拡大を中心とした景気回復策の踏み台とされたことである．1985年のプラザ合意を契機とした急速な円高の進展や日米貿易摩擦への対応策としての内需拡大政策の一環として打ち出された「民活」型公共投資政策，バブル経済崩壊後の公共土木事業を中心とした景気対策などが，それである．

要するに，国の財政負担を減らし，自治体財政の縮小を図ることが主眼とされた一方で，投資的経費による財政膨張を抑制する手だては講じられていなかったのである．そしてそのいずれにおいても，交付税措置のついた起債が乱発され，その結果，地方債残高と地方交付税特別会計の債務残高が急増し，今日の危機的な状況を迎えることとなったのである．戦後3回目の今日の自治体財政危機は，1970年代におこなわれるべきであった財政改革が失敗したことの必然的帰結である，この点こそが本書の核心をなす視点なのである．

4. 本書の構成

第1章においては，このたびの「三位一体改革」の重要な成果といえる住民税10%比例税率化による所得税から住民税への3兆円規模の税源移譲の意義と限界を論じている．2006年度におこなわれた65歳以上高齢者に対する住民税の負担増の経緯は日本の地方税システムの後進性を象徴する出来事であった．住民税の10%比例税率化によって，日本の所得課税はスウェー

デンのそれに類似した構造となった．しかし，スウェーデンなど北欧諸国のように課税自主権が有効に機能するには，まだまだ乗り越えなければならないハードルがある．この章では，「三位一体改革」における国庫補助負担金改革がきわめて不十分にとどまったために，自治体の国の下請け機関的な性格が温存されたこと，福祉的施策を控除主義によってすすめる所得税と課税ベースを同じくしていることなどが，課税自主権が機能する上で阻害要因となっていることを指摘している．

　第2章は，土地保有税という側面から，日本の固定資産税の集権的特質を考察している．本来，固定資産税は，分権的で簡素な税なはずである．ところが日本では，一定の制約下とはいえ認められている税率決定権がほとんど機能せず，かつきわめて複雑なしくみとなっている．複雑化する契機となった，1964年度と94年度の評価替えは，それまで評価水準が一様でなかったという意味で「分権的」であった評価方法を集権化したのである．しかし，その際に税率決定権の集権性を改善する手だてを講じなかったために，納税者の負担増を緩和するための負担調整措置を導入せざるを得なくなり，複雑化する事態を招くこととなった．その集権的な評価制度を一因として，大阪市は全国の政令指定都市の中で土地分固定資産税が最大の減少率を示している．それだけ税収が減少しても大阪市財政が持ちこたえているのは，大阪市に交付される地方交付税がかつてなく増加していることによるところが大であるという事実は，交付税への依存度が相対的に高い小規模自治体のモラル・ハザードを問題視し，その縮減をすすめる施策の矛盾を示唆している．

　第3章は，縮小均衡型の財政政策の出発点となった1970年代半ばに発生した戦後2回目の全国的な自治体財政危機の特徴，およびその解決策の今日的意義を考察した．財政危機の原因と対策をめぐって，東京都・大阪府など革新自治体は，税源移譲と補助金削減による歳入構造の改革，国庫補助事業にともなう超過負担の解消，起債権の回復など，今日においても解決されていない重要な課題を提起した．しかし政府は，こうした提起をおこなった大都市地域の革新自治体の財政危機がとくに深刻であったことから，その原因

を，革新自治体によって進められた政府水準を上回る福祉行政とそのために必要な職員の増加，および給与水準の高さにあるとみなした．そして人件費をはじめとする経常的経費を縮小し，経常収支比率を引き下げて財政の弾力性を回復する施策をすすめたのである．また同時に，慢性的な財源不足を解消するために講じられた施策は，交付税特別会計の借入と国庫補助負担率の一方的引き下げにすぎなかった．こうした施策によって，人件費を抑制することで経常収支比率を引き下げることには一定の成果をあげた．しかし，近年において都市自治体を中心とした福祉サービスの需要増加が顕著となっており，投資的経費中心から福祉的経費中心の財政システムへの転換が改めて重要な課題となっている．

　第4章は，「行政改革」によって経常的経費の縮小政策をすすめる一方で，リゾート開発，「民活」型開発，ふるさとづくり，自治体合併など，さまざまな方策で開発幻想をふりまきながら，自治体を開発政策に動員してきた要因とその帰結を検証している．この場合，補助事業が中心であった高度経済成長期とは異なり，自治体の単独事業が中心で，交付税措置がついた起債政策が活用された．その結果，事業費補正を中心に基準財政需要額が大きく膨張することとなった．しかし，事業費補正は，交付税算定における基本原則である「客観性・信頼性」「静態性」に背反しており，こうしたメニューを用意して財政誘導をおこなった国に財政危機の第一義的責任がある．他方，こうした施策によって形成された諸施設を点検すると，第三セクターにせよ，地方単独事業にせよ，住民にとって必需的サービスでない場合が多い．その点では，国が用意したメニューに安易に便乗して財政危機を招いた自治体の「経営」責任も厳しく問われるべきである．

　第5章は，交付税の削減が先行してすすんだ「三位一体改革」が，自治体財政にどのように影響しているかを，全国で最も財政力が弱い沖縄県内自治体を対象として検証している．三位一体改革は，小規模自治体のなかでもとくに財政力が弱い離島自治体を多く有し，かつ1972年の復帰以来すすめられてきた沖縄特例による補助率嵩上げ措置によって，普通建設事業の補助事

業費が歳出の多くをしめる沖縄の自治体財政には，次のような影響を及ぼすこととなった．

まず，公共事業関係補助金が税源移譲の対象とならなかったために，県内自治体には全国平均と比べて普通建設事業の減少率が大きく現れることとなった．次に，2004年度国庫補助負担金削減の対象となった保育所運営費など自治体が引き続き行わなければならない事業の運営経費が，基準財政需要額の社会福祉費の単位費用の大幅な引き上げで措置されたことにより，公立保育所が相対的に多い県内自治体の普通交付税額は，当初予想されたほどは減少しなかった．にもかかわらず，沖縄県内自治体の保育予算は大幅に減少し，職員の非常勤化・民営化の動きがすすんでいる．その背景には，交付税「改革」の一環として地方財政計画において大幅な人員削減が盛り込まれていることがある．

また渡嘉敷村のような小規模自治体の脆弱な財政力を補う上で特別交付税が小さくない役割をはたしている．国の裁量下にある特別交付税のうち第3号一般項目を整理縮小し，小規模自治体への支援措置は原則として普通交付税の基準財政需要額に移行するべきである．いずれにせよ，種々の事情により当面は単独での存続を追求せざるを得ない小規模自治体への財政支援策をどうするかは，沖縄県内にとどまらず全国的課題である．2005年度に設けられた特別交付金のように，沖縄だけを対象とした時限的な特例措置ではなく，地方交付税の改善など全国的な制度として対応していくべきである．

第6章は，交付税措置のついた起債が財政誘導の主役となったこの30年間において，なおも旧態依然たる補助金を通じた資金散布によって中央政府の意向を実現させようとしている基地維持政策の特徴について，沖縄を事例として論じている．この政策は，過重な基地負担を前提としたものであったが，その負担の'見返り'として，さまざまな名目で基地所在市町村には多大な基地関係収入がもたらされた．

こうした政策の縮図ともいうべき嘉手納町の財政をみると，復帰当初は湯水のように補助金を投じて大量の公共事業がおこなわれたものの，基地の存

在が，税源を著しく制約している上に，90年代の補助事業費急減が示すように，国の補助事業を展開する余地さえ奪っている．いま嘉手納町は，基地所在市町村活性化事業による再開発事業などを積極的にすすめているが，それはあくまで「閉塞感の緩和」でしかない．

　本島北部の中心都市である名護市においては，圧倒的多数の市民にとって基地はその存在すら，日常的に認識されないものである．そうした名護市における米軍基地立地と財政資金散布の構造には，日本における迷惑施設立地政策を推進するための財政政策の縮図ともいえる状況を垣間見ることができる．すなわち，1970年に合併した旧久志村に基地が集中する一方，その旧久志村にある基地がもたらす軍用地料収入は，半分近くを分収金として地元の行政区に配分しても，名護市財政にとっては重要な歳入源となっているのである．様々な優遇措置を講じた普天間飛行場代替施設建設と引き換えに展開されている財政支出は，在日米軍専用施設の75%を沖縄に集中させるという差別構造に何ら手をつけず，沖縄本島のなかでも人口の少ない北部地域に基地をさらに集中させ，北部のなかでもさらに人口の少ない東海岸に集中させることになる．確かに，「地元」と位置づけられている辺野古など東海岸地域にも公民館建設や「地域振興補助金」などの財政支出がおこなわれ，さらに高等専門学校も開学された．しかしその一方で，基地新設の「地元」ではない名護市西域をはじめとする北部地域全体にも大量の財政資金が投じられているのである．

　終章では，戦前来，中央政府が政策実現の「踏み台」として自治体財政を利用してきたこと，とくに1970年代の財政危機以降は，地方交付税が本来の趣旨を著しく逸脱して運営されたきたことを再確認する．併せて，2007年度から交付税の一部について算定方法の「簡素化」がすすめられようとしていることに関連して，沖縄県市町村課の試算を紹介している．それによると，これまでの基準財政需要額の削減は投資的経費が主たる対象であったが，「簡素化」によって，経常的経費が大きく削減され，条件不利地域自治体の存立基盤を完全に崩壊させることとなるのである．そして，地方交付税は，

都市と農山漁村との連帯の証であって，決して分断の手段にしてはならないことが強調されている．

注
1) 地方6団体『国庫補助負担金等に関する改革案』2004年8月，より．
2) 同上．
3) 税源移譲が所得税を住民税に移すことによって行われるため，交付税率が据え置かれたままならば，地方交付税財源も3兆円の32％，約1兆円の減収となる．この影響を緩和するための措置として2007年度に2,600億円，08年度2,000億円，09年度1,400億円を交付税総額に加算することが予定されている．
4) 以下は主として，(財)自治総合センター『三位一体改革後の財源調整機能及び財源保障機能のあり方に関する研究会最終報告書』2006年6月，で整理されている三位一体改革の背景にある2つの考え方，すなわち「地方分権推進論」と「財政再建優先論」に依拠している．
5) 地方分権推進委員会最終報告『分権型社会の創造：その道筋』2001年6月，より．
6) 財政制度審議会『2007年度予算の編成等に関する建議』2006年11月，より．
7) 財政制度等審議会『2004年度予算の編成等に関する建議』2003年11月26日，より．「三位一体改革」が始まった2004年11月に発表された『2005年度予算の編成等に関する建議』では，税源移譲に関する主張は盛り込まれていないが，「現在の地方財政計画においては，7兆円～8兆円に及ぶ過大計上の問題がある．この過大計上分についても財源保障機能により，地方交付税で過大な財源措置がなされており，この結果，地方交付税の肥大化をもたらしている」と述べ「重点強化期間（2005年度，06年度）中に地方財政計画の過大計上の是正・縮減を図るべき」と主張している．この過大計上に関する批判的検討は，平岡和久・森裕之『検証「三位一体の改革」――自治体から問う地方財政改革』自治体研究社，2005年，を参照．
8) こうした分権型の福祉社会をめざす財政システムについては，池上岳彦『分権化と地方財政』岩波書店，2004年，参照．
9) ラストバッターというのは「リストのうち一般財源化の優先順位が最も低く，税源移譲額が3兆円に達しない場合には一般財源化の対象から除外されるという意味」（片山善博「建前だけの三位一体論議を排す」『世界』第742号，2005年8月，122頁）である．また，義務教育費国庫負担金の一般財源化を審議した中央教育審議会義務教育特別部会ではこの点について，「三位一体改革により地方が真に税源移譲を求めているのは，配分に当たって国の裁量が大きく地方の主体性を阻害しているもの，国の補助基準に合わせるために無駄な事業を招いているもの，国に陳情をして配分を求める必要があるものなどであって，教職員給与費の

ための義務的経費である義務教育費国庫負担金のようなものではない」という批判が出された（中央教育審議会『新しい時代の義務教育を創造する（答申）』2005年10月26日）．この批判は的を射ているが，ラストバッターがなぜ表舞台に飛び出すことにならざるを得なかったのという経緯を踏まえた批判とはいえない．また，義務教育費国庫負担の一般財源化について，日本の公教育費の切り下げこそが最大の問題という視点から検討したものとして，三輪定宣「「三位一体改革」と義務教育国庫負担法」日本財政法学会編『教育と財政』敬文堂，2007年，がある．

10) 前掲『国庫補助負担金等に関する改革案』より．
11) いずれも当初予算．この間，地方財政計画における一般財源総額も2000年度57兆9,956億円から06年度には55兆6,334億円に減少している．なお，07年度地方財政計画における一般財源総額は59兆2,266億円となっている．これは，06年度までは一般財源に含まれていなかった所得譲与税3兆円分が，所得税から住民税への税源移譲により一般財源に含められることとなったことによる．06年度地方税に所得譲与税を含めると，同年度の一般財源総額は58兆7,132億円となる．
12) 山縣が中心になって起草した『市制町村制理由書』の次の一節は，明治地方自治制の性格を的確に言い表している．
「分権ノ主義ニ依リ，行政事務ヲ地方ニ分任シ，国民ヲシテ公同ノ事務ヲ負担セシメ，自治ノ実ヲ全カラシメントスルニハ，技術専門ノ職，若クハ常職トシテ任スヘキ職務ヲ除クノ外，概ネ地方ノ人民ヲシテ，名誉ノ為メ，無給ニシテ其職ヲ執ラシムルヲ要ス．而シテ之ヲ擔任スルハ，其地方人民ノ義務トス．是レ國民タル者國ニ盡スノ本務ニシテ，丁壮ノ兵役ニ服スルト原則ヲ同クシ，更ニ一歩ヲ進ムルモノナリ」（「公爵山縣有朋談・徴兵制度及自治制度確立ノ沿革」国家学会編『明治憲政経済史論』有斐閣，1919年，所収）．
13) 04年度の場合，4月2日以降の合併による異動後の数値では18.2％，05年の場合，同じく移動後の数値では11.7％となっている（『地方財政白書』各年版による）．
14) 赤井伸郎・佐藤主光・山下耕治『地方交付税の経済学：理論・実証に基づく改革』有斐閣，2003年は，地方交付税をはじめとする地方財政システムの破綻の原因について，一方的に自治体のモラル・ハザードにのみ求めるのではなく，「ソフトな予算制約」理論を駆使して中央官僚の裁量に注目して分析している．その上で，単純な交付税切り捨てではなく，中央政府の財政責任も明確にした包括的な改革案が提起されている．しかし本書においても，「ソフトな予算制約」によって財政運営のモラル・ハザードに陥っている事例として，もっぱら取り上げられいてるのは小規模自治体である．
15) 『有斐閣経済辞典』より．消費者主権論への批判として，John Kenneth Galbraith, *The Economics of Innocent Fraud*, Houghton Mifflin Company, 2004

（佐和隆光訳『悪意なき欺瞞』ダイヤモンド社，2004年），参照．
16) 例えば，前掲『2005年度予算の編成等に関する建議』は「地方の歳入・歳出の「差額」を補填するという地方交付税の財源保障機能は，歳出拡大に対する地方の負担感を希薄化し，自律的な歳出抑制の阻害要因となっている」ので「地方自治体が負担感なく行政サービスを拡大できる仕組みを改め，国への財政的依存から脱却するためには……地方交付税の財源保障機能を縮減し将来的には廃止を図る必要がある」と述べている．こうした地方交付税の財源保障機能と財政力格差是正機能を分離する考えに対して，前掲『三位一体改革後の財源調整機能及び財源保障機能のあり方に関する研究会最終報告書』は，両者は不可分の関係と批判している．
17) 岡本全勝『地方財政改革論議―地方交付税の将来像―』ぎょうせい，2002年，70頁．
18) 「法令又はこれに基づく政令により普通地方公共団体に対し事務の処理を義務づける場合においては，国は，そのために要する経費の財源につき必要な措置を講じなければならない」（地方自治法第232条第2項）．
19) 一連の交付税措置について醍醐聰は「地方分権を唱える傍らで，国の財政誘導に便乗した地方公共団体の見識が問われるのは当然」としても，「交付税措置が国の主導で地方財政を誘導する手段として利用され拡張されてきた経過」からして国に責任があり「地方公共団体の起債に係る国の交付税措置は地方公共団体に対する国の債務としての要件を満たしており，国の貸借対照表に負債として計上すべき項目」と述べている（「財政規律の手段としての政府負債の情報開示」『財政と公共政策』第26巻第1号，2004年2月）．
20) 附則第3条の2で，当分の間の特例として，法人税は100分の35.8となっている．

第1章
住民税にみる集権性

はじめに

　2006年6月の各紙において，65歳以上の高齢者に対する住民税の負担増に関する記事がしばしば登場した．記事の趣旨は，年金収入が変わっていないのに，住民税負担が前年度に比べ数倍にも跳ね上がったことを知らせる納税通知書を受け取り，驚いた人々が自治体の担当窓口に殺到しているというものである．『朝日新聞』に紹介されている事例をみることとしよう[1]．大阪府内に住む妻と2人暮らしの76歳男性で，年金収入が277万円の場合，2004年度の税負担は住民税均等割4千円だけであったのが，05年度は住民税に加えて所得税が4万2千円に，06年度は住民税が3万1,100円にもなるという．さらに所得税額などをもとに算定される国民健康保険料が3万5千円，介護保険料も2万円増加することとなるというのである．
　こうした増税は，2004年度税制改正によって，05年1月から公的年金等控除の上乗せ措置の廃止，老年者控除の全廃が決まったことによるものである．さらに65歳以上で前年所得125万円（公的年金等の収入のみの場合は公的年金等収入金額245万円）以下を対象とする非課税限度額も2006年度から段階的に縮小され，08年度には全廃されることとなる．大阪市財政局のホームページに掲載されている事例をみると，65歳以上で合計所得金額120万円の場合，単身者であれば2005年度の住民税は非課税であったのが，06年度は1万4,600円，08年度には4万4,200円となる．夫婦2人であれば，

06年度は9,600円，08年度には2万8,900円となるのである．

　住民税をめぐるこうした状況は，日本における地方税負担の決定過程において，主権者の同意を得る手続きがいかに不十分で，民主主義が機能していないかを端的に示しているのではないだろうか．なぜなら，かくも大幅な負担増を主権者に求めるからには，課税権者である各自治体は，その必要性をよく説明し，場合によっては住民投票という手続きを踏まえることがあってしかるべきだと思うからである．ところが日本の場合，「所得割の所得控除については，地域社会の費用を住民がその能力に応じて広く負担を分任するという個人住民税の性格や応益原則に基づき見直しを図り，課税ベースの拡大に努めるべき」「65歳以上の者等に係る非課税限度額は，現役世代と高齢者間の税負担の公平を確保するため，障害者のように真に配慮が必要な者に係る制度に改組すべき」[2]という政府税制調査会答申を受けて行われた税制改正が，全国すべての自治体において一律に，主権者には支払期限が迫ってから一片の通知書を送るだけで実施される．説明を求めにきた主権者には，公共サービスをこのように改善するために負担増が必要であるという説明ではなく，国の制度改正によるという説明しかなされていない．これではまさに，米原淳七郎の表現を借りると，日本の地方税は「国が全国一律の税制を作り，それによって住民から有無をいわさず強制的に徴収する税」[3]でしかない．このようなことで，民主主義と地方自治を統治の基本原則としている国における地方税にふさわしいと言えるであろうか．

　こうした折，「三位一体改革」の一環として2006年度から個人住民税所得割の税率が10％にフラット化されるという大幅な改正がおこなわれる．この結果，所得税を払う人々のほとんどは，国よりも自治体に多くの税を支払うこととなる．この改正によって，地方分権の時代にふさわしく自治体が課税自主権を発揮できるようになる一里塚となるであろうか．本章では，日本の地方税の基幹的税源となっている住民税を取り上げて，このたびの改革の意義と限界を考察することとしたい．

1. 大きな地方財政を支える地方税制

まずはじめに，日本の地方財政における個人所得課税の位置づけの大きさを確認しておくこととしよう．前章でも指摘したように，日本の地方自治体の歳出規模は，戦後ほぼ一貫して国家財政を上回ってきた．2007年度政府予算および地方財政計画にもとづいてみると，地方歳出 83.1 兆円，国の一般会計歳出 82.9 兆円と，地方財政が国家財政をわずかに上回っているにすぎないようにみえる．しかし交付税や補助金などの国から地方に対する支出，公共事業負担金などの地方から国に対する支出を相殺した純計規模でみると，地方財政はおおむね国家財政の 2 倍近い大きさとなっている．また，1995 年度から 2004 年度の平均をみると，国の歳出純計は年平均 56 兆 9,995 億円であるのに対し，地方財政のそれは 95 兆 8,033 億円にもなる[4]．このように，地方自治体は国の 2 倍近い財政規模を有していながら，それを支える税収は，2007 年度予算で国税は 53.5 兆円であるのに対し，地方税は 40.4 兆円にすぎない．自治体の歳入全体にしめる地方税の割合は 4 割ほどでしかないのである．このギャップを埋めるべく，国から地方自治体に対し，地方交付税や補助金などによる財源の再配分が行われている．2007 年度予算では，地方交付税等として 14.9 兆円，地方団体への補助金として 16.6 兆円，計 31.5 兆円，国の歳出の 3 分の 1 以上（国債費を除くと歳出の約 5 割）が地方自治体への財源の再配分に充当されているのである．かくも大規模な国から地方自治体への財源の再配分を行わざるを得ないほど，地方税収が不十分であること，これが日本地方財政の最大の特徴の 1 つといってよい．

図 1-1 は，国及び地方の歳出と地方税収による充足率を国際比較したものである．日本の地方自治体歳出規模の対 GDP 比は，スウェーデンには及ばないが，連邦国家のドイツを上回っている．しかしながら，それをまかなう地方税収の比率は 54.9％と，フランスを除くと，極めて低い水準にあることがわかる．

国と地方の支出
（対GDP比）

	国	地方	国名
	3.8	12.2	日本（2002）
〈単一国家〉	10.4	8.0	フランス（2002）
	9.3	21.8	スウェーデン（2002）
〈連邦国家〉	2.5	10.5	ドイツ（2002）
	4.1	18.0	カナダ（1997）

地方税収による充足率（％）

国名	充足率
日本（2002）	54.9
フランス（2002）	55.0
スウェーデン（2002）	73.9
ドイツ（2002）	98.1
カナダ（1997）	96.1

注）支出は社会保障基金を除く一般政府歳出．
出所）総務省自治財政局『地方財政関係資料』2006年5月．

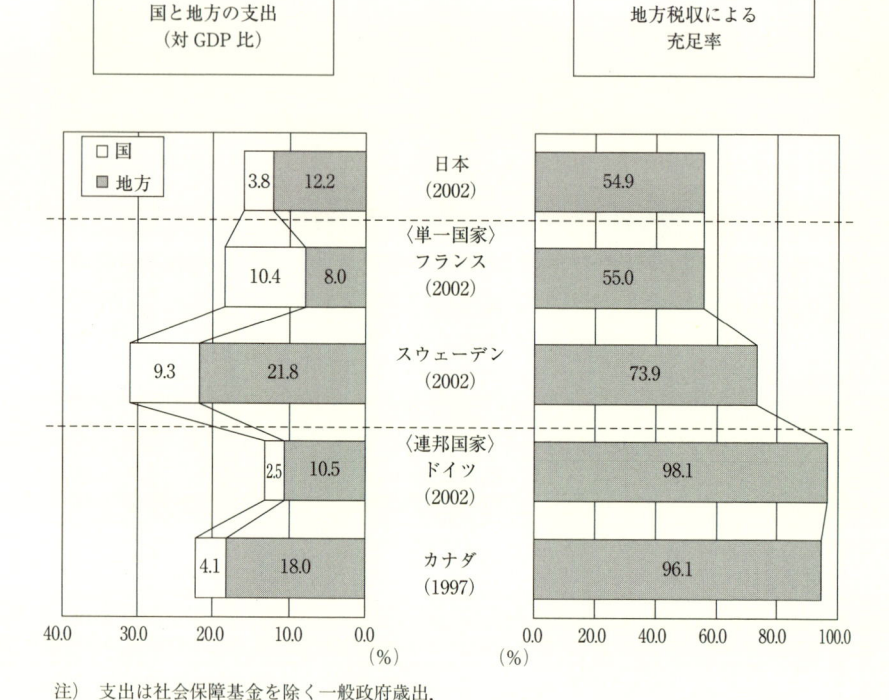

図 1-1　国及び地方の歳出・税収の国際比較

　その日本地方税制の国際的特徴を，アメリカ合州国，イギリス，ドイツ，フランスと比較した表1-1によって確認することとしたい．この表から第1に，日本では，総税収にしめる地方税の割合が41.1％と，同じく共和制の国家形態を採っているイギリス5.9％，フランス16.8％と比べてきわだって高く，連邦制のアメリカ合州国及びドイツ並みの比重であることがわかる．さらに，所得・消費・資産等の課税ベースごとにみた地方税収入の構成比をみると，イギリスはすべて，フランスもほとんど資産課税であるのに対し，日本の地方税は所得課税のしめる割合が45.2％と，ドイツに次いで高いことがわかる．これは，日本の三大地方税である住民税，事業税，固定資産税

第1章 住民税にみる集権性

表1-1 主要国の税収比較

区分		税源配分		地方税収の構成比		主な税目
日本	国税	億円 481,029	(%) 58.9	所得	% 45.9	個人住民税, 事業税
	地方税	335,388	41.1	消費	21.7	地方消費税, たばこ税, 自動車税, 軽油引取税
	計	816,417		資産等	32.4	固定資産税, 不動産取得税, 事業所税, 都市計画税
アメリカ	国税	億ドル 10,865	(%) 52.7	所得	24.5	個人・法人所得税（州）
	州税	5,649	27.4	消費	43.0	小売売上税（州）
	地方税	4,108	19.9	資産等	32.5	財産税（地方）
	計	20,622				
イギリス	国税	億ポンド 2,958	(%) 94.1	所得	0.0	
	地方税	186	5.9	消費	0.0	
	計	3,144		資産等	100.0	カンシル・タックス
ドイツ	国税	億ユーロ 2,320	(%) 51.6	所得	55.9	所得税（州・市町村・連邦との共同税），法人税（州・連邦との共同税），営業収益税（市町村）
	州税	1,657	36.8	消費	35.8	付加価値税（州・市町村・連邦との共同税）
	地方税	521	11.6	資産等	8.4	不動産取得税（州），相続税（州）
	計	4,498				
フランス	国税	億ユーロ 3,517	(%) 83.2	所得	0.0	
	地方税	710	16.8	消費	10.7	自動車税, 自動車登録税
	計	4,227		資産等	89.3	既・非建築固定資産税, 職業税, 住民税

注）日本は2004年度, その他の国は2003年の数値.
出所）地方税務研究会編『地方税関係資料ハンドブック（2006年）』地方財務協会, より作成.

のうち前2者が所得課税であることによるものである. 図1-2は, 現行の地方税体系の枠組みがほぼ固まり, 高度経済成長が始まった1955年度以降の地方税収にしめる所得課税, 消費課税, 資産課税等の割合の推移をみたものである. 55年度の場合, それぞれ46.7％, 21.9％, 31.4％であった. そして60年代には所得課税の比重が50％をこえ, 以後所得課税の割合はほぼ一貫

図1-2 課税ベースでみた地方税収の構成比の推移

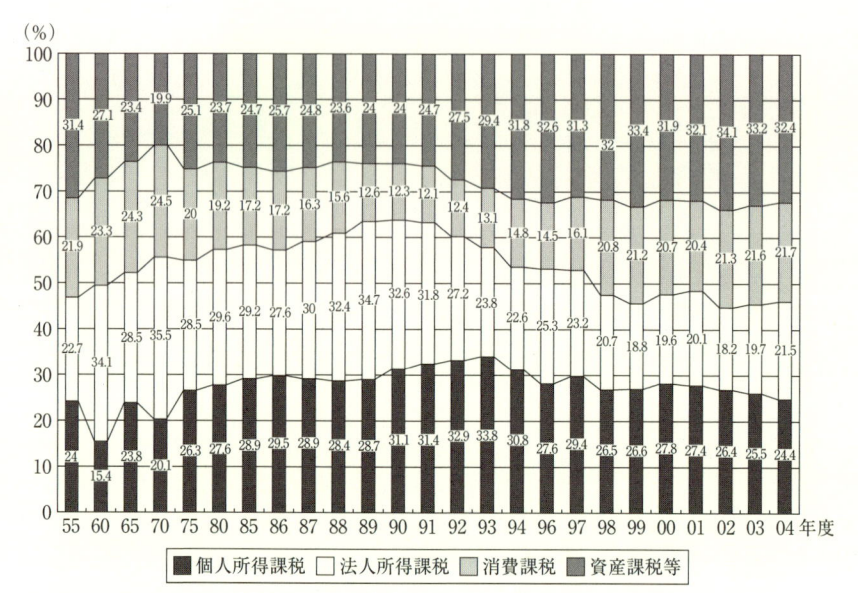

出所）地方税務研究会編『地方税関係資料ハンドブック』各年版，より作成．

して50％以上で推移してきた．とくにバブル経済の最中の88年度から92年度までは60％をこえていたのである．景気低迷や減税政策の影響で近年は50％を割り込んでいるが，それでも40％台半ばをしめている．地方交付税の主な財源が所得税と法人税であったことを合わせて考えると，第2次世界大戦後の地方財政の膨張は所得課税によって大きく支えられていたといえる．

これは，付加税中心で，所得課税は国がほとんど独占していた戦前と比べ大きな進歩であるといえる．しかしながら日本の地方税制は，独立税でありながら自治体の課税自主権はなお大きく制限されているのである．

第1に，主な地方税の内容は地方税法，およびその施行令，施行細則，通達などによって細かく規定されている．それ故に，全国どこでもほぼ同じ内容の地方税が課されることとなる．とくに所得課税である，住民税と事業税

は，課税標準等の算定において国税の所得税・法人にすべて依拠している．そのため，国税の租税特別措置，あるいは景気対策の一環としておこなわれる所得税減税が実施されると，そのままストレートに地方税も減収となってしまうのである．

　第2に，主要な税目には標準税率と制限税率が設けられ，税率の決定における自治体の裁量はこの2種類の税率の範囲内に限られていた．標準税率は，地方税法において「通常よるべき税率」と規定されているが，「その財政上の特別の必要があると認める場合においては，これによることを要しない税率」とも規定されており，自治体が必要があると判断すれば，決してそれに縛られるものではない．ところが地方財政法において，普通税を標準税率未満の税率で課税している自治体には起債を制限する旨が規定されていたため，事実上自治体が定めることのできる税率の下限となっていたのである．地方分権一括法の施行に伴い，地方債の許可制度が廃止され，協議制に移行することとなった．しかしこの起債制限措置は，地方債についての関与の特例として，標準税率未満の自治体における建設地方債の発行について総務大臣の許可制とする形で残された[5]．

　もっとも，個人市町村民税の制限税率は1998年度から，固定資産税のそれは2004年度から廃止された．しかし，地方税法にもとづく法定普通税は，ほとんどの自治体で今なお標準税率で課税されている．表1-2は，2000年頃の資料であるが，OECD加盟主要諸国における自治体間の税率格差をみたものである．日本の場合，かつての革新自治体時代の成果として，道府県民税法人税割，市町村民税法人税割は，多くの自治体で超過課税を実施しており，法人課税において1.2倍程度の格差がある．しかし，住民が支払義務を負っている税目は，税収がわずかしかない市町村民税個人均等割に1.3倍の格差があるだけで，ほぼ横並びであることがわかる．固定資産税に1.25倍の格差があるが，後掲表2-4に示されているように，超過課税を実施しているのは人口が少ない自治体がほとんどである[6]．他方，日本以外の国で，地方税収にしめる比重が高く，個人も負担する税であるところのイギリスの

表1-2 各国の主要税目の自治体間税率格差

			税目および税収シェア		格差 最高税率/最低税率	適用税率 最高	適用税率 平均	適用税率 最低	標準税率
日本 (2000)	都道府県	道府県民税	個人均等割	0.3%	なし		1,000円		1,000円
			所得割	16.6%	なし		3.0%		3.0%
			法人均等割	0.9%	なし		80万円		80万円
			法人税割	4.4%	1.20倍	6.0%	5.79%	5.0%	5.0%
		事業税	個人	1.6%	なし		5.0%		5.0%
			法人	25.4%	1.05倍	10.08%	9.67%	9.60%	9.6%
	市町村	市町村民税	個人均等割 50万人以上の市	0.6%	なし		3,000円		3,000円
			5～50万人の市		なし		2,500円		2,500円
			その他市町村		1.30倍	2,600円	2,002円	2,000円	2,000円
			所得割	30.3%	なし		10.0%		10.0%
			法人均等割	1.9%	1.20倍	360万円	311万円	300万円	300万円
			法人税割	8.2%	1.20倍	14.7%	13.3%	12.3%	12.3%
			固定資産税	45.6%	1.25倍	1.75%	1.41%	1.40%	1.4%
イギリス (2000)	地方全体		カウンシル税	100%	3.13倍	1,172£	847£	375£	696£
フランス (1999)	地方全体		住居税	16.0%	1.76倍	31.14%	21.14%	17.69%	なし
			既建築地不動産税	19.5%	2.28倍	40.74%	26.26%	17.85%	
			未建築地不動産税	1.2%	4.65倍	93.45%	42.89%	20.10%	
			職業税	37.1%	1.70倍	31.33%	22.59%	18.46%	
スウェーデン (1999)	県		個人所得税	100%	1.17倍	10.71%	9.74%	9.13%	なし
	市町村		個人所得税	100%	1.49倍	23.62%	20.55%	15.88%	
ドイツ (2000)	市町村		営業税	38.3%	1.64倍	470%	389%	286%	なし
			不動産税A（農林業用資産）	15.4%	2.15倍	323%	278%	150%	
			不動産税B（その他の資産）		1.98倍	600%	367%	303%	
カナダ (1999)	州		個人所得税	39.7%	1.74倍	69.0%	47.1%	39.5%	なし

出所）財務総合政策研究所『地方財政システムの国際比較』2002年.

カウンシル税，フランスの住居税，スウェーデンの個人所得税，ドイツの不動産税，カナダの個人所得税，いずれをとってもはかなりの税率格差があることがわかる．またイギリスのカウンシル税以外は，標準税率も設けられていないのである．

本来，地方税の負担額をどの水準に設定するかは，歳出の必要性を主権者

に説明することによって決められるべきものである．しかし，日本の自治体にとって税というのは，地方税法等の規定通りに標準税率で課税するものであり，主権者に説明責任を果たすことを通じた財源調達の手段とは認識されがたいものであった．そしてさらに，住民の直接請求の対象から，地方税や使用料・手数料が除外されているために，主権者は，税のあり方に異議を唱える権利も保障されていないのである[7]．こうした集権的な地方税の実情について，所得課税である個人住民税を主な素材として検証することとしよう．

2. 日本における地方所得税改革の変遷

　住民税は道府県民税と市町村民税の総称であり，個人分と法人分とからなる．個人分は均等割と所得割，法人分には均等割と法人税割がある[8]．

　2005年度の税収をみると，個人住民税が8.1兆円（個人市町村民税5.7兆円，個人道府県民税2.4兆円）であるのに対し，法人住民税は3.5兆円（法人市町村民税2.5兆円，法人道府県民税1.0兆円）となっている．同じく所得課税であっても，事業税は法人分が大半をしめているが，住民税は個人分を中心とした所得課税なのである．

　住民税は，1879年地方税規則によって設けられた府県税戸数割にその萌芽があるといわれていることに示されるように，もともと個人負担を中心とした地方税であった．1940年地方税法の制定に伴う抜本的な税制改革によって，府県における所得税付加税及び市町村における戸数割（またはこれに代わる所得税付加税）は廃止となり，新たに市町村税として人頭割的な制度の市町村民税が創設された．そして敗戦後まもない1946年には府県税としても府県民税が創設されたが，賦課方法は従来の見立割的な方法から脱することができなかったという[9]．

　第2次世界大戦後の日本の地方税制確立に決定的な影響を及ぼした『シャウプ使節団日本税制報告書』（以下，シャウプ勧告と略記）においては，市町村を中心とした地方税源の拡充がめざされ，その一環として道府県税は流通

税及び消費税を,市町村税は所得税と不動産保有税を中心とした地方税構造に改めることが提起された.これを受けた 1950 年の地方税制改革において,従来の府県民税及び市町村民税が廃止され,これらに代えて市町村民税が創設されたのである.その後,1954 年の税制改革では,道府県税の基幹税目と位置づけられていた付加価値を課税標準とする新事業税が日の目をみることなく廃止され,市町村民税の一部を移譲して道府県民税が創設されたため,地方所得税は市町村だけの固有税源ではなくなった.しかし,台湾・韓国など,近年民主化の一環として地方分権をめざす財政改革が内政上の重要課題となっている諸国においては,所得課税は依然として国がほぼ独占している状況にあることと比べると,戦後改革において基幹的な地方税源として所得課税が導入されたことの意義は,どんなに強調しても強調しすぎることはないであろう[10].

とはいえ,すでに述べたように地方税収が絶対的に不足する中で,大都市圏の自治体を中心にいっそうの税源の拡充を求める声はかねてからあった.数多い提言のなかでも,三位一体改革の一環として 2007 年度から実施される所得税から個人住民税への税源移譲との関連で注目されるのは,大阪府地方税財政制度研究会『大都市圏における市町村税源の拡充について』(1975 年 12 月) であろう[11].1970 年代半ばに発生した大都市を中心とした深刻な自治体財政危機の原因と克服策を盛り込んだこの提言では「市町村税源拡充策を考えるにあたっては,応益的な収入に重点がおかれるべき」「依存財源よりも自主財源に,そして自主財源の中でも,応益的課税や受益者負担に中心をおいて,財政収入の拡大が図られる必要がある」という考えから,市町村民税所得割について次のような改革案が提起された.

- 当時の所得課税の合計率(所得税+府民税+市町村民税)から,標準税率として 10% を市町村に留保し,府には当時の府民税率どおりの 2% と 4% を据え置き,これを超える分を所得税とする.
- 納税者の現行負担額をかえないことを前提とするので,所得課税の合計

率が10％以下の所得階層は市町村税のみを納入．
・この案が実現された場合，1973年度課税標準をもとに試算すると，大阪市326億円，府下市町村682億円の増収が期待でき，府域内の個人所得関係税の配分状況は，国80％，府7％，市町村13％から，国64％，府7％，市町村29％に改善される．

そして「この措置によってより多くの人々が所得税よりも住民税を負担することとなり，地域社会の費用について，住民の負担能力に応じて広くその負担を求めるという住民税の本質からみて好ましく，また市町村間における市町村民税の偏在をかなり緩和できるという利点がある」とも述べられている[12]．

ここであえて大阪府の提案に言及するのは，三位一体改革の一環として2007年度から，所得税から個人住民税への恒久措置として3兆円の税源移譲がおこなわれるが，それは上記の提言とよく似た内容となっているからである．すなわち，第1に，個人住民税は応益的性格を明確にするべく所得割の税率を10％にフラット化する（道府県民税4％，市町村民税6％）．第2に，所得税は，所得再分配機能がより発揮されるように，従前より累進的な税率構造とする．表1-3は，改正前後の所得税と個人住民税の税率を比較したものであるが，所得税は累進の刻み4段階，最低税率10％・最高税率37％から，累進の刻み6段階，最低税率5％・最高税率40％となっていることがわかる．第3に，所得税及び個人住民税を合わせた個々の納税者の税負担額が変わらないようにする．例えば，一定の条件に該当する者については10％ではなく，5％の税率が適用されるなど，所得税と個人住民税の人的控除差にもとづく負担増を調整するために個人住民税の減額措置が講じられているのである[13]．

図1-3は，個人住民税の比例税率化が3兆円の税源移譲につながることを示したものである．おおむね，課税所得200万円までに適用されていた税率5％が10％に引き上げられることによって国から地方へ約3.4兆円移譲され

表 1-3 税源移譲後の所得税・個人住民税の税率

[改正前]

所得税

課税所得	税率
～330万円	10%
330万円～900万円	20%
900万円～1,800万円	30%
1,800万円～	37%

個人住民税

課税所得	標準税率
～200万円	5%
200万円～700万円	10%
700万円～	13%

(道府県民税)

課税所得	標準税率
～700万円	2%
700万円～	3%

(市町村民税)

課税所得	標準税率
～200万円	3%
200万円～700万円	8%
700万円～	10%

⇒ 税源移譲のための税法改正

[改正後]

所得税

課税所得	税率
～195万円	5%
195万円～330万円	10%
330万円～695万円	20%
695万円～900万円	23%
900万円～1,800万円	33%
1,800万円～	40%

個人住民税

課税所得	標準税率
一律	10%

(道府県民税)

課税所得	標準税率
一律	4%

(市町村民税)

課税所得	標準税率
一律	6%

出所) 地方税務研究会編『地方税関係資料ハンドブック (2006年)』より.

(図の①),他方,700万円超に適用されていた13%が10%に引き下げられることによって地方から国へ約0.4兆円移譲され(図の②),差し引き地方への3兆円の税源移譲が実現されるという構造となっている.要するに,住民税だけをみると低所得層は増税,高所得層は減税となるのである.また①はすべての納税者に影響し,②は高額所得者にのみ影響するために,この税制改正によって,高所得層が多く住んでいる財政力の強い自治体が減収となり,低所得層が多い財政力の弱い自治体が増収となると予想されている.実際,総務省が試算した10%比例税率化による人口1人あたりの税収額の変

第1章 住民税にみる集権性　　41

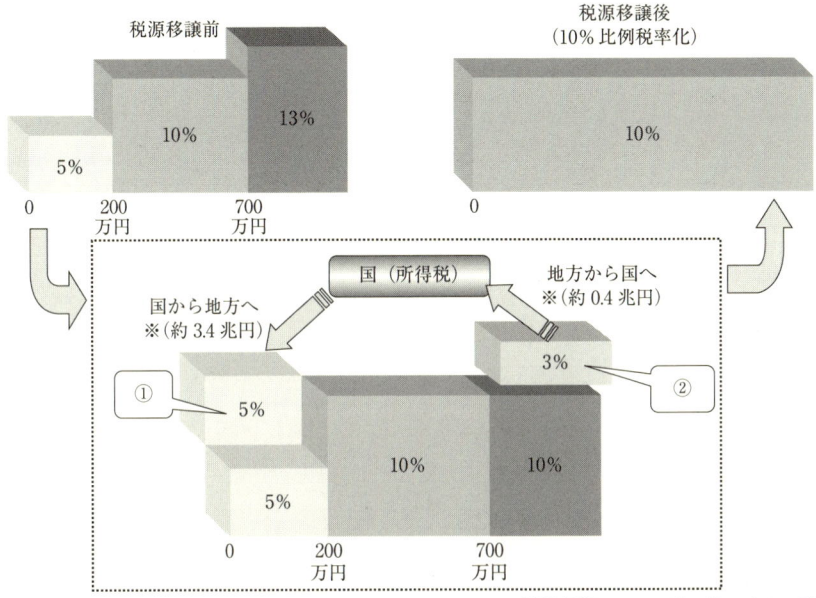

※移譲額等については、粗いイメージ

出所）総務省自治財政局『地方税制関係資料』2006年5月，より．

図1-3　税源移譲による税収の変化

化によると，全国平均を100とした場合，最高の東京都が2004年度決算額で174であったのが比例税率化後には155に低下する一方，最低の沖縄県は55から57に上昇している．税収が減るのは，東京都のほかに神奈川県，奈良県，兵庫県，大阪府，京都府だけで，他の道県はすべて増収となると予想されている．また基礎自治体でみると，東京都内では港区，世田谷区，渋谷区など9区と武蔵野市で税収減と見込まれているが，長野県内ではすべての市町村で税収増となると見込まれているのである[14]．

そして表1-4は，東京都昭島市が個人住民税フラット化の影響がどのように見込まれるかを2005年度の課税状況にもとづいて試算したものである．税額が増えるのは同年度市民税納税義務者4万6,668人のうち課税標準200万円以下の2万6,330人で，税負担額が現行の7億5,400万円から15億800

表1-4　昭島市における税源移譲の影響額試算
（2005年度当初課税状況から）

（単位：円）

課税標準額の段階	夫婦子ども2人の場合の給与収入額	納税義務者数	現行		移譲後		税額増減
			税率	税額	税率	税額（見込み）	
200万円以下	586万円以下	26,330	3%	754,000		1,508,000	754,000
200万円超 700万円以下	568万円〜 1,173万円	18,662	8%	3,426,000	6%	3,969,000	543,000
700万円超	1,173万円超	1,676	10%	1,560,000		1,177,000	▲383,000
計		46,668		5,740,000		6,654,000	914,000

出所）　昭島市財政課作成資料．

万円と2倍になっていることがわかる．

　この結果，昭島市においては，9億1,400万円の増収となると見込まれている．これは同市の06年度所得譲与税7億5,887万円と比べると1億5,000万円上回っているのである．米軍横田基地に隣接する昭島市は，都内の他市と比べて相対的に所得水準が低い住民が多いことが，住民税フラット化については有利に作用しているのである．しかしながら，昭島市財政課の担当者によると，この表の試算ほど増収が見込めるわけではないということであった．その理由は，第1に，すでに述べたような所得税と住民税の人的控除差にもとづく負担増を調整するために減額措置があるとはいえ，低所得者ほど増税となるのでは徴税率が低くならざるを得ないということ，そして第2に，前年度課税であるため所得の不安定な納税者の理解を得ることが困難であるということである．

　後者の指摘は重要な課題を提起していると思われる．表1-5は，昭島市が作成した都民税も含めたモデルケースである．それによると，夫婦子ども2人で年収400万円の場合，現行4万1,000円から6万5,500円と2万4,500円の負担増，年収900万円の場合は現行35万6,000円から45万3,500円と，9万7,500円の負担増となっていることがわかる．無論，所得税と合わせると負担額は変わらないものの，住民税だけみると低所得層にはかなりの負担増となるのである．もし，何らかの事情で2007年度の収入が大幅に減少し

表 1-5 税源移譲による負担増減のモデルケース

(単位:円)

夫婦子ども2人の場合の給与収入額		課税標準額	現行		移譲後		税額増減
			税率	税額	税率	税額(見込み)	
市民税	400万円	82万円	3%	24,600	6%	39,300	14,700
都民税			2%	16,400	4%	26,200	9,800
計(住民税)			5%	41,000	10%	65,500	24,500
所得税		49万円	10%	49,000	5%	24,500	▲24,500
市民税	900万円	456万円	3%	264,800	6%	272,100	7,300
都民税			2%	91,200	4%	181,400	90,200
計(住民税)			5%	356,000	10%	453,500	97,500
所得税		423万円	20%	516,000	20%	418,500	▲97,500

注) 税源移譲後の所得税の税率区分の変更に伴い,税率が同一であっても税額が異なる.
出所) 昭島市財政課作成資料.

た納税者の場合,前年度課税のままでは,この増加する個人住民税の支払いには支障をきたす可能性が高いといえるのではないだろうか.いずれにせよ,個人住民税の前年度課税を今回改めなかったことについては,住民税のフラット化を円滑にすすめるうえで小さくない課題を残したと思われる.

3. 住民税フラット化で課税自主権は機能するか?

すでに述べたように,日本の地方税は独立税であるにもかかわらず,自治体間の税負担の格差,とくに住民が直接負担する住民税と固定資産税においてはほとんど格差がない.先の表1-2に取り上げた諸国のうち,日本のように地方税収における個人所得税の比重が高い国はドイツである.ただし,ドイツの個人所得税は,法人税,付加価値税ともに連邦との共有税となっているために,州・市町村に税率設定権はない[15].そして今ひとつ,個人所得税の比重が高いのがスウェーデンである.OECDの資料によると,スウェーデンをはじめとする北欧諸国は地方税収にしめる個人所得税の比重が極めて高い.2003年についてみると,デンマーク91.1%,フィンランド87.5%,アイスランド78.1%,ノルウェー89.2%である.なかでもスウェーデンは,

表1-2が示すように地方税は個人所得税のみで構成されているのである[16]。このことは、分権型福祉社会を形成するに際しては、地方所得税の充実が不可欠の課題となることを示唆しているといえよう。

さて、すでに述べたように、いわゆる「三位一体改革」の一環として国の所得税の一部が移譲され、2007年度から個人住民税は10%の比例税率となる。実はこれは、スウェーデンとよく似た税率構造なのである。しかし、日本の場合は、先の表1-3に明らかなように、ほとんどの納税者は住民税だけでなく所得税も負担する。他方、スウェーデンの場合は、課税所得29万8,600クローネ（約320万円）までは、自治体によって異なるが30%程度の比例税率の地方税を負担するだけである（基礎自治体が20%程度、広域自治体が10%程度）。国税が課されるのは高所得者のみで、税率は29万8,600クローネ超45万500クローネ以下で20%、45万500クローネ超で25%となっている（2005年）[17]。この結果、2000年度の個人所得税収（資本所得を除く）約3億6,000万クローネのうち、約3億3,000万クローネ（92%）が地方税収となっているのである[18]。さらに「高福祉高負担国家への移行に際して同時並行的に地方自治の強化、地方分権へ向けての制度改革が行われ」[19]たスウェーデンでは、次のような状況において地方個人所得税が比例税率で課税されていることに留意しておかなければならない。

図1-4と図1-5は、2004年におけるスウェーデン基礎自治体の歳出・歳入構造をみたものである。歳出においては義務教育など教育で4割以上を、高齢者・障害者福祉・生活保護で35%をしめていることがわかる。他方、その歳入構造は、地方所得税である租税収入が7割近くをしめ、政府からの補助金は14%だけとなっている[20]。また、同年の広域自治体をみると、歳出では保健・医療サービスで85%をしめ、歳入では租税収入が73.9%をしめているのである。さらに注目されるのが、基礎自治体の性質別歳出構造をみた図1-6である。目的別でみると図1-5のような教育・福祉・医療サービスを中心とした歳出構造となっているため、性質別歳出でみると人件費の比重が圧倒的に高く、57.7%もしめているのである（関連団体に派遣されてい

第1章 住民税にみる集権性

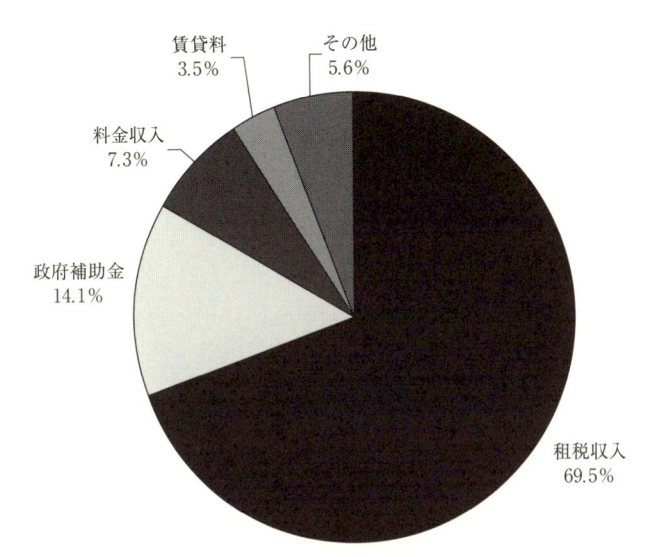

賃貸料 3.5%
その他 5.6%
料金収入 7.3%
政府補助金 14.1%
租税収入 69.5%

出所) Swedish Association of Local Authoritties and Regions, *The Economy Report. On Swedish municipal and county council finances-November 2005.*

図1-4 スウェーデン基礎自治体の歳入構造（2004年，総額3,980億クローネ）

る職員の人件費も含めると70%）．また，広域自治体の性質別歳出でも50.4%（同65%）が人件費でしめられているのである．2004年において，公共部門に雇用されている人員は，基礎自治体84万人，広域自治体26万人，計110万人に達する．スウェーデンの総人口が900万人弱であることからして，いかに多くの人が公共部門にかかわる仕事に従事しているかがわかるであろう[21]．

　要するに，スウェーデンにおいては，「国は制度の基本的枠組みの企画立案を行うなど政策全体のあり方について責任を負って」いるだけで，具体的なサービス内容の決定は自治体が責任を負っている．そして広域自治体であるランスティングは「住民から所得に応じて徴収した税金を財源に，保健医療サービスを提供する」[22]という性格を，基礎自治体であるコミューンは「住民から所得に応じて徴収した税金を財源に社会サービスや教育サービスを提供する」[23]という性格を色濃く有しているのである．それ故「課税自主

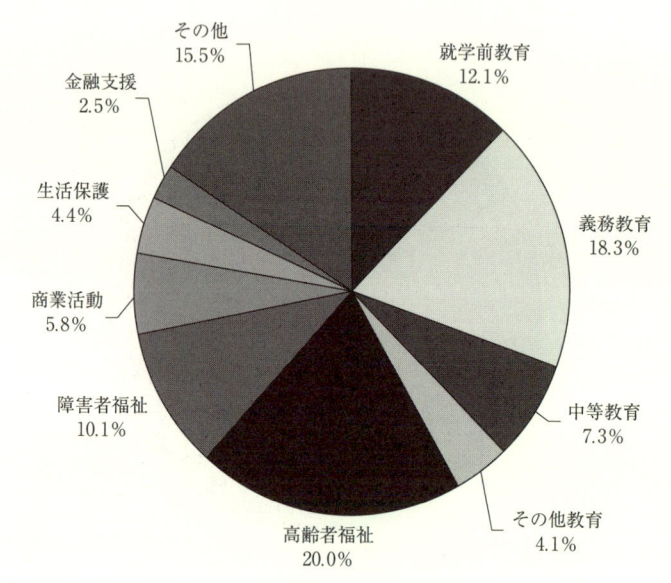

その他 15.5%
金融支援 2.5%
生活保護 4.4%
商業活動 5.8%
障害者福祉 10.1%
高齢者福祉 20.0%
その他教育 4.1%
中等教育 7.3%
義務教育 18.3%
就学前教育 12.1%

出所) Swedish Association of Local Authoritties and Regions, *The Economy Report. On Swedish municipal and county council finances-November 2005.*

図 1-5　スウェーデン基礎自治体の目的別歳出構造
（2004 年, 総額 3,980 億クローネ）

権が地方自治体をして有権者に対する限界的説明責任」[24] を果たすのに有効に機能しており,「格差が容認できるレベルを超える場合には, 国が一定の規制や調整を行うこともある」[25] が, 基本的には各自治体が独自に課税権を行使し税率を設定しているのである. そして実際, 2006 年の地方税率は最高 34.24%, 最高 28.89% と 5% をこえる格差が生じている[26]. 日本においても, 地方所得税をスウェーデン型に改正することによって, スウェーデンのように税率が自治体ごとに異なることが普通の状況となるには, まだいくつか克服しなければならない課題が残っていると思われる.

第 1 に, 序章で述べたように日本では地方一般歳出の大部分が「国庫補助関連事業, 国が法令等で基準を設定しているもの（警察官や高校教職員など), 国が法令でその実施を義務づけているもの（戸籍, 保健所, ごみ処理

第1章　住民税にみる集権性　　47

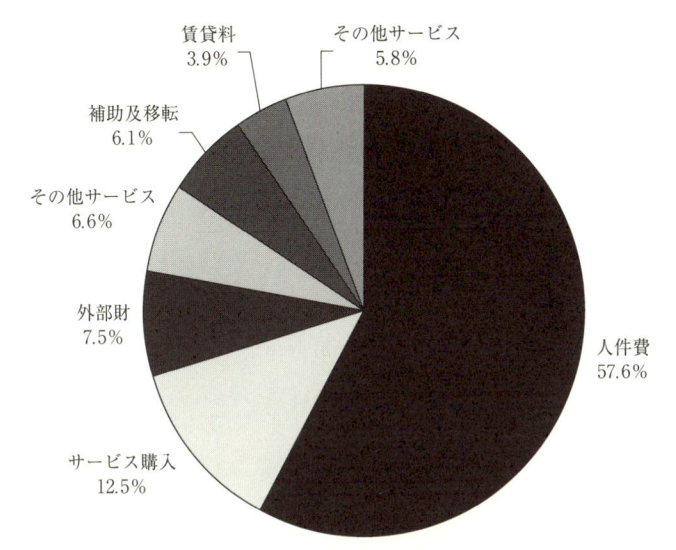

賃貸料 3.9%
その他サービス 5.8%
補助及移転 6.1%
その他サービス 6.6%
外部財 7.5%
サービス購入 12.5%
人件費 57.6%

出所）　Swedish Association of Local Authoritties and Regions, *The Economy Report. On Swedish municipal and county council finances-November 2005.*

図1-6　スウェーデン基礎自治体の性質別歳出構造
（2004年，総額3,980億クローネ）

など）」[27]でしめられている．2007年度地方財政計画にもとづく歳出総額は83兆1,261億円である．このうち補助事業（約25兆円）について国の基準に従わなければならないことはいうまでもないが，単独事業であっても警察官や高校教職員人件費など国が法令等で基準を設定しているもの[28]，戸籍・保健所・ゴミ処理など国が法令でその実施を義務づけているものが多くを占めているのである．岡本全勝によると，公債費を除く地方一般歳出のうち，国によって水準が決められている部分が多い教育・福祉・公共事業が約7割を占めているという[29]．つまり，「国がいくつもの仕事を義務づけ」ている「にもかかわらず十分な財源を与えていないからこそ，財源保障と財政調整としての交付税制度が必要となる」[30]のである．このように国の下請け機関的な性格が強い日本の場合，スウェーデンのように地方税の負担額を特定の公共サービスとの関連づけて決定することは難しいであろう．

加えて，2004年度から06年度まで3年間で削減された国庫補助負担金約4.7兆円のうち，税源移譲の対象となったのは原則として「引き続き地方が主体となって実施する必要のあるもの」[31]であり，国の下請け機関的な性格はそのまま温存されることとなった．

そして，国の財政再建の一環として地方交付税の大幅な削減が行われたために，「三位一体改革」が，公共サービス低下の格好の口実となっている．例えば，少子化対策としていっそうの充実が求められる保育行政に係わる公立保育所運営費は，義務教育費国庫負担金に次ぐ大きな削減額となった．削減分は，所得譲与税と交付税措置により補塡されるのが原則であるが，多くの自治体で，保育料の値上げ，職員の非常勤化，民営化の動きを加速させることとなっているのである[32]．

第2に，個人所得税の算定にあたり，スウェーデンでは個人単位をベースとし，控除は極めて限定的にしか認められず，課税最低限が極めて低いことである．日本では非課税扱いである障害年金，遺族年金，失業手当，育児休業中の所得保障給付などもすべて課税対象となっているのである．要するにスウェーデンは，所得がある人のほとんどが所得税を負担し，日本では控除で対応されている福祉的施策は財政支出によってまかなわれているのである．

これに対し日本では世帯単位をベースとし，配偶者控除，扶養控除など様々な控除が国税とまったく同じ方式で行われている．例えば，16歳以上23歳未満の被扶養者を対象とする特定扶養親族の控除額は所得税63万円，住民税43万円と，扶養親族の場合の控除額38万円，33万円に上乗せされている．こうした施策が行われる背景には，いうまでもなく日本の高等教育の高学費政策がある．国の施策によるこうした特殊な控除が，住民税でも一体的に行われるのがごく普通となっている．要するに，日本の地方所得課税である住民税は，国と税源を共有していることで，事実上国税の付加税となっているのである．このため，国の経済政策を実施する手段として活用されることがしばしばおこなわれているのである．例えば，表1-6は1990年代に景気対策の一環としてたびたび実施された減税政策の概要をみたものであ

る．94年度以降，毎年のように減税が行われ，地方税も大きな減収となっていることがわかる．

まず94年度には20％の定率減税が行われ1.7兆円の減収となった上に，税率区分の見直しや基礎控除の引き上げにより翌年度以降毎年1兆円の減収となった．95，96，98年度には定率ないしは定額減税が行われ，0.6兆円ないしは1.2兆円の減収となった．そして1999年度におこなわれた恒久的減税では，市町村民税の最高税率を12％から10％に引き下げ，個人住民税所得割額から15％相当額（4万円を限度）の定率減税，特定扶養親族控除の43万円から45万円への引き上げにより，1.1兆円の減収となった．このよ

表1-6 個人所得課税の減税の概要

改正等の時期等		減税の内容	減税規模		
1987・88年	抜本改正	配偶者特別控除の創設 税率改正等	5.5兆円	国 地方	3.9兆円 1.6兆円
1994年	特別減税	20％の定率減税 　所得税　最高　200万円 　個人住民税　最高　20万円	5.5兆円	国 地方	3.8兆円 1.7兆円
1994年	抜本改正	税率改正等 基礎控除の引き上げ　等	3.5兆円	国 地方	2.4兆円 1.0兆円
1995年	特別減税	15％の定率減税 　所得税　最高　5万円 　個人住民税　最高　2万円	2.0兆円	国 地方	1.4兆円 0.6兆円
1996年	特別減税	15％の定率減税 　所得税　最高　5万円 　個人住民税　最高　2万円	2.0兆円	国 地方	1.4兆円 0.6兆円
1998年	特別減税	定額減税 　所得税　本人　3.8万円・扶養　1.9万円 　個人住民税　本人　1.7万円・扶養0.85万円	4.0兆円	国 地方	2.8兆円 1.1兆円
1999年	恒久的減税	定率減税，最高税率の引き下げ等 　所得税　20％の定率減税（最高25万円） 　個人住民税　15％の定率減税（最高4万円）	4.3兆円	国 地方	3.2兆円 1.1兆円

出所）　地方税務研究会編『地方税関係資料ハンドブック（2006年）』地方財務協会，より．

うなことが，国レベルで決められ，各自治体がどれだけの税収を必要としているかにかかわりなくすべての自治体で実施されてきたのである．

冒頭に紹介した，2006年度からの65歳以上世帯への大幅な増税も，こうした所得税の付加税的な枠組みのなかで，国の財政再建を目的とした増収策の一環として強行され，それらがそのまま各自治体で踏襲されたことによって生じた事態なのである．

おわりに

シャウプ勧告にもとづく税制改革の一環として，市町村の基幹的税源として所得課税が導入されたことにより，国税と比べた地方税収の比率は，連邦国家と遜色ない水準に達し，その後の高度経済成長期における自治体財政の膨張を支える重要な財源となった．しかし，歳出に対する充足率は低いままで推移した．所得税が基幹的税源とはなったものの，機関委任事務などを通じて自治体を国の下請け機関的な性格とするシステムは温存されたため，民主主義と地方自治を統治の基本原則としている諸国ではごく普通に見られる，自治体が違えば税率も異なるという状況は，日本では稀な出来事となる状況が続いたのである．

住民税10%比例税率化によって，日本の所得課税はスウェーデンに類似した構造となった．しかし，スウェーデンなど北欧諸国のように「課税自主権が地方自治体をして有権者に対する限界的説明責任」を果たすのに有効に機能するには，まだまだ乗り越えなければならないハードルがある．「三位一体改革」における国庫補助負担金改革がきわめて不十分にとどまったために，自治体の国の下請け機関的な性格が温存されたこと，福祉政策を控除主義によってすすめる所得税と課税ベースを同じくしていることなどが，課税自主権が機能する上で阻害要因となっているのである．冒頭に紹介したような，2006年度におこなわれた65歳以上高齢者に対する住民税の負担増の経緯は，こうした日本の地方税システムの後進性を象徴する出来事であったの

である．

注
1) 「お年寄り"寝耳"に増税」『朝日新聞』2006年6月18日付．
2) 政府税制調査会『2005年度の税制改正に関する答申』2004年11月，より．
3) 米原淳七郎「土地関連税制のあり方」『税経通信』第55巻第12号，2000年9月，186頁．
4) 総務省自治財政局『地方財政関係資料』2006年5月，4頁，より．
5) 2006年度から「実質公債費比率」という新しい財政指標が導入された．これは従来の起債制限比率には反映されなかった公営企業が起こした元利償還金に対する一般会計からの繰出金，一部事務組合等が起こした地方債の元利償還金に対する負担金・補助金など実質的な公債費を算定対象に追加したものである．これが18％以上になると，新たに地方債を発行するには，公債費負担適正化計画の策定が義務づけられ，これを前提に許可される．25％以上になると，地域活性化事業等の単独事業に係る地方債の起債が制限される．2006年8月29日の総務省発表によると，18％を超えた市町村は406自治体に上り，全区市町村の22.2％をしめている（『沖縄タイムス』2006年8月30日付）．また，2005年度の全国の状況をみると，加重平均で都道府県14.9％，大都市19.1％，中核市14.2％，特例市14.6％，都市15.0％，町村14.6％となっている（『地方財政白書』2007年度版）．
6) 個人住民税については，道府県民税個人均等割について鳥取県，島根県など8県において超過課税を実施しているが，所得割はすべて標準税率で課税されている（地方税務研究会編『地方税関係資料ハンドブック（2006年）』地方財務協会）．なお，神奈川県では，水源環境を保全・再生するための財源として，2006年度から11年度までの5年間，個人県民税の均等割だけでなく所得割についても超過課税を実施することとなった．
7) 条例の制定または改廃を定めた地方自治法第74条において，「地方税の賦課徴収並びに分担金，使用料及び手数料の徴収に関するものを除く」と明記されている．
8) この他に，利子割，配当割，株式等譲渡所得税割がある．
9) 以上の経緯は，地方財務協会編『地方税制の現状とその運営の実態』地方財務協会，2003年，による．また，戸数割の実態については，水本忠武『戸数割税の成立と展開』御茶の水書房，1998年，を参照．
10) 台湾と韓国の地方財政については，拙著『台湾・韓国の地方財政』日本経済評論社，1996年，参照．
11) (財)神戸都市問題研究所・地方行財政制度資料刊行会編『戦後地方行財政資料』第4巻，勁草書房，1983年，に所収．

12) 無論，この提言は高所得者に重い税負担を課す応能課税を否定しているのではない．「本来，地方自治体の応益課税は，国の租税政策によって所得再分配が理想的に行われた後に適用されるのが望ましい」という前提で，市町村税源拡充策としての，応益的な収入に重点をおいた提言をおこなっているのである．
13) 個人住民税の合計課税所得金額が200万円以下の者については，①5万円に人的控除額の差の合計額を加算した金額，または②個人住民税の合計課税所得金額，のいずれか小さい金額の5%となる．また個人住民税の合計課税所得金額が200万円超の者については，①5万円に人的控除額の差の合計額を加算した金額から，②個人住民税の合計課税所得金額から200万円を控除した金額，を控除した金額（5万円を下回る場合には5万円）の5%となる．
14) 務台俊介「ここまで進んだ三位一体改革」日本地方財政学会第14回大会，2006年5月，配付資料より．また，沖縄県市町村課の試算によると，沖縄県内では人口が2,000人に満たない東村のみが減収となると見込まれている．これは，著名なプロゴルファーが同村で住民税を支払っていることによるものであるという．住民税の比例税率化のシミュレーション分析として，東京都税制調査会『東京都税制調査会答申―21世紀の地方主権を支える税財政制度―』2000年，内閣府編『2001年版経済財政白書』財務省印刷局，2001年，岡本直樹・吉村恵一『「論・説」地方財政改革シミュレーション』ぎょうせい，2002年，などがある．
15) 「ドイツでは，州税については，連邦法で税率が規定されており，州独自の税率設定はできないため，税率格差はない．ただし，州税に関する連邦法の制定には，州の代表者からなる連邦参議院の同意が必要とされており，州は自らの税に関する立法過程に関与していると言えるため，一概に州の課税自主権が乏しいとは言えない．一方，市町村税については，共有税として配分されるものを除く主要税目については自由に税率設定ができ，法定の標準税率や制限税率もない」財務省財務総合政策研究所『地方財政システムの国際比較』2002年6月，54-55頁．
16) *Revenue Statistics* 1965-2004/OECD，より．
17) スウェーデン大使館HPより．詳細は，Swedish Institute（スウェーデン文化交流協会）発行の'*Taxes in Sweden*'を参照．
18) 財務省財務総合政策研究所，前掲書，152頁．なお資本所得には国税として30%の税率で課税される．
19) 藤井威『スウェーデン・スペシャル(Ⅲ)―福祉国家における地方自治』新評論，2003年，63頁．
20) スウェーデンの財政調整制度については，室田哲男「スウェーデンの財政調整制度」神野直彦・池上岳彦編『地方交付税 何が問題か』東洋経済新報社，2003年，林建久「水平的財政調整の動揺：スウェーデン」持田直樹編『地方分権と財政調整制度』東京大学出版会，2006年，などを参照．
21) Swedish Association of Local Authoritties and Regions, *The Economy Report. On Swedish municipal and county council finances-November 2005* よ

り．スウェーデンの地方自治については，Agne Gustafsson, *Kommunal själv-styrelse*, 6th upplagan, SNS Forlag, 1996（岡沢憲芙監修，穴見明訳『スウェーデンの地方自治』早稲田大学出版会，2000 年），地方財政については，藤岡純一『分権型福祉社会スウェーデンの財政』有斐閣，2001 年，参照．
22) 井上誠一『高福祉・高負担国家スウェーデンの分析』中央法規，2003 年，72 頁．
23) 同上書，74 頁．
24) 持田信樹『地方分権の財政学』東京大学出版会，2004 年，36 頁．
25) 井上誠一，前掲書，125 頁．
26) スウェーデン統計庁 HP, http://www.scb.se/eng/index.asp より．
27) 地方交付税制度研究会編『2007 年度地方交付税のあらまし』地方財務協会，8 頁．
28) 例えば，地方警察職員の定数は条例で定めるが，警察法第 57 条第 2 項にもとづいて，政令で定める基準に従わなければならない．その政令では，各都道府県の定数が，概数ではなく 1 桁まで明記されている．以上は，平嶋彰秀「地方財政制度の枠組みと三位一体改革」日本財政学会第 62 回大会（2005 年 10 月）配付資料，による．
29) 岡本全勝『地方財政改革論議』ぎょうせい，2002 年，70 頁．
30) 岡本全勝『新地方自治入門』時事通信社，2003 年，133 頁，
31) 経済財政諮問会議『経済財政運営と構造改革に関する基本方針 2003』より．
32) 沖縄県内自治体の場合，公立保育所の運営費が 2004 年度から 05 年までの 2 年間に 4 億 8,600 万円削減され，うち 3 億 2,000 万円は人件費であった（『沖縄タイムス』2006 年 7 月 13 日付）．

第2章
固定資産税にみる集権性

はじめに

　固定資産税は市町村によって課税されており（東京23区は都），2005年度において市町村税総額の45.3%をしめている．これに，事実上固定資産税の付加税であり，固定資産税と一体で課税される都市計画税（市町村税総額の6.3%）を加えると，市町村税総額の半分以上をしめている．

　固定資産税は住民税・事業税と並ぶ3大地方税の1つであるが，住民税・事業税とは次のような違いがある．第1に，所得課税である住民税・事業税のように国と税源が競合することのない，自治体固有の税源だということである．加えて，その課税客体である土地・建物などは，移動することのない地域に密着した税であることからして，多くの国々において，この種の不動産保有（または占有）税は，伝統的に基礎自治体の基幹的税源となっている．例えば，前掲表1-1で取り上げた諸国のうちイギリスとフランスは，今日なお地方税の全部またはほとんどが資産税で構成されている．第2に，税収の安定性が相対的に高いということである．住民税・事業税は所得課税であるだけに，景気変動の影響を受けやすい．とくに法人所得課税の比重が高い日本の大都市自治体にはそれが顕著である．1990年代初めに，バブル経済が崩壊してから後，法人所得課税収入が大幅に減少し，さらには前章で述べたように所得税の減税にともない住民税も連動して減収となる一方で，固定資産税収はさほど変動せず，その相対的比重が高まることとなった．第3に，

簡素な税でもある．なぜなら，この税は固定資産の保有（または占有）に担税力を見出して課す物税だからである．人税である所得課税においては，課税標準を確定するまでに各種の控除がおこなわれるのに対し，物税である固定資産税は，課税対象の評価額に所定の税率を乗じるだけで税額が求められる．その税率も，ほとんどの場合比例税率である．

　このように固定資産税は，本来，分権的で簡素な税なはずである．ところが日本の固定資産税は，分権・簡素とはほど遠いというのが実情である．というのは，まず第1に，課税主体である市町村の裁量の余地は，一定の制約下での不均一課税，超過税率，軽減税率の適用に限られている．その限られた裁量についても，前章で述べた住民税と同じく，多くの自治体が標準税率1.4％を採用しているため，税率決定権がほとんど発揮されていないのが実情である．民主主義と地方自治を重視している国において，ごくふつうにみられるように「税率は歳出額との兼ね合いで毎年変更されるのが通例」[1]で，自治体によって異なるということでは決してないのである．

　第2に，その課税の仕組みもきわめて複雑である．大阪市が市民向けに作成した「2006年度分の土地・家屋の固定資産税および都市計画税の算定方法などについて」というパンフレットの冒頭には，「固定資産税及び都市計画税は，毎年1月1日現在の所有者に対して課税され，その税額は，課税標準額に税率（固定資産税1.4/100，都市計画税0.3/100）を乗じて算定しています」と記されている．しかしその中身をみると，宅地等の評価に際して地価公示価格の7割を評価額とすることを原則としていながら，課税標準の決定に至るまで，「住宅用地の特例措置」「負担水準」「負担調整措置」などの手続きが必要となる．このため，土地については本則課税が例外で特例課税が大半という異常な状態が長年続いているのである．

　分権的で簡素であるはずの固定資産税がなぜこのような実情にあるのか．本章では，その沿革と構造的特徴を検証し，負担調整措置を中心として，この間すすめられてきた施策の問題点を明らかにすることとしたい．

第 2 章　固定資産税にみる集権性

1. 固定資産税の沿革と現状

　周知のごとく固定資産税は，土地，家屋，償却資産を課税客体とし，その所有者を支払義務者として課される市町村税である．現行のそれは，シャウプ勧告を受けた 1950 年の税制改革により創設されたものである．もっとも，これら固定資産が課税対象となったのは，このときがはじめてではない．
　土地に対する課税は，1873 年に国税として地租が導入されたことにはじまる．地方税としては，その付加税が課されていた．当初の課税標準は地価であったが，1931 年に賃貸価格に改められた．大正デモクラシーの時代には，営業税とともに自治体への委譲を求める声が高まったが，実現するに至らなかった[2]．1940 年の税制改正によって，地租は還付税として全額が道府県に分与されることとなり，事実上の地方税源となった．敗戦後の 47 年に道府県の独立税とされ，名実ともに地方税となった．そして 50 年に課税標準を資本価格として固定資産税に統合されたのである．
　家屋に対する税は，1870 年の東京府下の家屋税にはじまる．1882 年には道府県の戸数割に代わる選択税として坪数などを課税標準とする家屋税が設けられた．1926 年には家屋の賃貸価格を課税標準とすることとなった．そして 40 年の税制改正で国税とされたが，地租と同じく全額道府県に分与された．47 年に家屋税も道府県の独立税とされ，50 年に土地と同じく資本価格を課税標準として固定資産税に統合された．
　償却資産については，船舶，電柱，軌道など特定の事業用資産への課税が戦前から存在していたが，これらも 50 年に固定資産税に統合され，償却資産一般に課税されることとなった[3]．
　さらに，多くの納税者は，固定資産税とともに都市計画税も負担している．これは，都市計画法にもとづいておこなう都市計画事業や土地区画整理法にもとづいておこなう土地区画整理事業に要する費用に充当するため，都市計画法に規定する都市計画区域のうち原則として市街化区域内に所在する土地

図 2-1 固定資産税収等の推移

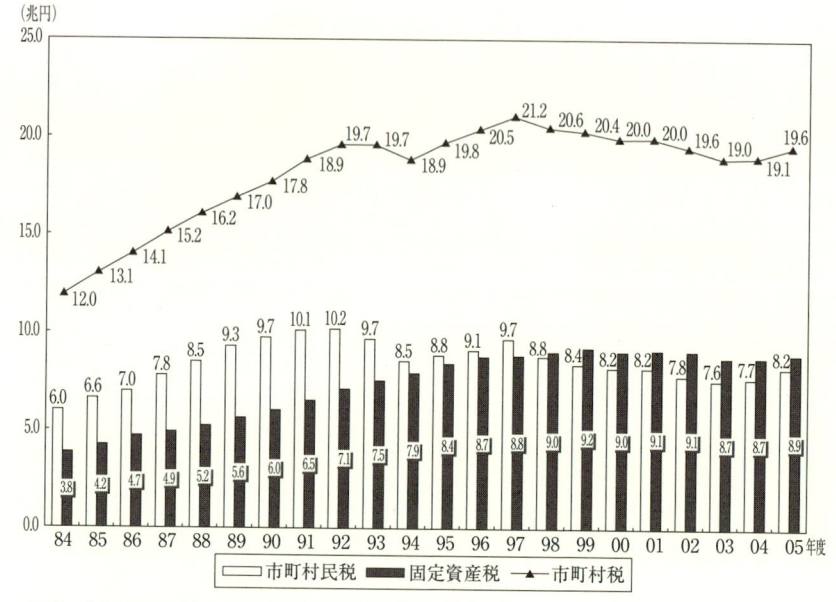

出所)『地方財政白書』各年版,より作成.

および家屋に対して,その価格を課税標準として課税する目的税である.その前身は,1919年の都市計画法の制定と同時に設けられた都市計画特別税であった.1950年の税制改正で水利地益税に統合されたが,1956年に再び分離独立して現在に至っている[4].

次に,固定資産税収入の推移をみることとしよう.図2-1は,最近20年間の固定資産税収,市町村民税収及び市町村税収の推移をみたものである.固定資産税収は1990年代初めまでは,市町村民税収のおおむね6〜7割の水準であった.ところが,バブル経済崩壊以後,市町村民税の減収が続く一方,固定資産税収は着実に増加し,1998年度には市町村民税収を上回ることとなった.固定資産税収が市町村民税収を上回るのは,1963年度以来35年ぶりのことである.しかし固定資産税収も翌99年度の9.2兆円をピークに2000年度には制度創設以来初めて前年度比減収を記録し,以降漸減傾向に

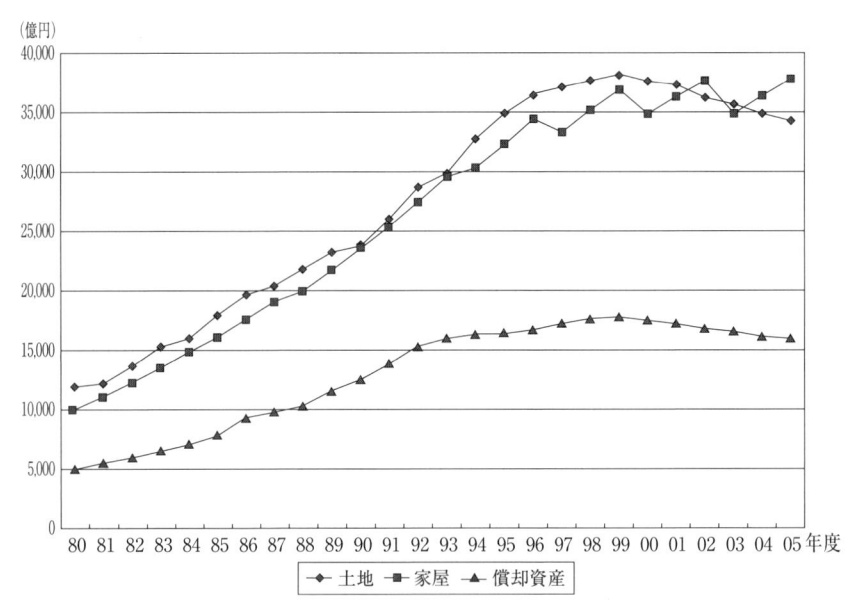

第 2 章　固定資産税にみる集権性　　　　　　　　　　　　　　59

図 2-2　固定資産税額の課税対象別推移

出所）『地方財政白書』各年版，より作成．

あることがわかる．ちなみに，固定資産税収入の市町村税総額にしめる割合の推移をみると，1950年度の40.1%から年々比重をあげ，55年度には48.0%に上昇している．しかしこれをピークに，高度経済成長期にはその比重を次第に低下させ，74年度には30.8%にまで低下した．その後80年代はおおむね31-2%で推移している．ところが90年代にはいると再び上昇し，94年度以降は40%台を維持している．2005年度の税収入額は8兆8,621億円，市町村税収入にしめる割合は45.3%で，市町村民税41.7%を3.6%ポイント上回っている．さらに事実上固定資産税の付加税である都市計画税収入を加えると，地方税収入の半分以上をしめているのである．

また図2-2は課税客体ごとの税額の内訳の推移をみたものである．土地は1999年度の3兆7,986億円をピークに減少が続いており，2005年度は3兆4,058億円とピーク時の90%水準に落ち込んでいる．家屋は97年度の評価

表2-1 米英加日韓の財産税の構造 (2003年)
(単位:%)

	不動産税(定期)	遺産,相続及贈与税	金融及資本取引税	非定期賦課財産税	合計
カナダ	83.4	8.0	0.0	8.7	100
アメリカ合州国	91.6	8.2	0.0	0.0	100
イギリス	79.2	5.2	15.6	0.0	100
韓国	19.0	6.1	75.0	0.0	100
日本	76.5	11.0	12.5	0.0	100

出所) OECD, *Revenue Statistics*, 1965-2004, より作成

替えから,評価替えのたびに減収となる状況が続いている.そして償却資産も土地と同じく99年度の1兆7,643億円をピークに減少が続いているのである.

さらに,固定資産税をはじめとする財産課税の比重を国際比較すると,2003年のOECD歳入統計で,課税ベースごとの租税構造において財産税の比重が10%を超えているのはカナダ,アメリカ合州国,イギリス,韓国と日本の5カ国だけである.表2-1は,その財産税の内訳をみたものであるが,韓国だけが「金融及資本取引税」が高い比重をしめているものの[5],他の4カ国はいずれも「不動産税(定期)」つまり日本の固定資産税のような保有税(占有税)がほとんどをしめていることがわかる.対GDP比で見る限り,日本の固定資産税負担はカナダ,アメリカ,イギリスに匹敵する水準にあるといえる.

さて,固定資産税の在り方をめぐり絶えず大きな焦点となってきたのが,土地の評価問題である.その背景には,日本ではほとんどの自治体が標準税率を採用しているため,評価がどのように行われるかによって事実上税額が決まってしまうことがあるといえる.かつてのバブル経済期には,固定資産税の土地評価額が時価と比べて著しく低いことが政策上の重要な争点となり,土地保有税の重課が土地政策の切り札であるかのようにもてはやされたことがある[6].そして政府税制調査会の「保有課税を強化することにより,土地の保有コストを引き上げ,その有利性を縮減することが必要」[7]という指摘を受けて,国税としての地価税導入など土地保有税の強化がすすめられた.

第2章 固定資産税にみる集権性

表2-2 2006年度商業地等（住宅用地以外の土地）の課税事例

		例 1		例 2		例 3	
06年度価格①		24,000千円		24,000千円		24,000千円	
		固定資産税	都市計画税	固定資産税	都市計画税	固定資産税	都市計画税
05年度課税標準額②		25,200千円	同 左	15,600千円	同 左	12,000千円	同 左
負担水準③ (②/①)×100		105%	同 左	65%	同 左	50%	同 左
06年度課税標準額④		16,800千円 ①×0.7	同 左	15,600千円 ②据置	同 左	13,200千円 ②+①×5%	同 左
06年度相当税額	内訳	④×1.4/100 235,200円	④×0.3/100 50,400円	④×1.4/100 218,400円	④×0.3/100 46,800円	④×1.4/100 184,800円	④×0.3/100 39,600円
	合計	285,600円		265,200円		224,400円	

出所）大阪市『2006年度分の土地・家屋の固定資産税および都市計画税の算定方法などについて』より．

表2-3 2006年度小規模住宅用地の課税事例

		例 1		例 2		例 3	
06年度価格①		24,000千円		24,000千円		24,000千円	
		固定資産税	都市計画税	固定資産税	都市計画税	固定資産税	都市計画税
05年度課税標準額②		4,200千円	8,500千円	3,800千円	7,800千円	28,000千円	5,600千円
06年度住宅用地の特例適用後の額③		①×1/6 4,000千円	①×1/3 8,000千円	①×1/6 4,000千円	①×1/3 8,000千円	①×1/6 4,000千円	①×1/3 8,000千円
負担水準④ (②/③)×100		105%	106%	95%	97%	70%	70%
06年度課税標準額④		4,000千円 ③の額	8,000千円 ③の額	3,800千円 ②据置	7,800千円 ②据置	3,000千円 ②+③×5%	6,000千円 ②+③×5%
06年度相当税額	内訳	④×1.4/100 56,000円	④×0.3/100 24,000円	④×1.4/100 53,200円	④×0.3/100 23,400円	④×1.4/100 42,000円	④×0.3/100 18,000円
	合計	80,000円		76,600円		60,000円	

出所）大阪市『2006年度分の土地・家屋の固定資産税および都市計画税の算定方法などについて』より．

ところが今，主として問題とされているのは評価額と課税標準額の乖離が著しく拡大していることである．表2-2と表2-3は，冒頭に述べた大阪市作成のパンフレットに事例として取り上げられている商業地等と小規模住宅地

の税額計算例である．それぞれ3例ずつ，2006年度評価額が同じ事例が示されている．いずれの事例も評価額と課税標準額が大きく乖離していることがわかる．さらに，同じ評価額であるにもかかわらず，課税標準額，ひいては税負担額も大きく異なっている．評価額と課税標準額にこれだけ大きな差があるのみならず，税額がこれだけ異なるはなぜか？

以上の状況を念頭において次に，主として土地保有税という側面から，日本の固定資産税の集権的特質を考察することとしたい．

2. 課税標準決定方式にみる固定資産税の集権性

日本の固定資産税において課税権者である市町村の裁量は，どこまで認められているだろうか？　図2-3は，現行固定資産税における国と自治体の役割を示したものである．市町村税収入の半分をしめる固定資産税は，独立税であるにもかかわらず，課税方法について，このように課税客体の決定から

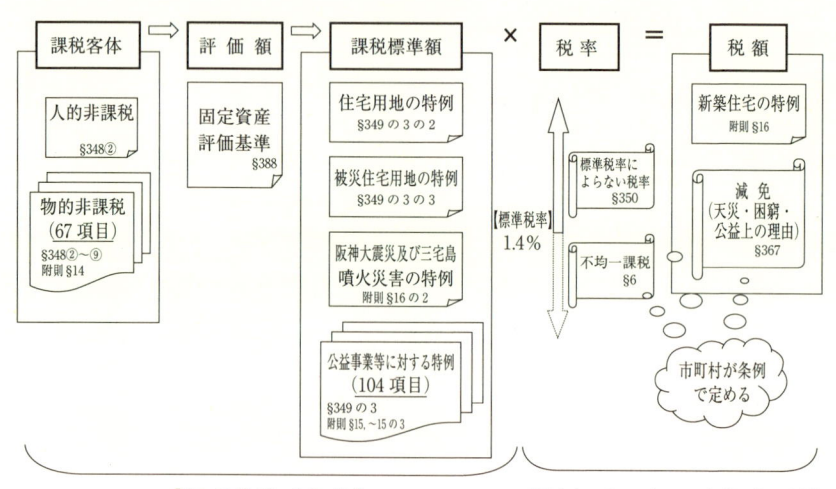

出所）（財）資産評価システム研究センター『地方税における資産課税のあり方に関する調査研究』2006年，より．

図2-3　国（地方税法）と市町村（条例）の役割

課税標準額の決定に至るまで詳細に地方税法で決められている．独立税である以上，賦課・徴収は自治体がおこなうことはいうまでもないが，課税と非課税の区分，評価の方法，様々な特例措置に至るまですべて国によって決められているのである．

こうした課税標準決定の集権性がもたらす諸問題として，第1に，次節で詳しく述べる住宅用地の特例以外の国が決めた様々な非課税措置による減収を指摘しておきたい．その額は2004年度で3,032億円にのぼる．その減収額の資産別の割合をみると，土地2％，家屋58％，償却資産40％となっている．項目別では，新築住宅の軽減措置が51.9％と半分をしめ，次いで公共交通機関21.0％，公益事業14.0％となっている[8]．

また，都市環境のあり方を考える上で見過ごすことのできない問題が市街化区域内農地の課税方式の集権性である．市街化区域内農地は，政令指定都市や東京特別区など三大都市圏の特定市にある市街化区域農地は「特定市街化区域農地」，それ以外の特定市街化区域農地以外の市街化区域農地は「一般市街化区域農地」に区分される．いずれも宅地並み評価をおこなうことを原則としているが，課税に際しては，前者は宅地並み課税，後者は農地に準じた課税をおこなうこととなっている．ただし，特定市街化区域農地であっても，30年間営農を続けるなど一定の要件を満たすことを条件として，農地所有者の申請によって生産緑地の指定を受ければ，農地として課税される．いわゆるオープンスペースや緑地の少ない日本の都市環境において，市街化区域内農地をどのように扱うかは，各自治体の固有の政策に委ねられてしかるべきである．にもかかわらず，こうした基準まで全国一律に規定しているのである[9]．

そして裁量が認められている税率設定においても，すでに述べたように課税自主権はほとんど機能していないのが実情である．税率については，長年，標準税率1.4％，制限税率2.1％であった（2004年度から制限税率が廃止された）．表2-4は，2004年4月現在における超過税率の採用状況をみたものである．2,844自治体のうち，超過課税を採用しているのは257団体と1割

表 2-4　固定資産税の超過税率の採用状況（2004年

標準税率に対する倍率	標準税率	1.1 倍以下				1.1 倍超 1.2 倍以下				
税率区分 人口段階区分	% 1.40(A)	1.44	1.45	1.46	1.50	1.55	1.58	1.60	1.65	1.66
人口 50 万以上の市	25	0	0	0	0	0	0	0	0	0
人口 5 万以上 50 万未満の市	401	0	1	0	14	1	0	12	0	0
人口 5 万未満の市	178	1	5	0	33	7	0	15	0	0
町　村	2,240	1	4	1	60	8	1	58	3	1
合　計	2,844	2	10	1	107	16	1	85	3	1

注）　東京都特別区は，「人口 50 万以上の市」として区分し，23 区をもって 1 自治体として計上して
出所）（財）資産評価システム研究センター『地方税における資産課税のあり方に関する調査研究』

をしめる．前章で取り上げた住民税所得割では，超過課税の実例が皆無であることと比べると，課税自主権は一定機能していると言えなくもない．しかしその内訳をみると，人口の少ない町村が 165 と多くをしめ，人口 50 万以上の大都市では皆無となっているのである．

このほか市町村が条例で定めることができる減免措置は，天災などによって課税対象となる固定資産が甚大な損失を被った場合，生活保護受給者の場合など，その要件は地方税法に定められている．

さらに地方税法第 6 条は「地方団体は，公益上その他の事由により必要がある場合においては，不均一の課税をすることができる」と，自治体に不均一課税権があることを認めている．かつて東京都が，これを根拠として，法人所得課税に続いて事業用固定資産税の不均一超過課税を実施しようとしたことがある[10]．当時の自治省は，固定資産税は「固定資産の価値に着目し，それを所有することに担税力を見出し，その価値に応じて税負担を求める物税である．現行制度が，固定資産の所有者，種類，用途，課税標準額等のいかんを問わず，すべての固定資産を通じて単一の税率により課税をする仕組みをとっているのは，このような固定資産の基本的な性格にもとづくもの」であるから，「超過税率を採用する場合においても，その税率はすべての固定資産を通じて一律のものでなければならない」[11]という立場にたち，結局，

第 2 章　固定資産税にみる集権性　　　　　　　　　　65

4 月 1 日現在)

	1.2倍超 1.3倍以下		超過税率採用団体計 (B)	合計 (C)	A/C	B/C
	1.70	1.75				
	0	0	0	25	100.0%	0.0%
	0	0	28	429	93.5%	6.5%
	2	1	64	242	73.6%	26.4%
	28	0	165	2,405	93.1%	6.9%
	30	1	257	3,101	91.7%	8.3%

いる．
2006 年 3 月，より．

東京都のこの試みは日の目をみなかった．以来，固定資産税において自治体が不均一課税を試みた事例はない．

ところで不動産保有税における不均一課税というと，諸外国では用途に応じた差別課税をおこなう事例が多いと思われる．しかし日本の場合，自治体が裁量権を有する税率ではなく，国が定めて全国一律に課税標準を調整することによって，おこなわれているのである．次節ではその課税標準の調整について子細に検証することとしよう．

3.　土地の課税標準決定過程にみる集権性

(1)　負担調整措置の導入

日本の固定資産税を複雑にし，表2-2や表2-3に示したような不可解な事態をもたらしているのは，いわゆる用途別差別課税を，多くの国々で行われているように税率によってではなく，課税標準の調整によって全国一律に行っていることに起因する．周知のごとく日本の固定資産税は，課税対象の用途にかかわらず一律の比例税率で課税されている．表2-1で掲げた諸国や資産課税への依存度が高い諸国でおこなわれているように，用途に応じ税率を区別することや，納税者の支払い能力による減免制度などは，すでに述べたように天災などによって課税対象となる固定資産が甚大な損失を被った場合，生活保護受給者の場合などを除いて，いっさい設けられていないのである[12]．それに代わって，次の2つの方法によって税負担の調整をおこなってきた．

1つは，課税標準そのものの引き下げである．例えば，高度経済成長期末期の地価高騰時の1973年度に導入された住宅用地への特例措置である．そ

のとき住宅用地の課税標準額は一律に評価額の2分の1とされ，翌74年度には，200m²以下の小規模住宅用地についてはさらに4分の1となった．そして，94年度の評価替えに際して，さらに小規模住宅用地は6分の1，一般住宅用地は3分の1に引き下げられた．都市計画税については，従来こうした特例措置が設けられていなかったのであるが，94年度からはそれぞれ小規模住宅用地3分の1，一般住宅用地3分の2とされ，現在に至っている．

そしていま1つは，負担調整措置という激変緩和措置である．土地と家屋の評価替えは3年に1度おこなうことを原則としており，いったん評価額が決まると3年間は据え置くこととなっている．負担調整措置というのは，3年に1度ずつ急激に税額が上昇することを抑制し，3年かけて少しずつ税額を上昇させることによって，新しい評価額にもとづく課税をおこなおうとするものである．

この措置を導入する契機となったのが，1964年度におこなわれた評価替えであった．それ以前においては，課税自治体ごとの評価額に著しい不均衡が生じていたことが問題視され，この時の評価替えから法的拘束力を有する固定資産評価基準にもとづいて評価することとなった．その結果，土地については63年度の評価額に比べて，全国平均で田1.33倍，畑1.30倍，宅地6.37倍，山林3.05倍もの上昇となったのである．この新たな評価額が税負担に直接連動することを避けるために負担調整措置が導入された．具体的には，農地については63年度の課税標準額に据え置く，農地以外の土地については63年度の課税標準額の1.2倍を限度とすることとしたのである．評価額と課税標準額とが乖離するという事態が恒常化したのは，この64年度評価替え以降のことである．

以後の評価替えは67年度を除き3年ごとにおこなわれているが，評価替えのたびに異なった負担調整措置が導入されてきたのである．表2-5は，住宅用地のみならず，個人の非住宅用地と法人の非住宅用地にも負担調整措置が導入された1991年度の評価替えに際して設けられた住宅用地に対する負担調整率を示したものである．ここで上昇率というのは，新しい評価額の前

年度(表2-5の場合は90年度)評価額に対する割合を意味する.例えば,ある住宅地の新しい評価額が前年度評価額の1.5倍である場合,この上昇率の区分のうち1.43倍超1.6倍以下の負担調整率1.1が適用され,この住宅地の税負担額は毎年10%ずつ増加することとなるのである.

表2-5 1991年度住宅用地の負担調整措置

上昇率の区分	負担調整率
1.27倍以下	1.05
1.27倍超 1.43倍以下	1.075
1.43倍超 1.6倍以下	1.1
1.6倍超 2.0倍以下	1.15
2.0倍超 2.4倍以下	1.2
2.4倍超 3.0倍以下	1.25
3.0倍超	1.3

(2) 1994年度評価替えによる複雑化

93年度までの負担調整措置は,評価額の上昇割合に応じて調整するという方式で,また,3年間で新しい評価額に近づけていくことが目指されていたので,評価額と課税標準額との間に乖離はあってもさほど大きなものではなかった.この乖離を拡大し,さらにより複雑な負担調整措置を導入する契機となったのが94年度において,宅地の評価水準を全国一律に地価公示価格の7割を目途として評価替えを実施したことである.そのため93年度と比べた評価額の上昇率は,全国平均で4倍近くにも達し,とくに地価が高い都市部では10倍にもなる事例が生じた.バブル経済が崩壊し地価下落が始まったなかでの,こうした評価額の急激な引き上げは,都市地域を中心に住民の強い反発を招き,不服審査請求が急増したことは,記憶に新しいところである[13].そこで税負担の増加を抑制するために採られた措置の第1が,すでに述べた住宅用地の特例措置の拡充,及び都市計画税の課税標準にもこの特例措置を創設したことであった.

そして第2の措置が,「評価の上昇割合の高い宅地等にかかる暫定的な課税標準の特例措置」(暫定特例措置)の導入である.これは,評価額の上昇率が高い宅地について,評価額をさらに引き下げようというものである.具体的には,上昇率が1.8倍超4倍以下のものは4分の3に,4倍超7.5倍以下のものは3分の2に,7.5倍超のものは2分の1に引き下げることとした.つまり,93年度までは表2-5のような上昇率を適用する前に,小規模住宅

用地であれば評価額の4分の1を前年度の課税標準と比較するだけであったのに対し，94年度からはさらに暫定特例率をいれることとなったのである．

その上さらに，地価の下落に歯止めがかからない状況に対応するためとして，95・96年度には「地価の下落に対応した臨時的な課税標準の特例措置」（臨時特例措置）も導入せざるを得なくなったのである．具体的には，上昇率2.4倍以下のものには適用されないが，上昇率2.4倍超4.8倍以下のものは4分の3に，4.8倍超6倍以下のものは5分の3に，6倍超のものは2分の1に引き下げることとした．

(3) 負担水準の導入

地価の下落傾向が止まらないなかでむかえた97年度評価替えでは，従前の評価額の上昇割合に応じて税負担の調整をおこなってきた方式から，それぞれの土地に係る課税標準額が評価額に対してどの程度まで達しているか（負担水準）によって負担調整率を決定する方式に改められた．この負担水準というのは，新評価額に対する前年度課税標準額の割合を意味する．そして商業地については，負担水準80%超であれば80%に引き下げ，80%以下60%以上は据え置き，60%未満は負担調整率（1.025～1.15）を適用することとした．これは要するに，「94年度評価替えによって再び生じた評価額と課税標準額との乖離を60～80%の間に収斂」[14]させようとするものであった．また，住宅地については負担水準0.8以上は据え置き，0.8未満は負担調整率（1.025～1.15）を適用することとした．

表2-6と表2-7は2003年度評価替えに際して導入された負担調整措置を示したものである．まず，商業地等については，負担水準が0.6未満の場合は対前年度課税標準額の1.025～1.15倍に引き上げ，0.6以上0.7以下の場合は据え置き，0.7をこえる場合は0.7の水準にまで引き下げられることとなる．小規模住宅用地については，負担水準0.8未満の場合は対前年度課税標準額の1.025～1.15倍に引き上げ，0.8以上1.0未満の場合は据え置き，1.0以上の場合は住宅用地特例適用後の額となる．これに加えてさらに，商業地

第2章　固定資産税にみる集権性

表2-6　2003年度商業地等の負担調整措置

負担水準	当該年度課税標準額の求め方
70%超	当該年度価格 X0.7 に引下げ
60%以上70%未満	前年度課税標準額に据置
45%以上60%未満	価格下落率15%以上：前年度課税標準額に据置／価格下落率15%未満：前年度課税標準額 X1.025
40%以上45%未満	前年度課税標準額 X1.025
30%以上40%未満	前年度課税標準額 X1.05
20%以上30%未満	前年度課税標準額 X1.075
10%以上20%未満	前年度課税標準額 X1.1
10%未満	前年度課税標準額 X1.15

出所）　大阪市『2003年度分の土地・家屋の固定資産税および都市計画税の算定方法などについて』より．

表2-7　2003年度小規模住宅用地の負担調整措置

負担水準	当該年度課税標準額の求め方
100%以上	当該年度住宅用地の特例適用後の額
80%以上100%未満	前年度課税標準額に据置
55%以上80%未満	価格下落率15%以上：前年度課税標準額に据置／価格下落率15%未満：前年度課税標準額 X1.025
40%以上80%未満	前年度課税標準額 X1.025
30%以上40%未満	前年度課税標準額 X1.05
20%以上30%未満	前年度課税標準額 X1.075
10%以上20%未満	前年度課税標準額 X1.1
10%未満	前年度課税標準額 X1.15

出所）　表2-6に同じ．

等で負担水準45%以上60%未満で，過去3年間の価格下落率が15%以上の土地の場合，および小規模住宅用地で負担水準55%以上80%未満（一般住宅用地は50%以上80%未満）で価格下落率15%以上の土地は据え置きとなる．それでも価格下落に対応できないために，2004年度からは商業地について，課税標準額の上限を60〜70%の範囲内で引き下げることが可能となり，東京都はこれを採用して65%まで引き下げる措置を講じているのである．

このように，1994年度評価替えで導入した暫定・臨時の特例措置にせよ，97年度評価替えで導入した負担水準にせよ，94年度評価替えで一気に引き上げた評価額と下落が止まらない地価との調整を集権的な方法でおこなったために，負担調整措置はかつてなく複雑でわかりにくいものとなってしまったのである．

そこで2006年度評価替えに際しては図2-4のような負担調整措置に改められることとなった．すなわち，負担水準が60%未満の商業地については，前年度課税標準額に当該年度の価格の5%を加えた額が課税標準となる．ただし，その額が価格の60%を上回る場合には60%相当額となり，価格の20%を下回る場合には20%相当額となる．負担水準が80%未満の住宅地については，前年度課税標準額に当該年度の価格に住宅用地の特例率を乗じて得た額の5%を加えた額が課税標準となる．ただし，その額が価格に住宅用地の特例率を乗じて得た額の80%を上回る場合には80%相当額となり，価格に住宅用地の特例率を乗じて得た額の20%を下回る場合には20%相当額となる．

先の表2-2と表2-3に示した2006年度の計算実例は，いずれも06年度の評価額は同じである．しかし，1964年度以来の負担調整措置の積み重ねを反映して，05年度の課税標準額（②）がそれぞれ異なるため，負担水準がいずれも異なり，それぞれに適応した負担調整措置が適用される．例えば，表2-2の商業地の事例1の場合，負担水準が105%のため，図2-4で示した負担調整措置からして課税標準額は評価額の70%に引き下げられる．事例2の場合は，負担水準65%のため，課税標準額は据え置き，事例3の場合は負担水準50%のため05年度課税標準額の5%を加えた額が課税標準額となる．これに都市計画税を加えると最終的にはそれぞれ，28万5,600円，26万5,200円，22万4,400円の税額となるのである．表2-3の小規模住宅地については，評価額を6分の1（都市計画税は3分の1）に引き下げた上で，同様の方法により，税額が8万円，7万6,600円，6万円となる．

このような複雑な調整措置を講じている意義について，総務省の外郭団体

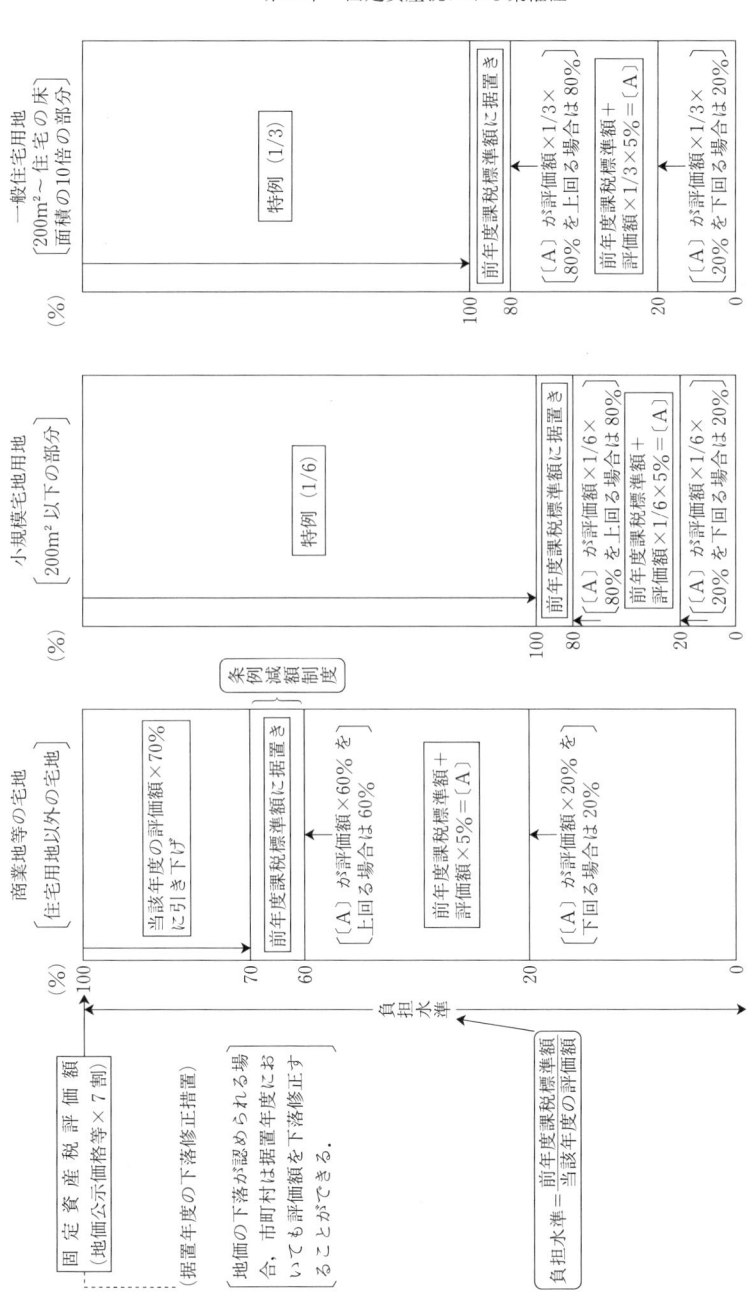

第2章 固定資産税にみる集権性　71

図2-4　商業地等の宅地と住宅用地の課税のしくみ（2006-08年度）

出所）地方税務研究会編『地方税関係資料ハンドブック（2006年）』地方財務協会.

である資産評価システム研究センターが毎年作成している報告書『地方税における資産課税のあり方に関する調査研究』では，「課税の公平の観点から，評価額に対する課税標準額の乖離の度合（負担水準）を均衡化させることを目標」としたものであり，それは「分権時代においては，受益と負担の関係を明確にするため，各地方公共団体における住民の税負担の水準は税率において示されることが期待される」からであると述べられている[15]．

　しかし，地価下落が続いているなかでのこうした調整措置の導入は，次のような事態をもたらしている．図2-5は負担水準を活用した現行の負担調整措置が始まった1997年度と2006年度の商業地等における負担水準の分布の変化をみたものである．課税標準額の上限まで税負担が引き下げられる土地，すなわち地価の下落に応じて税負担が引き下げられる土地の割合は，1997年度に11.8%（大都市で17.8%）であったものが，年々増加して2006年度見込みでは50.5%（大都市47.6%）となっている．次いで，負担水準が据え置かれる土地は，97年度に17.9%（大都市25.7%）であったものが，06年度見込みでは30.9%（大都市39.9%）となっている．他方，負担水準が60%未満で課税の公平の観点からなだらかに税負担が引き上げられる土地は，97年度には70.3%（大都市56.5%）であったものが，引き下げられる土地が増えているのとは裏腹に減少が続き，06年度見込みでは18.6%（大都市12.5%）と大きく減少しているのである．

　このような状況は税収にも次のように現れている．表2-8は，大都市における土地分固定資産税収の増減率の推移をみたものである．全国的には，2000年度から7年連続減少し，06年度の見込額はピーク時と比べて11.6%の減収となっている．ところが大都市の場合，97年度から10年連続減収で，ピーク時と比べて24.2%の減収となっていることがわかる．なかでも最大の減収を示している大阪市は，ピーク時の96年度と比べマイナス42.1%，4割をこえる減収を示しているのである[16]．

　序章で指摘したように，大阪市においては1990年代後半に交付税依存度が急激に高まったのであるが，それは，固定資産税などのこうした大幅な減

第2章　固定資産税にみる集権性

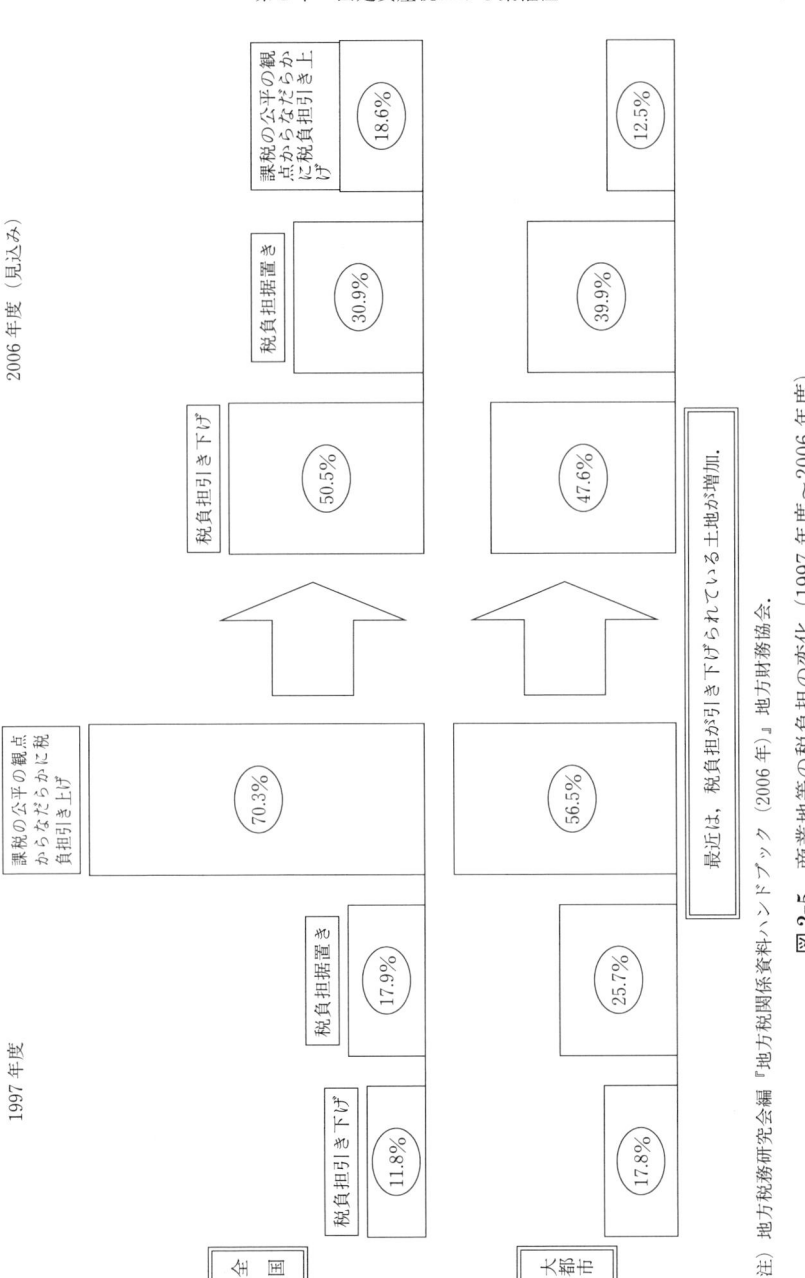

1997年度

全国
- 税負担引き下げ: 11.8%
- 税負担据置き: 17.9%
- 課税の公平の観点からなだらかに税負担引き上げ: 70.3%

大都市
- 税負担引き下げ: 17.8%
- 税負担据置き: 25.7%
- 課税の公平の観点からなだらかに税負担引き上げ: 56.5%

2006年度（見込み）

全国
- 税負担引き下げ: 50.5%
- 税負担据置き: 30.9%
- 課税の公平の観点からなだらかに税負担引き上げ: 18.6%

大都市
- 税負担引き下げ: 47.6%
- 税負担据置き: 39.9%
- 課税の公平の観点からなだらかに税負担引き上げ: 12.5%

最近は、税負担が引き下げられている土地が増加。

図 2-5　商業地等の税負担の変化（1997年度～2006年度）

注）地方税務研究会編『地方税関係資料ハンドブック（2006年）』地方財務協会.

表 2-8 大都市における固定資産税収（土地）の増減率の推移

(単位：%)

	96→97	97→98	98→99	99→00	00→01	01→02	02→03	03→04	04→05	05→06	ピーク年度比増減率
全国計	1.7	1.3	1.2	▲1.4	▲0.5	▲3.0	▲1.7	▲2.0	▲2.5	▲1.2	▲11.6
大都市計	▲0.2	▲2.3	▲0.8	▲4.6	▲2.9	▲6.4	▲2.9	▲2.7	▲3.5	▲0.9	▲24.2
札幌市	0.5	▲2.3	▲5.8	▲9.7	▲2.5	▲4.7	▲3.1	▲3.1	▲2.9	▲2.9	▲31.7
仙台市	2.3	▲0.6	▲2.5	▲6.6	▲4.0	▲7.9	▲5.8	▲6.6	▲6.0	▲3.3	▲35.9
千葉市	3.5	0.7	▲0.0	▲3.4	▲4.2	▲3.7	▲4.6	▲5.8	▲3.4	▲2.2	▲24.4
特別区	▲1.6	▲4.2	▲1.0	▲4.6	▲1.6	▲7.6	▲1.6	▲0.3	▲3.4	1.3	▲22.3
川崎市	1.7	1.1	1.1	▲0.7	▲1.4	▲4.1	▲3.8	▲3.3	▲4.0	▲3.0	▲18.8
横浜市	0.1	▲0.5	▲0.1	▲3.3	▲2.4	▲4.5	▲3.7	▲4.3	▲4.2	▲3.6	▲23.7
名古屋市	1.4	0.1	0.0	▲4.8	▲1.6	▲3.6	▲2.6	▲2.6	▲2.0	▲0.5	▲16.4
京都市	2.6	▲0.2	0.6	▲2.9	▲2.0	▲3.4	▲1.4	▲3.1	▲3.1	▲1.1	▲15.8
大阪市	▲2.4	▲4.1	▲1.6	▲8.3	▲9.6	▲10.4	▲5.4	▲6.5	▲2.2	▲2.2	▲42.1
神戸市	4.8	1.2	▲0.7	▲2.9	▲3.8	▲6.9	▲6.7	▲7.7	▲5.6	▲3.8	▲32.5
広島市	2.9	0.7	▲0.2	▲1.9	▲1.3	▲4.7	▲4.2	▲6.5	▲6.2	▲5.5	▲26.9
北九州市	▲0.0	1.2	0.9	▲1.4	▲0.3	▲1.7	▲3.0	▲1.8	▲4.9	▲4.3	▲16.2
福岡市	2.7	1.4	0.5	▲2.6	▲1.7	▲3.3	▲0.5	▲1.9	▲1.6	0.3	▲10.7

注） 04年度までは決算額，05年度は決算見込，06年度収入見込．
出所） 地方税務研究会編『地方税関係資料ハンドブック（2006年）』地方財務協会，より．

収と裏腹の関係にある．本章の最後に，その大阪市財政の実情を検証しておくこととしたい．図2-6は，大阪市における個人市民税，法人市民税，固定資産税（土地）の推移をみたものである．大阪市の税収総額は，1996年度の7,776億円をピークとして減少が続き，2004年度は6,185億円となっている．その内訳をみると，法人市民税は1990年度，個人市民税は92年度，そして固定資産税（土地）は96年度をピークに，いずれも大きく減少していることがわかる．固定資産税のうち，家屋分と償却資産分はさほど減少していないことからして，大阪市における固定資産税の減収はもっぱら土地分によるものといえる[17]．大阪市のこうした大幅な税収減は，第4章で紹介する第三セクターの経営破綻など，行政運営上の失敗も一因となっている地域経済の低迷によるところも決して小さくはない．しかし第1章と本章で述べたように，住民税・固定資産税の課税標準決定における集権性によって否応なくもたらされた側面も看過できないのである．第1章の冒頭で紹介したよう

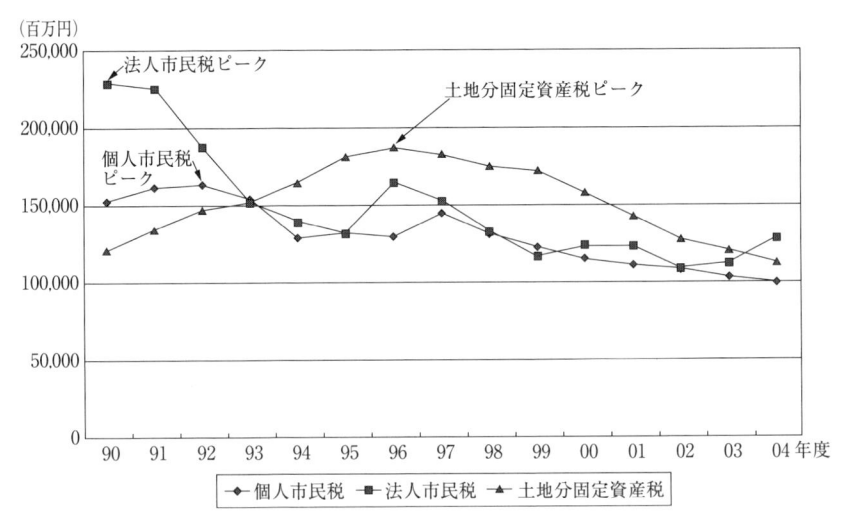

第2章　固定資産税にみる集権性　　75

(百万円)

図中凡例：法人市民税ピーク、個人市民税ピーク、土地分固定資産税ピーク

◆個人市民税　■法人市民税　▲土地分固定資産税

出所）大阪市財政局『大阪市の財政』各年版，より作成．

図 2-6　大阪市の市民税，固定資産税（土地）の推移

な増税にせよ，あるいは減税にせよ，自治体みずからの決定によるものでないという点では共通しており，これでは分権の時代にふさわしい地方税のあり方とは大きくかけ離れていると言わざるをえない．

　他方，地方交付税と市債の推移をみた図2-7は，地方交付税，一般債，特別債が地方税の大幅な減収を補うかのごとく大幅に増えていることを示している．市債についてみると，90年代は政府の景気対策に呼応したと思われる一般債の増発が目につく．しかし，2000年度以降は一般債が抑制気味であるのに対し，特別債が急増していることがわかる．いうまでもなく特別債は，減税補塡債，財源対策債，臨時財政対策債など，自治体の意志ではなく政府の政策によって発行を余儀なくされたものである．とくに2000年度からの特別債の急増は，本来ならば地方交付税で手当されるべき臨時財政対策債の増加によるところが大なのである．

　また大阪市は，90年度から93年度までは地方交付税の不交付団体であった．94年度に再び交付団体となってから地方交付税が急増し，ピーク時の

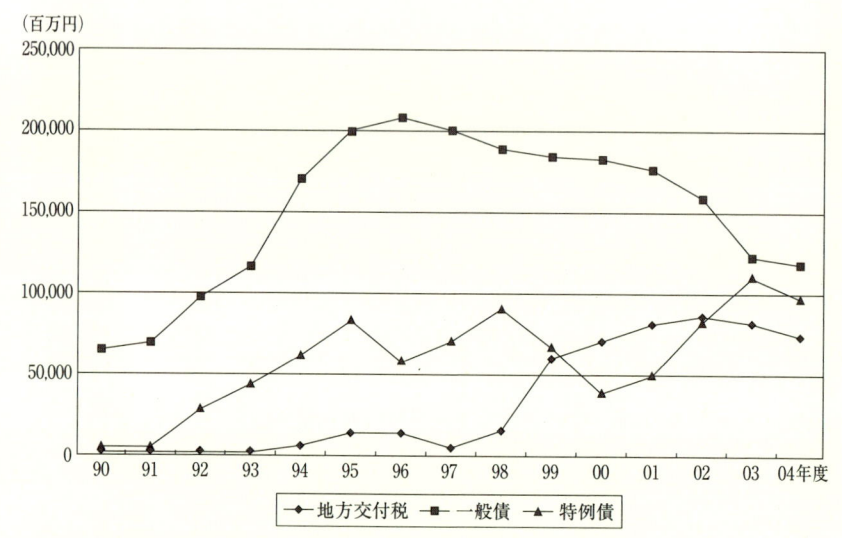

図 2-7 大阪市の地方交付税，市債の推移

出所）大阪市財政局『大阪市の財政』各年版，より作成．

2002年度は845億円，歳入総額の5％をしめるに至っているのである．序章で述べたように，今この国では，地方交付税への依存度が高い自治体の財政効率が悪いという判断にもとづいて，人口1万人以下の小規模自治体を消滅させる政策がすすめられている．地方交付税特別会計の債務残高が急激に増加した90年代半ば以降において，大阪市のような大都市の財政が交付税によってかろうじて支えられていたという事実は，小規模自治体をやり玉に挙げる施策の的はずれぶりを改めて示唆しているように思われるのである．

おわりに

固定資産税は応益原則に従って課税されるといわれている．1994年度の評価替えにともない税負担が数倍にも増えることになりそうなことに主権者が反発したのは，行政サービスがそれに見合うだけ改善されたわけでもないのに，税負担だけが増えることへの反発が背景にあったと思われる．1964

年度の評価替え以来，負担調整措置により負担増の緩和を図らざるを得なかったのも，地価上昇を反映した新しい評価額で課税することへの納税者の反発を和らげることが意図されていたといえよう．他方，最近のように大都市を中心に税収入が大幅に減少していることは，基礎自治体の基幹税目にもとめられる税収の安定性という点からして，問題が大きいといえる．

こうした事態を招いたのは，税率を所与のものとしたまま，事実上総務省の裁量で決まる評価額で負担額が決まってしまうという固定資産税の集権性によるものといえよう．ここで改めて強調しておきたい点は，負担調整措置などによって固定資産税を複雑化した契機となった1964年度・94年度の評価替えは，それまで評価水準が一様でなかったという意味では「分権的」であった評価方法を集権化したということ，そしてその際，税率決定の集権性を改善しなかったため，負担急増を緩和するための負担調整措置も集権的に導入せざるを得なくなり，現在のようなより複雑化する事態を招いたということである．今，負担水準の均衡化をめざす過程で固定資産税収の安定性までもが大きく阻害されていることは，こうした集権的体質をかえって強め，分権型地方税制への道をいっそう遠のかせているのではないだろうか．

税の公平性を確保するために，高度な専門性を必要とする評価方法について何らかの全国的基準を明確にすることは必要であろう[18]．しかし，住宅用地の特例措置や負担調整措置，そして税率に至るまで事実上全国一律の制度としていることは，分権的で簡素であるはずの固定資産税をきわめて複雑なものとし，分権の時代にふさわしく地域の実情を踏まえて負担額を決定できるような仕組みに転換させることを，きわめて困難にしているのである．

注
1) 米原淳七郎「固定資産税の本質と改革の方向」橋本徹編『地方税の理論と課題』税務経理協会，1995年，176頁．
2) 1926年に創設された「特別地税」は，免税点以下の国税地租が課されない土地を課税対象とする地価を課税標準とする道府県税及び市町村税であった．
3) 土地と建物の課税標準を従前の賃貸価格から資本価格に改め，償却資産をも固

定資産税の課税客体に加える利点として，シャウプ勧告では，①償却資産が資本価格で評価され，土地と建物が賃貸価格で評価されるとすると，建造物について不動産と動産を区別しなければならないが，それはきわめて困難であること，②事業用資産の再評価を認める関連から，所得税における減価償却を増大し，譲渡所得を減少しようとして，納税者が甚だしく過大評価することを避けるためには，税制に自動的制限をおく必要があること，をあげている（『シャウプ使節団日本税制報告書』第12章「不動産税（地租および家屋税）」）。

4) 都市計画税のあり方を，住民参加の視点から考察したものとして，三木義一「都市計画と税・受益者負担の再整備」原田純孝編『現代の都市法Ⅰ 構造と展開』東京大学出版会，2001年，がある。

5) 日本では登録免許税と不動産取得税が該当する。

6) こうした土地保有税重課論への批判として，米原淳七郎『土地と税制』有斐閣，1995年，が参考になる。

7) 政府税制調査会『土地税制のあり方についての基本答申』1990年10月より。

8) (財)資産評価システム研究センター『地方税における資産課税のあり方に関する調査研究』2006年3月，より。

9) 都市農業と都市計画に関しては，石田頼房『都市農業と土地利用計画』日本経済評論社，1990年，参照。

10) 東京都新財源構想研究会第5次報告『不公平税制と財政構造の改革』1976年（山本正雄編『都市財政改革の構想』新地書房，1979年，所収）。

11) 「固定資産税における不均一な課税について」(1976年5月26日付自治省税務局長通達）より。

12) 欧米諸国の土地保有税については，地方税財政制度研究会編『固定資産税の理論と実態―日本の固定資産税と各国の不動産課税―』ぎょうせい，1987年，高橋誠『土地住宅問題と財政政策』日本評論社，1990年，目良浩一他『土地税制の研究―土地保有課税の国際比較と日本の現状―』日本住宅総合センター，1992年，米原淳七郎他編『資産政策と資産課税』有斐閣，1998年，(財)日本都市センター編『新時代の都市税財政―都市自治体における資産課税の充実・確保―』2005年，などを参照．また，韓国・台湾の土地保有税も用途に応じて異なった税率を採用している．これについては，拙著『台湾の土地政策―平均地権の研究―』青木書店，1992年，砂川良和・権炳秋『土地税制と土地対策―日韓の比較―』有信堂，1993年，拙著『台湾・韓国の地方財政』日本経済評論社，1996年，などを参照。

13) 1994年度評価替えをめぐっては，税金オンブズマン・固定資産税国賠訴訟を支援する会編『税の民主化を求めて―国家賠償請求訴訟の記録―』せせらぎ出版，2002年，を参照．

14) 土地保有税研究会（座長：宇田川璋仁）報告書『固定資産税の改革に向けて』1999年11月，より．

15) 資産評価システム研究センター『地方税における資産課税のあり方に関する調査研究―固定資産税の負担調整措置のあり方，情報開示の一層の推進について―』2005年3月，1頁
16) 1996年度の土地分固定資産税収と土地分都市計画税収は2,400億円であったが，2006年度予算においては1,369億円と見込まれている（大阪市財政局『大阪市の財政』，および大阪市財政局HPより）．
17) 2004年度の大阪市税収入は法人市民税の増収により，前年度に比べて54億5,115万円の増収となった．ところが土地分固定資産税は79億475万円もの減収となっているのである（大阪市財政局『大阪市税務統計』より）．
18) 東京都税制調査会は，不動産鑑定士制度等が整備された現在では，市町村の評価権と課税権を分離し，都道府県ごとに評価権を集約した「資産評価機構（仮称）」を設置することを提案している（2005年度東京都税制調査会答申『真の地方分権の確立に向けた税制のあり方』2005年11月）．

第3章

「財政戦争」の帰結
―「行政改革」(経常収支比率引き下げ策) がもたらしたもの―

はじめに

　地方財政史研究の草分け的存在である藤田武夫は, 1970年代半ばに発生した戦後2回目の全国的な自治体財政危機に際して講じられた地方財政対策が招いた地方交付税の変質を次のように総括した.

「地方交付税は, 資本, 中央政府からの強い要請と地方自治体, 住民からの要求に挟撃されながら, 多くの問題を抱えて崩壊の危険にさらされ, 重大な岐路にたっている. 地方交付税が, 歪められた道を歩みつづけることなく, 財政調整機能を通じて, 地方自治体にたいし地域住民のための行政水準の向上や施設整備の一般財源を提供するという本来の性格, 機能に復帰することは, 容易でないであろう. そのためには現行の交付税の構造と問題点を正確に認識し, これに抜本的な改革をくわえるとともに, 交付税の機能を規制し歪めている日本の歴史的な中央集権的行財政機構にメスをいれ, これを地方分権化しなければならない. 国の「財政再建」の旗印の下に, 地方の行政や財源が圧縮され, いっそう中央集権化されようとしている現在, とくにこの点を強調する必要がある」[1] (傍点は筆者).

　藤田がこのような総括をしてから, 20年以上が経過した今日, 再び「交付税の機能を規制し歪め」られた結果, 交付税特別会計に膨大な債務が累積

し，「国の「財政再建」の旗印の下に，地方の行政や財源が圧縮され」ようとしている．交付税をはじめとする地方財政全般の抜本的な見直しが求められるような事態に至る出発点は，まさにこの，戦後2回目の自治体財政危機とその対策にあったのである．

そこで本章では，戦後2回目の財政危機の原因と対策をめぐる論争点を整理し，今また同様の危機を迎えることとなった要因を探ることとしたい．

1. 1970年代財政危機の特徴

前掲図序-1でみたように，国家財政の歳出純計を100とする地方財政の歳出純計は，高度経済成長期にはおおむね200をこえていた．高度経済成長期の初期まで時代をさかのぼると，最初に200をこえたのは1961年度であった．その後しばらくは200前後で推移したが，69年度から75年度の7年間は200をこえ，ピーク時の72年度には220に達した．

この高度経済成長期に膨張した歳出の中身を概観しておくこととしよう．表3-1と表3-2は，1955年度以降の自治体全体の目的別・性質別の歳出構成の推移をみたものである．まず第1に特徴的なことは，目的別でみた土木費，性質別でみた普通建設事業費の比重が著しく増加していることである．すなわち，55年度においては土木費は総歳出の12.4%で，教育費の半分以

表 3-1　主な目的別地方経費構成の推移
(単位：％)

	55	60	65	70	74
議会費	1.0	1.0	1.0	0.8	0.8
総務費	13.7	13.4	10.4	9.4	9.2
土木費	12.4	17.2	21.4	25.2	21.6
教育費	27.6	27.1	26.3	24.9	26.4
民生・労働費	11.0	9.6	9.2	9.4	11.6
保健衛生費	2.9	2.4	5.9	5.9	6.8
産業経済費	10.6	11.5	12.3	12.8	11.7
公債費	4.8	5.0	3.5	3.8	3.7

出所）『地方財政白書』各年版，より．

表 3-2 主な性質別地方経費構成の推移
(単位：%)

	55	60	65	70	74
消費的経費	60.8	54.8	54.7	49.7	53.0
人件費	40.0	36.6	36.7	32.7	35.0
物件費	10.1	8.6	6.7	6.3	6.1
扶助費補助費等	9.1	7.8	9.7	9.1	10.7
維持補修費	1.6	1.8	1.6	1.6	1.2
投資的経費	27.6	33.3	35.1	37.1	34.5
普通建設事業費	19.4	24.8	30.2	34.6	32.2
災害復旧事業費	5.7	6.2	3.3	1.5	1.7
失業対策事業費	2.5	2.3	1.6	1.0	0.6

出所）『地方財政白書』各年版，より．

下であったが，年々その比重を高め，70年度には教育費を上回って，25.2%をしめていることがわかる．また，性質別でみると普通建設事業費の比重は55年度において19.4%であったが，65年度以降は30%台を維持し，70年度には人件費を上回っているのである．その反面，教育・民生関係をみると，目的別の教育費はおおむね4分の1を少し上回る水準で，民生・労働費は1割前後で，性質別の扶助費補助費等も1割前後で推移したのである．この時期，全国の自治体は，国の経済成長優先策による「地域開発ブーム」にのって，企業誘致のための産業基盤中心の投資的経費の支出に力をいれていた．そしてこれは特に都道府県に顕著にみられる傾向であった．

しかしながら，その傾向は高度経済成長期末期の1970年頃から変化を見せ始め，目的別でみた土木費の比重低下と教育費・民生費の比重の上昇，性質別でみた人件費・扶助費の比重の上昇傾向が見られるようになった．これは，都市問題の深刻化に対応して生活基盤関連の投資的経費の歳出増を余儀なくされたこと，特に60年代後半から都市地域を中心に全国に続々と誕生した，いわゆる革新自治体による財政政策の展開によるところが大きかったのである．これについては，1971年春の知事選挙で野党系の候補が現職を

打ち破った大阪府の財政構造の変貌を跡づけることによって確認しておきたい[2]．

表 3-3 は，60 年代後半から 70 年代前半の大阪府の目的別歳出の動向をみたものである．60 年代は土木費が 30% 以上をしめていたが，70 年代にはその比重が大幅に低下し，それを埋め合わせるように教育費と民生費の比重が大きく上昇していることがわかる．また表 3-4 によって，60 年代後半と 70 年代前半の大阪府域内の行政投資の変化をみると，60 年代後半は産業基盤が 1,856 億円，生活基盤が 2,819 億円であったのが，70 年代前半は，それぞれ 2,526 億円，6,258 億円となり，厚生福祉・文教施設を中心に生活基盤が顕著に増加していることがわかる．このような，教育・福祉分野を中心とした歳出構造への転換は，性質別歳出にも次のように表れることとなった．表 3-5 は，大阪府の性質別歳出について，60 年代後半と 70 年代前半との累計額を比較したものである．義務的経費が絶対額において約 6 千億円から約 1 兆 8 千億円へと 3 倍に増加し，構成比も 39.3% から 46.2% へと，7% ポイント上昇している．増加した義務的経費のほとんどは人件費でしめられており，そのため人件費の構成比も 34.5% から 40.4% へと大きく上昇していることがわかる．投資的経費も約 5 千億円から 1 兆円へと 2 倍に増加しているが，構成比は 33.8% から 27.7% へと，6% ポイント低下しているのである．これは，教育・福祉など生活基盤関連の施設を建設すると，サービスの質を維持するために必要な人員を配置しなければならないことによるといってよ

表 3-3　大阪府における主な目的別歳出決算額の推移

(単位：百万円，%)

	65 年度		68 年度		71 年度		74 年度	
	金額	比率	金額	比率	金額	比率	金額	比率
民生費	3,383	2.2%	7,022	2.6%	14,980	3.5%	45,706	5.9%
衛生費	5,613	3.7%	9,349	3.5%	17,455	4.1%	38,493	4.9%
土木費	46,559	30.7%	94,702	35.3%	130,412	30.7%	175,584	22.5%
教育費	41,470	27.4%	60,471	22.5%	115,262	27.2%	263,912	33.9%
計	151,485	100.0%	268,537	100.0%	424,339	100.0%	779,435	100.0%

出所）府民とともに大阪の躍進をはかる会『躍進大阪』自治体研究社，1979 年．

表3-4 大阪府行政投資の変化
(単位：百万円，%)

	66-70年累計		71-75年累計	
	金額	比率	金額	比率
道路	118,443	20.3	152,110	14.2
港湾	10,108	1.7	33,371	3.1
港湾整備	25,731	4.4	33,331	3.1
工業用水道	15,849	2.7	8,305	0.8
農林水産業	15,481	2.6	35,574	3.3
小　計	185,612	31.7	262,691	24.5
都市計画	18,742	3.2	39,551	3.7
住宅	84,012	14.4	163,151	15.2
宅地造成	88,809	15.2	90,495	8.5
環境衛生	1,915	0.3	16,810	1.6
上水道	27,899	4.8	74,354	6.9
下水道	17,301	3.0	66,705	6.2
厚生福祉	16,336	2.8	37,269	3.5
文教施設	26,884	4.6	140,245	13.1
小　計	281,898	48.2	628,580	58.7
その他	117,338	20.1	179,472	16.8
合　計	584,848	100.0	1,070,743	100.0

出所）府民とともに大阪の躍進をはかる会『躍進大阪』自治体研究社，1979年．

い．実際，1970年度から77年度にかけて大阪府職員数は2万3,579人増加したが，うち教育関係職員が1万8,804人と約8割をしめていたのである．

　この大阪府をはじめとする革新自治体は，「憲法を暮らしにいかす」を共通のスローガンとして，高度経済成長政策のひずみというべき公害や都市問題の解決を求める住民運動の盛り上がりを背景として誕生した．そして，経済成長優先の集権的行政に抗して，環境・福祉・住民参加などの諸施策において画期的な成果をあげたのである．それは，国政にも大きな影響を及ぼした．例えば，1970年には「公害国会」が開かれて公害対策基本法の全面的な改正がおこなわれ，環境政策を経済との調和の枠内におさめる規定が削除された．また，保育行政の充実や高齢者福祉の充実など，それまでの中央政府による救貧行政的な福祉から，全住民を対象とした福祉行政への転換をす

表 3-5 　大阪府性質別歳出決算額（普通会計）の変化

(単位：億円)

	65-70 累計		71-76 累計		指　数	構成比増減
	金　額	構成比	金　額	構成比		
義務的経費	5,918	39.3%	18,144	46.2%	307	6.9%
人件費	5,198	34.5%	15,854	40.4%	305	5.9%
扶助費	215	1.4%	613	1.6%	285	0.1%
公債費	505	3.4%	1,677	4.3%	332	0.9%
投資的経費	5,093	33.8%	10,863	27.7%	213	−6.1%
補助事業費	2,918	19.4%	5,083	13.0%	174	−6.4%
単独事業費	2,081	13.8%	5,661	14.4%	272	0.6%
その他	94	0.6%	119	0.3%	127	−0.3%
その他経費	4,042	26.9%	10,230	26.1%	253	−0.8%
歳出総額	15,053	100.0%	39,237	100.0%	261	0.0%

出所）　府民とともに大阪の躍進をはかる会『躍進大阪』自治体研究社，1979 年．

すめ，国をして 1973 年を「福祉元年」と言わざるを得なくさせたのである．

　ところが，石油価格の大幅な値上がりを契機とする高度経済成長の終焉により，1975 年度に戦後 2 回目の全国的な自治体財政危機が発生し，福祉や環境を重視しようとする流れは重大な転換期を迎えることとなった．先の図序-1 によって，国の歳出純計に対する地方のそれの割合をみると，75 年度を境に 200 を割り込み，76 年度から 5 年間の平均では 181.2，80 年代においては 150 から 160 で推移している．つまり，経済的には低成長，政策的には行革の時代に入って，地方財政の国家財政と比べた大きさは，高度経済成長期と比べて格段に小さくなったのである．

　この要因を改めて整理すると，第 1 に，国の放漫な財政運営による国債の大量発行にある．このころ，地方交付税の財源である国税 3 税（所得税，法人税，酒税）の国税総額にしめる割合はおおむね 4 分の 3 であった．大量の国債発行は，必然的に国の歳入総額にしめる租税収入の比重を大幅に低下させることとなった．他方，交付税率は 1966 年度以来 32％ に据え置かれたままであったから，地方交付税の相対的比重も低下することとなったのである．そして第 2 の要因が，80 年代における，第 2 次臨時行政調査会答申を受け

ての「行政改革」の推進による，地方財政の縮小再編策であった．

　1975年度の戦後2度目の自治体財政危機は，年度途中で地方財政計画額に対し，歳入が大幅に不足するという形で発生した．政府は，1975年度当初の地方財政計画の総額を前年度比24.1％増の21兆5,588億円と見積もった．その歳入においては，地方税を23.5％増，8兆8,850億円，地方交付税を29.7％増，4兆4,296億円計上したのである．しかし，前年からの不況がなかなか回復せず，年度途中で法人関係税の不足分が9,452億円，個人関係税が1,090億円，計1兆円をこえる巨額の減収となることが明らかになった．さらに地方交付税についても，国税3税の減収により，1兆1,199億円が不足することとなった．この結果，地方財政計画総額のほぼ1割に相当する2兆1,831億円もの財源不足が発生したのである．

　1975年度においては全国47都道府県のうち27団体が実質収支で赤字となり，その赤字額は1,171億円にのぼり，全団体の実質収支においても978億円の赤字を計上した[3]．この影響は，景気変動の影響を受けやすい法人関係税への依存度が大きい自治体に顕著に現れた．例えば大阪府は，すでに1971年度から赤字を計上していたが，75年度の赤字額は236億円と，前年度に比べ200億円も増加したのである．これは主に，法人事業税が74年度の2,448億円から33％も減って1,662億円へ減収となったことによる[4]．また，東京都の75年度の赤字額も500億円を上回ることとなった[5]．要するに，27赤字団体の赤字総額1,171億円のうち，4分の3程が東京都と大阪府のそれによってしめられていたのである．

　都市自治体の財政危機が深刻であったのは基礎自治体も同様である．1975年度現在3,326市町村のうち，赤字は216団体で，その赤字額は826億円であったが，市町村全体では1,790億円の黒字であった．しかしながら9政令指定都市でみると6市が赤字で，その赤字額は162億円，政令指定都市全体でも115億円の赤字となっていた．これを大阪府下自治体の財政収支の推移をみた表3-6で検証してみることとしよう．高度経済成長期の1965年度を起点として，80年度までの財政膨張ぶりをみると，大阪府は8倍近く，大

表3-6 大阪府下自治体の財政収支の推移

(単位:百万円)

区分		1965年度		1970年度		1975年度		1980年度	
		金額	指数	金額	指数	金額	指数	金額	指数
歳入	大阪府	156,360	100	399,565	256	809,075	517	1,196,921	765
	大阪市	100,856	100	239,698	238	559,182	554	895,786	888
	衛星都市	53,972	100	210,104	389	587,193	1,088	969,274	1,796
歳出	大阪府	151,485	100	385,434	254	816,314	539	1,190,331	786
	大阪市	101,280	100	239,878	237	563,557	556	895,350	884
	衛星都市	53,343	100	205,735	386	606,407	1,137	963,046	1,805
実質収支	大阪府	824		2,580		△23,556		△7,319	
	大阪市	△3,333		△4,700		△5,889		△787	
	衛星都市	△104		△186		△25,656		△4,784	

出所) 藤田武夫『現代日本地方財政史(下)』日本評論社,1984年,597頁.

阪市は9倍近くに膨張しているが,府下の衛星都市は約18倍と大阪府・市の2倍の膨張ぶりを示している.いわゆるドーナツ化現象にともなう大都市周辺自治体の財政膨張が顕著に表れている.そして財政収支についてみると,もともと大阪市は1961年度から慢性的に赤字が続いていたが,75年度の赤字額は59億円を計上した.これは,上述した6政令市の赤字総額の3分の1をしめている.さらに府下30市全体でも,62年度から赤字が続いていたが,75年度には22市が赤字で,30市全体で257億円の赤字を計上したのである[6].これも上述した全国市町村の赤字総額の約3割をしめているのである.

高度経済成長期の大都市化の進展によって,全国で最も人口や事業所が集中し,税源が豊富な「富裕団体」であるはずの東京都と大阪府,及びその圏域内の基礎自治体の深刻な財政危機こそ,この時期の財政危機の特質を象徴するものであった.

2. 財政危機をめぐる論争

さて,1970年代後半には,この地方財政危機の原因と対策をめぐり,革

第3章 「財政戦争」の帰結　　89

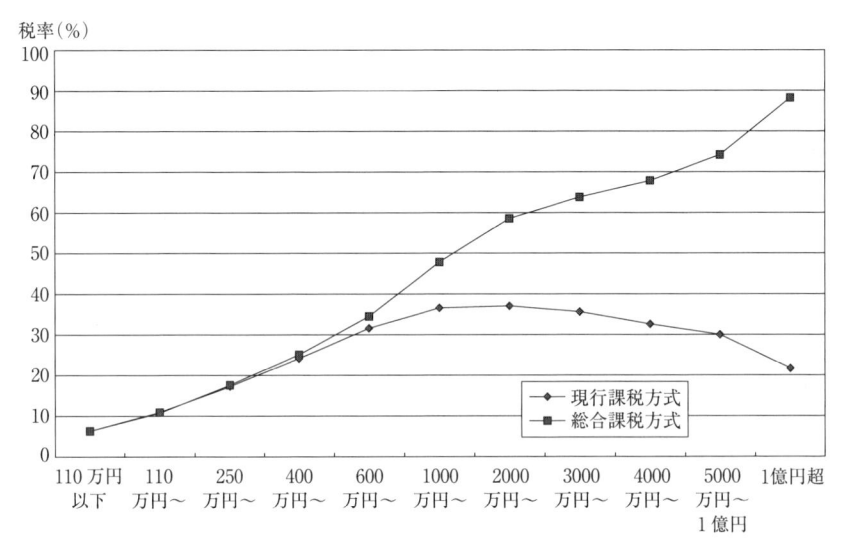

出所）東京都新財源構想研究会第4次報告『大都市税制の不公平是正』1975年より．

図 3-1　都民の所得階層別税負担率，所得税＋個人住民税（1973年）

新自治体と政府との間で，当時の美濃部亮吉東京都知事がそれを"財政戦争"と呼んだほど，激しい論争がまきおこされた[7]．多くの革新自治体は，独自の財政調査をすすめるなどして，自治体財政全般にわたり，様々な論点を提起したのである[8]．

　第1の論点は，税制上の不公平と課税自主権の形骸化である．日本の所得税は，総合課税と累進課税を原則としているが，利子・配当所得や土地譲渡所得の分離課税などの例外措置が多く設けられている．その負担の実態を自治体の公的な報告書で初めて明らかにしたのが，東京都新財源構想研究会によるそれであった[9]．図 3-1 は，同研究会が都内3区1市の1974年度の個人住民税の納税義務者43万人を対象にして（東京都の全納税義務者の10分の1に相当），1973年の税負担率を調査したものである．当時の課税方式のもとでは，年収2,000万円から3,000万円の階層をピークとして逆心的な負担構造となっていることがわかる．これは，主として土地の供給促進を目的

表 3-7　財政構造改革試案

(単位：億円)

区　分	1977年度	1978年度	1979年度	1980年度
［増収見込額］				
個人住民税	29,396	36,464	38,755	41,749
法人事業税	5,139	6,424	7,067	7,774
法人住民税	3,149	3,935	4,329	4,762
計	37,684	46,823	50,151	54,285
地方交付税	5,532	6,870	5,392	3,246
合　計	43,216	53,693	55,543	57,531
［増収分充当項目］				
要調整額	19,200	10,400	200	0
増税必要額	5,665	10,588	18,036	30,579
普通建設事業費国庫支出金減少分	18,351	32,705	37,307	26,952
合　計	43,216	53,693	55,543	57,531

注) 要調整額とは，国の試算で赤字地方債等による補填が想定されているもの．
出所) 山本正雄編『都市財政改革の構想』新地書房，1979年，163頁．

として譲渡所得課税が極端に優遇されていたことを反映したものであるが，総合課税の場合との大きなギャップが白日の下にさらされたことに，大きな衝撃が走ったのである[10]．さらに，法人税についても，国の政策による租税特別措置などによって，やはり同じく逆進的な負担構造となっていることが明らかにされたのである．

　同研究会の第5次報告（1976年）は[11]，「地方自治体の財政運営において，判断の根拠とされるべき最大のものは……地域住民の意向である．今後の我が国の目標とされる福祉社会にあっては，なおさら，地方自治体は地域住民の意向と密接にかかわっていく必要がある」「基本的な方向としても，当面緊急の問題としても，自主財源の充実をはかることは必須の課題である」「それは単に地方税を増徴することではない．国から税源を地方に移譲し，国の統制，関与を減少させるものでなければならない」という立場から財政構造改革試案を提起している．表3-7は，その試案にもとづく計算結果を示したものである．

この試案では，まず不公平税制の改革と所得税の税源移譲により，個人住民税と所得税の比率を5：5とすることで，個人住民税は毎年3〜4兆円の増収，法人事業税と法人住民税の増収を加えると，4〜5兆円の増収が見込まれている．他方，その増収分については，当初は歳入不足分「要調整額」にかなり充当せざるを得ないものの，おおむね当時の政府が必要としていた増税分及び普通建設事業費国庫支出金の削減に充当することが見込まれていることがわかる．

　第1章で紹介した大阪府の構想が応益的課税を中心に地方税源拡充を提案したのに対し，東京都の提案は国・地方を通じて所得課税の応能原則の徹底を強調するという相違はある．しかし，このように，所得税など基幹的税源の移譲によって地方の歳入構造を改革すること，および歳出における自治体の裁量を拡大するために国庫支出金を削減することを柱としている点は共通している．そして何より，昨今において提起されている分権型財政改革が基本的に目指す方向は，すでにこの時示されていたことを改めて強調しておきたい．また，序章で述べたように，今すすめられている「三位一体改革」における補助金削減の対象は，主として，自治体の裁量の拡大にさほどつながらない経常的経費に関する負担率の引き下げであるのに対して，この時の東京都の試案では，今でも多くの自治体が求めている普通建設事業費国庫支出金の抜本的な削減を提起している点で，よりすぐれていると言えるであろう．

　ともあれ一連の研究会の報告を受けて東京都は，地方税法第6条第2項および第7条にもとづいて，1974年から75年にかけて，法人2税の不均一超過課税を実施した．これは旧自治省の執拗な反対を押し切って実現したのであるが，日本の地方自治史上初めて，自治体が課税自主権を行使した先駆的な事例となった．そしてこれはまたたく間に全国に波及し，今日においても少なくない税収をあげている．前掲表1-2で示したように，法人関係税については，自治体間で一定の税率の格差がみられるのは，この時に不均一課税をおこなったことによるものなのである[12]．

　第2の論点は，国庫補助事業にともなう巨額の超過負担の存在である．国

と地方の経費負担の原則を定めている地方財政法第18条は，補助金額の算定に際しては「必要で且つ十分な金額を基礎」としなければならないと規定している．しかし実際には，国の補助基本額は実態と大きくかけ離れているために，地方自治体は必要以上の財源の持ち出しを強いられるという超過負担に悩まされていた．こうした事態は，革新自治体が推進した福祉関係の経費にとくに顕著に表れており，国と地方の財政関係における重要な争点となったのである．

例えば，大阪府の調べによると，保育所建設費に対する国庫負担率は2分の1とされているが，1974年度に建設された大阪府下市町村の公立保育所32カ所のうち，国庫負担の対象とされたのは22カ所，その国庫負担額は4.7億円と，建設費総額の約5分の1にすぎなかった[13]．

この問題を法廷に持ち込んで争ったのが，1973年に大阪府摂津市が行った訴訟である．摂津市は，1969年から71年にかけて市立保育所を4カ所建設し，8,765万円を支出した．保育所の建設に際しては，「国庫は……政令の定めるところによりその2分の1……を負担する」（児童福祉法第52条）であり，しかも「前条の負担は……精算額に対して，これを行う」（児童福祉法施行令第15条第1項）となっているにもかかわらず，実際に国が支出したのはわずか250万円にすぎなかったのである．摂津市は，超過負担額4,386円の支払いを国に求めた．裁判所は原告の請求を棄却したものの，こうした不合理な実態が裁判の場で明らかになったことの影響は大きく，超過負担の改善に一定の役割を果たすこととなった[14]．

第3の論点は，起債許可制である．日本では，戦後改革の一環として，地方自治体に起債権が認められたものの，「当分の間」という条件をつけた自治大臣または知事の許可制が継続していた[15]．東京都は1977年10月，この起債許可制は，地方自治を保障した憲法に違反するのではないかという立場から行政訴訟をおこすことを決定した．残念ながら議会の同意を得ることができなかったため，この訴訟は実現しなかった．ともあれ，東京都が訴訟にまで持ち込もうとしたことの背景には，財源対策債の許可を得るため，毎年，

自治省との苦しい折衝に悩まされていたことがある[16]。

このように、財政再建をめぐって自治体側が提起した論点は、課税自主権と税源移譲、補助金制度改革、起債許可制の廃止といった、地方財政制度全般に及ぶ構造改革を目指したものであった。そして超過課税の実施や超過負担の緩和など、一定の成果をあげることがてきた。しかしながら、自治体財政危機の原因と対策に対する国の認識は、まったく正反対であった。

政府は、上述のような論点を提起した大都市地域の革新自治体の財政危機がとくに深刻であったことから、その原因を、革新自治体によって進められた政府水準を上回る福祉行政とそれらに必要な職員の増加、および給与水準の高さにあるとみなした[17]。こうした認識は1975年に出された第16次地方制度調査会「地方財政の硬直化を是正するためにとるべき方策を中心とした地方行財政のあり方に関する答申」に端的に示されている。

この答申は、地方税源の充実や国庫補助負担金制度の見直しなどにも言及しているものの、その主眼とするところは「近年における地方財政圧迫の重大な要因となっているのは、地方公共団体における実際の職員数及び給与水準が地方財政計画上のそれを上回っているために、人件費の歳出決算額が、地方財政計画額を著しく超過していること」という認識にもとづいて、財政の硬直化を是正するために人件費の抑制策を唱えるところにある。その手段として「既存の事務の見直しを徹底して行い、職員配置の適正化、事務処理の効率化等を図るとともに、事務事業の整理、民間委託等を進めることにより増員の抑制に努める」ことが主張されたのである。

こうした、自治体財政の縮小によって収支の均衡を図ろうとする方向は、70年代後半に提起された「都市経営論」[18]、そして1981年に発足した第2次臨時行政調査会に受け継がれていく。例えば、83年2月に出された第2臨調最終答申では、「危機的な状況にある財政事情の下では、人件費総額の抑制に努めなければならない。このため、特に定員管理については、一層厳しい管理を行うとともに、民間と同様の業務に従事する職員についてその事務・事業の整理、民間委託等を推進することにより、その縮減をはかるべき

である」と述べられたのである.

　これら一連の施策は要するに,福祉的施策による上乗せ行政が経常収支比率を高め,財政の硬直化を招いているという認識,金澤史男が指摘するごとく「人件費が「悪玉」というドグマ」[19]にもとづいて,自治体行政の守備範囲の見直しと外注化・民間委託の推進,使用料・手数料の「適正化」という名の住民負担増,職員の削減や給与水準の抑制などにより「経常経費をできるだけ押さえ,それによって新たな財源を生み出し」[20],財政再建を進めようとしたのである.

　75年度の経常収支比率をみると,都道府県は89.3で,うち人件費が64.8,市町村は83.4で,うち人件費が46.9と,かつてなく「硬直化」したことは確かである.しかし,いうまでもなくこれは,すでに述べたような地方財政計画総額の1割にも相当する巨額な財源不足が生じるほど税収が急減したために,相対的に人件費の比重が上がったことを示しているに過ぎないのである.求められているのは,超過負担に象徴されるように福祉的経費に力点をおくほど財政的に不利な扱いをうけるような構造を改めることであった.ところが,第1章で紹介したようにスウェーデンでは地方所得税を拡充して,人的サービスを中心とした分権型福祉社会を形成していったのに対し,日本では単なる縮小路線しか提起されなかったのである.

　そして自治省は1985年1月,全国の自治体に事務次官通達を出し,各自治体ごとに行革推進本部と民間有識者を含めた委員会を設け,同年8月までに3カ年計画の地方行革大綱を作成して報告する旨を指示した.こうして80年代後半には地方行革が本格化することとなったのである.こうした自治体財政の縮小策,経常収支引き下げ策が進められるのと並行して,70年代後半以降毎年発生する膨大な財源不足に対処するべく,地方交付税などの財政調整制度に重大な改変が進められることとなった.

3. 財政調整制度の変質

(1) 地方交付税制度の変質

図3-2は,戦後2回目の全国的な財政危機がはじまった1975年度から最近までの財源不足額,その地方財政計画に対する割合,および補塡措置をみたものである.バブル経済崩壊後の財源不足額と比べると小さくみえるが,国が大量の国債発行をおこなった1975年度から79年度の財源不足額は,地方財政計画額の1割にも達し,絶対額でもピーク時の79年度には4兆1千億円にも膨れあがっていることがわかる.すでに述べたように,地方交付税法は第6条の3第2項において,こうした事態が続いた場合は「地方財政若しくは地方行政に係る制度の改正又は第6条第1項に定める率の変更を行う」と定めている.つまり,制度を抜本的に見直すか,交付税率を引き上げることを求めているのである[21].この条項を適用する目安について,地方交付税法案を審議した1954年5月の参議院地方行政委員会において,当時の

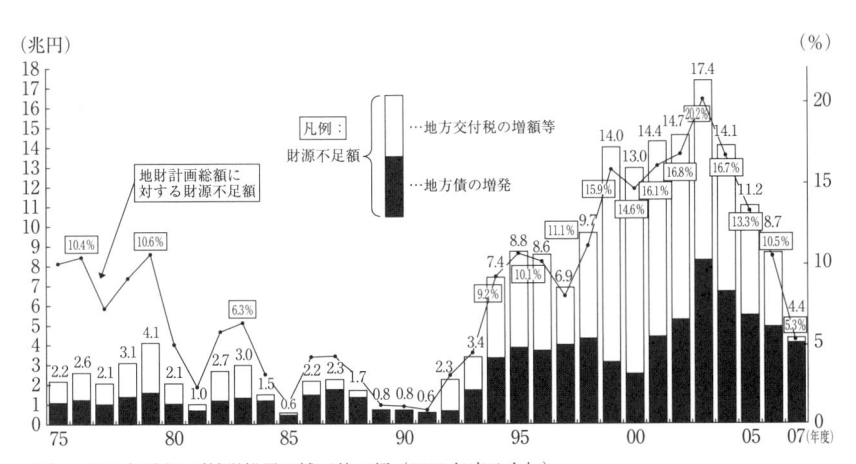

注) 財源不足額及び補塡措置は補正後の額(2007年度は当初).
出所) 地方交付税制度研究会編『2007年度地方交付税のあらまし』地方財務協会より.

図3-2 地方財政の財源不足と補塡措置の推移

塚田十一朗自治庁長官は，2年度間不足状態が続き3年度目以降もその状態が続くと見込まれ，不足額が地方交付税総額の1割程度以上の場合と答弁した[22]．そして政府も，危機に陥って3年目の77年度の地方財政対策においてこの条項に該当することを初めて認めたのである[23]．この時，2兆700億円の財源不足に対して講じられた施策は，以下の通りであった．

第1に，財源不足額の2分の1, 1兆350億円は地方交付税の特例増額により補塡する．ただし，その原資は交付税の対象となる国税3税の繰入率引き上げなど無償資金によるのではなく，資金運用部借入という有償資金が9,400億円で，無償資金は臨時地方特例交付金950億だけであった．第2に，投資的経費にかかわる基準財政需要額の一部を起債に振り替え，その償還財源の大半を普通交付税の基準財政需要額に算入する，というものである．

これは75・76年度の地方財政対策と基本的に同じ内容である．77年度対策の目新しい点は，交付税特別会計借入金の償還方法を法定したことである．実は，75・76年度においては利子は全額国の負担とされたが，元金については自治・大蔵両大臣の覚え書きで「協議の上必要があると認めるときは，その負担の緩和につき配慮をおこなう」とされたにすぎなかった．77年度においては，交付税法第6条の3第2項の規定にもとづく改正として，償還額の2分の1相当額の臨時地方特例交付金を交付税特別会計に繰り入れる旨を法定したのである[24]．これは77年度単年度の措置であったが，翌78年度には当分の間の措置として法定化されたのである．

実は，こうした方式による補塡措置の先例は1966年度にあった[25]．この時，所得税，法人税の大幅減税などによって，2,469億円の財源不足額が生じ，うち586億円は地方交付税率の引き上げ（29.5%→32%）でまかなわれたが，残りは臨時地方特例交付金586億円，特別事業債1,200億円，自治体の自己努力269億円で補塡されたのである．翌年以降の景気回復により，この措置は66年度1年間だけですますことができた．しかし政府自身も，交付税法第6条の3第2項の規定に該当すると認める状況下で，1975年度以降に講じられた一連の措置は，「将来，抜本的改革の措置を必要とし，そう

いうことを前提としたつなぎの措置としての意味をもつようになった」[26]はずである．にもかかわらず，資金運用部からの借入であれ，地方債であれ，負担を先送りすることに終始したのである．

ともあれ，こうした措置を続けた結果，1983年度の交付税特別会計借入残高は11兆5,218億円にものぼることとなった．これは同年度の地方交付税総額を2兆7,000億円も上回るほど巨額なものであった．このため，1984年度からは原則として資金運用部からの借入を停止し，それまでの借入金償還は国と自治体で折半することとなった．図3-2によると，83年度までは，借入という形ではあれ，曲がりなりにも交付税の増額で財源不足額の半分以上をまかなっていたのが，84年度以降はほとんど地方債でまかなっていることがわかる．

この前年の83年度における交付税額は8兆8,685億円，前年度の9兆1,776億円に比べ3.4％減少していた．これは1954年度に地方交付税制度が発足して以来，初めてのことであった．そして84年度にも8兆5,452億円とさらに3.6％減少した上に，実質交付税率つまり国税3税にしめる地方財政対策による増減分を含めた地方交付税総額の割合も31.3％となり，法定交付税率32％を下回る結果となった．85年度の実質交付税率は32.2％に回復したものの，86年度以降91年度までは法定交付税率を下回る事態が続くこととなった．

序章で述べたように，この借入金は，バブル経済による税収増によって，いったんほぼ精算される．しかし，こうした場当たり的な施策は，バブル経済が崩壊した90年代に，より大規模に復活することとなる．これによって「地方交付税制度はその土台から崩壊」[27]することとなるのである．

(2) 補助金一律カット

政府間財政関係におけるもう1つの大きな変化は，国庫補助負担金の一律引き下げであった．ことの起こりは，1985年度予算概算要求作成時に，国の財政再建策の一環として補助率50％をこえる補助金を「高率補助金」と

表 3-8 国庫補助率の変更による地方への影響度

(単位：百万円)

	件数	84年度予算額	85年度要求額	影響度 都道府県	影響度 市町村	影響度 計	構成比
厚生省	19	2,091,635	1,959,688	78,676	139,066	217,742	92.2
文部省	4	123,717	102,981	1,008	10,495	11,503	4.9
労働省	3	62,014	56,517	2,349	3,930	6,279	2.7
農林水産省	8	4,405	4,087	455	—	455	0.2
運輸省	1	1,165	1,264	0	90	90	—
外務省	1	654	709	89	—	89	—
通産省	1	14	7	1	0	1	—
環境庁	2	35	31	3	—	3	—
国土庁	2	1,031	977	99	10	109	—
合　計	41	2,284,670	2,126,261	82,680	153,591	236,271	100

出所）坂本忠次『現代地方自治財政論』青木書店，1986年，154頁．

定義し，その補助率を一律に1割削減するという方針が大蔵省から打ち出されたことに始まる．表3-8は削減対象となった補助金の省庁別内訳をみたものである．7省2庁で41件，2,360億円と，85年度概算要求額2兆1,262億円の10%余に達することがわかる．このうち厚生省が19件，金額でも2,177億円とほとんどをしめている．これは国の財政再建策のつけ回しにすぎず，また削減の対象となった補助金には福祉関係のものが多いこともあって，全国で強い反対の声が上がった．しかし結局，厚生大臣，大蔵大臣，自治大臣の協議によって，①削減分は他の方法で補塡する，②85年度単年度限りの措置とする，という条件で強行された．ところが翌86年度予算においても，復元措置が講じられるどころか，3年間の暫定措置として，85年度を上回る引き下げが強行されたのである．

　暫定措置の期限がきれた89年度予算編成に際して，引き下げられた補助率の復元問題が大きな焦点となった．表3-9は，代表的な「高率補助金」の補助率の推移をみたものである．経常費のうち84年度までは国の負担割合が8割であったもののうち，生活保護費負担金については，本則10分の8から10分の7に引き下げられていたものを10分の7.5まで復元して恒久化，児童保護費等負担金，老人福祉施設保護費負担金などの社会保障関係費は2

表3-9　国庫補助負担率引き下げ措置の推移

年　度	84	85	86	87-88	89-90	91-92	93-
生活保護費負担金	8/10→	7/10→	7/10→	7/10→	7.5/10→ (1/2復元)	7.5/10→	7.5/10
児童保護費等負担金	8/10→	7/10→	1/2→	1/2→	1/2→ (恒久化)	1/2→	1/2
老人福祉施設保護費負担金	8/10→	7/10→	1/2→	1/2→	1/2→ (恒久化)	1/2→	1/2
街路事業費補助	2/3→	6/10→	5.5/10→	5.25/10→	5.25/10→	5.5/10	→1/2 (恒久化)
一般国道改修費補助	2/3→	6/10→	6/10→	5.5/10→	5.5/10→	6/10→	2/3 (恒久化)

出所）　大阪市財政局『大阪市の財政』．

分の1で恒久化されることとなった．また投資的経費に係る国庫補助負担率については，3年間の暫定措置として86年度の水準まで復元されたものの，93年度において，直轄事業にあっては3分の2，補助事業においては2分の1を基本とし恒久化することとなったのである．

序章で紹介した「基本方針2002」の表現を借りると，削減の対象となった事業の多くは「引き続き地方が主体となって実施する必要のあるもの」である．したがって，国としても何らかの補填措置を講じざるを得ない．表3-10は，85年度から4年間の補助率引き下げにともなう収入減に対する補填措置の内訳をみたものである．4年間で一般会計だけで4兆9,000億円，他会計も含めると5兆3,689億円もの影響を受けていることがわかる．また，各年度の影響額を先の図3-2で示した財源不足額と照らし合わせてみると，もしこの補助金削減がなければ財源不足はほとんど発生していなかったことがわかる．

そしてその補填措置の内訳をみると，交付税や地方税の特例による分はごくわずかで，大半が地方債によってまかなわれていることがわかる．この地方債においても，償還財源の一定割合を交付税措置することとされている．

ともあれ，ここで「高率補助金」と規定されて削減の対象となった補助金の多くは，経費の負担区分を定めて国が義務的に支払い義務を負う「負担

表 3-10　国庫補助負担率引き下げと補塡措置

(単位：億円)

年度	補助負担率引き下げによる影響額	左の補塡措置			左の内訳	
		地方交付税の特例	地方税税率特例	建設地方債	臨時財政特例債	調整債
1985	5,800 (6,400)	1,000		4,800 (5,400)	2,000 (2,600)	2,800
1986	11,700 (2,800)	1,200	1,200	9,300 (10,400)	4,200 (5,300)	5,100
1987	14,970 (16,270)	1,496	1,200	12,274 (13,574)	6,100 (7,400)	6,174
1988	16,569 (18,219)	1,495	1,200	13,874 (15,524)	7,400 (9,050)	6,474
計	49,039 (53,689)	5,191	3,600	40,248 (44,894)	19,700 (24,350)	20,548

注) ( )はその他会計分を含む．
　　臨時財政特例債 2 兆 4,350 億円のうち 2 兆 1,400 億円分の元利償還費の 50%，2,950 億円分の元利償還費の 90% は国が負担．
出所) 地方財政制度研究会編『地方財政要覧』各年版，より作成．

金」である．その負担割合を勝手に引き下げるのは，国による一方的な責任回避といえる．国が負うべき責任を一方的に放棄し，借入によって問題を先送りするという，先にみた財源不足の補塡措置と同様のことが行われたのである．今，三位一体改革を進めるにあたって，自治体側が単なる負担の引き下げは絶対容認できないと繰り返し強調したのは，この補助金一律カット政策の前例が背景にあってのことなのである．

4. 財政硬直化の新たな様相

前節で述べたように，1970 年代の財政危機以降，国は自らの財政再建の踏み台として自治体財政を活用してきた．そこで追求されたのは，もっぱら財政の硬直化を緩和するために，経常的経費，とくに人件費を抑制することによって経常収支比率を引き下げる政策であった．本章の最後に，その帰結としてもたらされた財政硬直化の新たな様相をみておくこととしたい．

まず，こうした施策によって自治体の歳入が総体的にどのように変化したかを確認しておきたい．表 3-11 は，主な歳入について，1980 年度，85 年度，消費税導入前年の 88 年度を比較したものである．80 年度を 100 とした指数でみると，最も高い伸びを示し，構成比も 34.0% から 44.3% と 10% ポイン

表 3-11　1980 年代における主な歳入の推移

(単位：10 億円，％)

	1980 年度			1985 年度			1988 年度		
	金額	構成比	指数	金額	構成比	指数	金額	構成比	指数
地方税	15,894	34.0	100	23,316	40.6	147	30,117	44.3	189
地方譲与税	440	0.9	100	462	0.8	105	526	0.8	120
地方交付税	8,114	17.3	100	9,450	16.4	116	11,210	16.5	138
国庫支出金	10,578	22.6	100	10,443	18.2	99	9,937	14.6	94
使用料・手数料	1,020	2.2	100	1,470	2.6	144	1,736	2.6	170
地方債	4,732	10.1	100	4,499	7.8	95	5,626	8.3	119
繰入・繰越金	1,496	3.2	100	2,044	3.6	137	2,252	3.3	151
その他	4,530	9.7	100	5,789	10.1	128	6,604	9.7	146
合計	46,803	100	100	57,473	100	123	68,009	100	145

出所)　『地方財政白書』各年版，より作成．

トも高くなっているのは，地方税である．これは，この間，所得課税の各種控除の見直しがほとんど行われなかったことによってもたらされた税収増によるところが大きい．そして地方税に次いで 80 年代に高い伸びを示しているのが，使用料・手数料であった．すなわち，80 年度を 100 とした指数でみると，85 年度は 144，88 年度は 170 を示しているのである．これは要するに，「行政改革」なるものは，主権者にとっては行政サービスの低下であり，かつ，負担増であることを示唆している．他方，これとは対照的に，国庫支出金が 22.6％ から 14.6％ と，大きく構成比を下げていることも確認できる．

表 3-12 は地方行革が本格的始まった 1985 年度，バブル経済により税収が大幅に増えた 1990 年度，そして 95 年度から 2005 年度までの全国の経常収支比率の推移をみたものである．90 年度に 70％ 前後に下がっているが，90 年代後半からは都道府県はおおむね 90％ 前後で，市町村は 80％ 台半ばで推移していることがわかる．注目すべきはその内訳である．1970 年代の財政危機の際には，財政を硬直化させている要因としてやり玉に挙げられた人件費が，この間は横這いもしくは低下傾向にあることがわかる．これとは対照的に，一貫して上昇を続けているのが公債費である．すなわち，都道府県の

表 3-12　経常収支比率の推移

(単位：％)

	85	90	95	96	97	98	99	00	01	02	03	04	05
都道府県	82.2	70.7	88.1	86.7	91.7	94.2	91.7	89.3	90.5	93.5	90.8	92.5	92.6
人件費	48.3	41.1	49.9	48.0	50.0	50.7	47.5	45.0	45.0	45.5	44.1	44.9	44.4
扶助費	2.1	2.0	2.2	2.1	2.3	2.4	2.4	2.2	2.3	2.3	1.8	1.8	1.6
公債費	15.8	11.5	14.7	15.6	17.7	19.6	20.4	21.3	22.3	23.9	23.6	23.9	23.1
市町村	78.7	69.7	81.5	83.0	83.5	83.9	83.9	83.6	84.6	87.4	87.4	90.5	90.2
人件費	34.8	30.0	32.5	32.5	32.0	30.5	30.5	29.6	29.3	29.3	28.4	29.5	28.9
扶助費	4.8	3.9	5.1	5.5	5.6	6.2	6.2	5.2	5.6	6.0	6.7	7.3	7.8
公債費	16.2	13.1	15.5	16.3	16.9	17.8	17.8	18.0	18.5	19.5	19.7	20.1	19.9

出所）『地方財政白書』各年版，より．

場合，90年度は11.5％であったのが，99年度に20％をこえ，ピーク時の2002・04年度は23.9％に上昇している．市町村も，90年度の13.1％から，2004年度には20％を超えるまでに上昇している．次節で述べるように，国の景気対策に協力して地方債に依存して投資的経費を膨張させたことが，近年の経常収支比率の上昇，つまり財政硬直化の最大の要因なのである．

　この表には示されていないが，公債費ほど急増はしていないものの，着実に比重を上げて2005年度において市町村の経常収支比率で13.2％をしめている物件費の動向は，「都市経営論」や「行政改革」で推進された民間委託・外注化との関連で注目しておく必要がある．図3-3は，1980年度以降の物件費の内訳の推移をみたものである．総額は，80年度で3兆円弱であったが，地方行革が始まった85年度の4兆円弱から年々増加し，99年度以降はおおむね8兆円弱で推移している．その内訳をみると，かつては需用費が最も多くの比重をしめていたのであるが，85年度は30％ほどしかしめていなかった委託料が，近年では半分近くをしめるまで比重を高めていることが目に付く．この間の委託料は，2000年度において介護保険制度の実施に伴い，従来の高齢者福祉関係の施設及びサービスの提供に係る委託料等の地方公営事業会計への移行などによって減少した以外は，2004年度まで増加を続けてきた．民間委託・外注化によって人件費は抑制できても，仕事自体がなくなるわけではなく，物件費のうち委託料の増加につながることとなったのである．

(10億円)

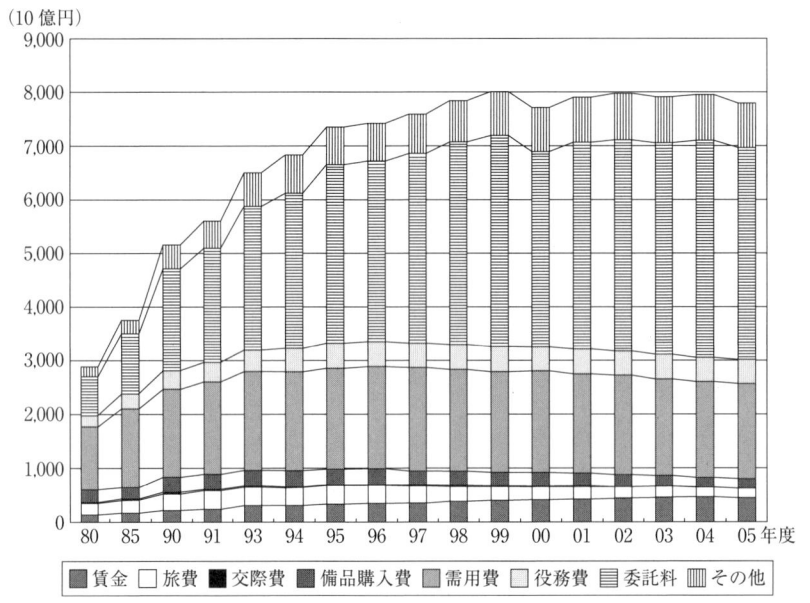

凡例: ■賃金 □旅費 ■交際費 ■備品購入費 ■需用費 □役務費 ■委託料 ▥その他

出所) 『地方財政白書』各年版，より作成．

図3-3　物件費の推移

ではその仕事は，どういうところに引き受けられたのであろうか．北沢栄によると，「1983年3月に第2次臨時行政調査会が答申した最終報告で，行政事務の簡素化を図る狙いから，試験・検査・検定・登録・講習・資格認定などの行政機能を民間に委譲することを進める一方，問題の多い特殊法人・認可法人の新設を制限したため」，行政が委譲した業務を引き受ける公益法人が急増したという[28]．国会議員の汚職で注目された中小企業経営者福祉事業団が典型的に示したように，公益法人は，特殊法人と並び官僚の利権の巣窟となっている事例が少なくない．これは要するに，財政の弾力性を回復するために講じられた施策によって人件費を抑制できたとしても，物件費の比重が高まるために硬直性引き下げにはさほど寄与せず，他方，官僚の新たな再就職先を確保することには貢献したことを意味するのではないだろうか．

今ひとつ注目されるのが，福祉サービスの動向である．重森暁は，1988

年度から98年度までの大阪府下市町村の財政状況を分析したところ，物件費，補助費，繰出金についてはどの自治体においても顕著な上昇がみられると述べている．その内訳をみると，物件費では，すでに指摘したように委託料と賃金の伸びが顕著であり，補助費では地方公営企業会計，なかでも病院事業会計への補助金が，繰出金では国民健康保険事業会計と老人医療事業会計への繰出金が顕著に増加しているというのである[29]．

そして近年，大阪府下自治体にとどまらず，人口構成の高齢化の進展を反映して，社会福祉に対する行政需要が急増し，性質別歳出における扶助費と繰出金，目的別歳出における民生費が急増している自治体が少なくない．例えば，沖縄県沖縄市の場合，歳出総額にしめる扶助費の比重が1994年度18.1％から2004年度には26.0％に，民生費の比重も同じく28.2％から38.8％へと，10％ポイントも上昇している．これは生活保護費の増加によるところが大きい．沖縄県内で生活保護を受けている人の割合は増加を続けており，2004年度は1万2,909世帯，1万9,701人，保護率は14.36‰（千分率，人口千人あたりの保護人数を示す割合）である．これは全国平均の11.1‰を上回り，14.2‰であった03年度を超えている．そして自治体別にみると，沖縄市は20.74‰と那覇市23.41‰に次ぐ高い割合を示しているのである[30]．他方，繰出金も，国民健康保険事業と介護保険事業，そして老人保健事業へのそれが着実に増加しているのである．

また図3-4は大阪市における経常的経費と投資的・臨時的経費の推移をみたものである．投資的・臨時的経費は，90年代に急増し，ピーク時の95年度には経常的経費を1兆円上回る10兆円近くを計上している．しかし，以後は減少が続き2005年度予算ではピーク時の半分近い5兆3,565億円に低下している．他方，経常的経費は毎年着実に増加していることがわかる．この増加する経常的経費のなかで，着実に比重を高めているのが扶助費と特別会計繰出金なのである．2005年度当初予算における大阪市の特別会計繰出金をみると，総額は2,506億円で，同年度の歳出総額にしめる割合は約14％に達する．その内訳は，国民健康保険19.5％，下水道17.3％，高速鉄道事業

(10億円)

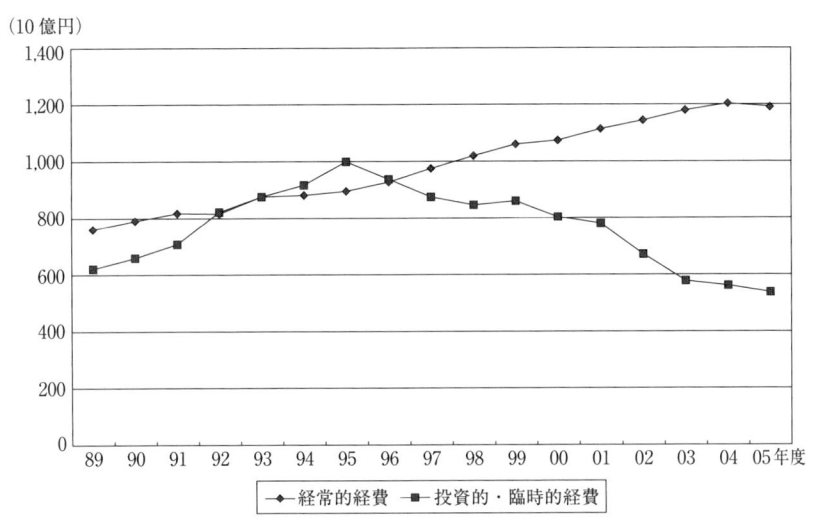

図中凡例: 経常的経費 / 投資的・臨時的経費

出所）大阪市財政局『大阪市の財政』各年版，より作成．

図 3-4　大阪市の経常的経費と投資的・臨時的経費の推移（一般会計）

15.4％，介護保険事業10.0％，老人保健医療事業6.3％など，いずれも住民生活とのかかわりが深いものばかりであることがわかる[31]．高速鉄道などは大都市特有の財政需要にともなうものであるが，国民健康保険や介護保険などは，人口構成の高齢化にともないどの自治体も多かれ少なかれ必然的に増加せざるを得ない経費といえる．

　こうしてみると，近年の財政硬直化は，次節で述べる地方債に依存した投資的経費の急増にともなう公債費の増加のみならず，福祉サービスの増加によって余儀なくされたところも少なくない．そして今後は，投資的経費の抑制傾向が続く中にあって，福祉サービスの増加が経常収支比率を引き上げる最大の要因となると予想されるのである．

おわりに

　高度経済成長期末期に全国に数多く誕生した革新自治体は，環境，福祉，

住民参加など多方面に先駆的な施策を展開し,国政にも大きな影響を及ぼし,日本社会を分権型福祉社会へ転換させる契機を作り出したといえる.1970年代半ばに発生した戦後2回目の全国的な自治体財政危機の解決策をめぐり,革新自治体を中心に提起された自治体財政改革案は,投資的経費を優遇する財政システムから福祉サービス中心の財政システムへの転換を促すものでもあったのである.しかし実際には,こうした提案はかえりみられることなく,地方交付税と補助金を縮小・再編し,その削減分を交付税特別会計の債務と地方債にしわ寄せする一方,「行政改革」による歳出縮小策が追求された.いわば自治体財政を踏み台にした国の財政再建がすすめられたのである.その結果,先の図序-1でみたように,自治体財政の相対的規模は,高度経済成長期に比して大きく縮小することとなったのである.

　こうして,革新自治体が提起した構造改革はすべて先送りされ,自治体財政の縮小と主権者の負担増による財政再建策がすすめられた.もっとも,こうした施策によっても国が第一義的課題としていた特例公債依存からの脱却は達成できなかった.実際,80年代においても特例公債・建設公債の発行額はそれぞれ毎年5～6兆円で推移し,85年度には公債残高の対GDP比が40％を突破したのである.国のこの目標の達成は,バブル経済による税収増まで待たなければならなかった.この時,交付税債務残高の累積問題も一時的に「解消」し,負担先送り・財政縮小路線の明確な総括がないまま「一息」つくこととなった.

　しかし,次章で述べるように,バブル経済崩壊後に,より大規模に,かつ公債に依存した投資的経費拡大政策がすすめられた.その結果,「行政改革」による人件費抑制を上回る公債費の増加によって,経常収支比率が上昇することとなった.他方,都市自治体を中心に人口構成の高齢化にともなう行政需要増加にともなう経常収支比率の上昇,財政の「硬直化」がすすむと予想されるなかにあって,今この国では,NPM(ニュー・パブリック・マネジメント),指定管理者制度などの手法を駆使して,さらなる経常収支比率引き下げのための縮小路線が展開されようとしているのである[32].

第 3 章 「財政戦争」の帰結

注
1) 藤田武夫『現代日本地方財政史（下巻）』日本評論社，1984 年，496 頁．
2) 以下は主として，宮本憲一「大阪府財政の現状と改革の課題」府民とともに大阪の躍進をはかる会『躍進大阪』自治体研究社，1979 年，に負っている．
3) 地方財政制度研究会編『地方財政要覧（2003 年 12 月）』地方財務協会，より．
4) 宮本憲一，前掲「大阪府財政の現状と改革の課題」，による．
5) 「都の 1975 年度の一般会計収支は，昨年中は 3000 億円以上の財源不足が心配されたが，幸い決算上は黒字になった．しかしそれは，財源対策債 1500 億円の確保を中心とした緊急対策の結果であり，しかも 75 年度の都職員給与のベース・アップの大半を延期した上のことであって，実質収支の赤字は 500 億円をこえている」（東京都新財源構想研究会第 5 次報告『不公平税制と財政構造の改革』1976 年，より）．
6) 大阪府下自治体の財政状況については，藤田武夫，前掲書，596-7 頁，参照．
7) 「もし，このたたかいを財政戦争と呼ぶならば，それは自治体が真の主体性を確立するための独立戦争であると言えるでありましょう．現在の地方財政制度は，自治体の政府従属を余儀なくさせる物質的基盤であります．地方財政の危機が普遍的であり，全面的であるいまこそ，その根源である中央への従属と依存を断ち切るために，すべての自治体が立ち上がるべきときであります」（1974 年定例会・美濃部知事発言より，全国革新市長会・地方自治センター編『資料・革新自治体』日本評論社，1990 年，所収）．
8) 主な自治体の構想は，(財)神戸都市問題研究所・地方行財政制度資料刊行会編『戦後地方行財政資料』第 4 巻，勁草書房，1983 年，に収録されている．
9) 同研究会は，第 1 次報告『大都市財源の構想』1973 年 1 月以来，79 年 1 月まで 7 次にわたる報告書を発表している．その全文は，山本正雄編『都市財政改革の構想』新地書房，1979 年，に収録されている．
10) 日本の土地税制の歴史については，佐藤和男『土地と課税―歴史的変遷からみた今日的課題―』日本評論社，2005 年，参照．
11) 東京都新財源構想研究会第 5 次報告『不公平税制と財政構造の改革』1976 年．
12) 2005 年度においても，道府県民税法人税割の超過課税は静岡県を除く 46 都道府県において，法人事業税の超過課税は 7 都府県において実施されている．
13) 大阪府地方税財政制度研究会『大都市圏域における市町村税源の拡充について』1975 年 12 月，より．
14) 訴訟の詳細は，内田剛弘・秋山幹男・羽柴駿『保育所費用の超過負担金問題についての調査報告』1973 年（前掲『資料・革新自治体』所収）を参照．
15) ようやく 2006 年度から許可制は廃止され，協議制に移行することとなった．
16) その経緯については，日比野登『財政戦争の検証』第一書林，1987 年，を参照．
17) こうした政府の認識に対する批判として，日比野登『美濃部都政の福祉政策

日本経済評論社，2002年，東京自治問題研究所編『21世紀の都市自治の教訓』教育史料出版会，1994年，がある．
18) 都市経営論については，日本都市センター編『都市経営の現状と課題』ぎょうせい，1978年，同『新しい都市経営の方向』ぎょうせい，1979年，を参照．
19) 金澤史男「財政危機下における公共投資偏重型財政システム」金澤史男編『現代の公共事業』日本経済評論社，2002年，67頁．
20) 前掲『都市経営の現状と課題』，107頁．
21) 1977年の通常国会では，衆議院地方行政委員会で，交付税率の36%への引き上げ案が可決された．
22) 石原信雄『新地方財政調整制度論』ぎょうせい，2000年，104頁，より．
23) 1966年度まで数度にわたり交付税率が引き上げられたが，これらは国税3税減税に伴う地方交付税の減収補填のためと説明された．以上は，石原信雄，前掲書，106頁，より．
24) 実際には，1兆350億円の2分の1に相当する額5,175億円から特例交付金950億円を控除した額4,225億円が対象となった．
25) 石原信雄，前掲書，129頁．
26) 吉岡健次『戦後日本地方財政史』東京大学出版会，1987年，278頁．
27) 藤田武夫，前掲『現代日本地方財政史（下巻）』464頁．
28) 北沢栄『公益法人』岩波書店，2001年．
29) 重森曉・都市財政研究会編『しのびよる財政破綻』自治体研究社，2000年．菅原敏夫「地方自治体の歳出の課題と見通し，その分析のポイント」『破綻する自治体，しない自治体』（『地方自治職員研修』臨時増刊No.72）公職研，2003年，でも同様の指摘がなされている．
30) 「困窮者増25条価値重く」『沖縄タイムス』2006年5月3日付．なお，2005年度の1ヵ月平均の生活保護世帯数が，104万1,508世帯と初めて100万世帯を超え，過去最多となった．1992年度の58万5,972世帯を底に増加の一途をたどっているという（『朝日新聞』2006年10月7日付）．
31) 大阪市財政局『大阪市の財政』，より．
32) NPMなどの諸手法については，大住荘四郎『ニュー・パブリックマネジメント』日本評論社，1999年，本間正明・斉藤愼『地方財政改革』有斐閣，2001年，岡田章宏編『NPMの検証―日本とヨーロッパ』自治体研究社，2005年，尾林芳匡『自治体民営化と公共サービスの質』自治体研究社，2006年，などを参照．

第4章

投資的経費膨張政策の帰結

はじめに

　よく知られているように，歳出面からみた日本財政の国際的特質は，GDPにしめる政府固定資本形成のしめる比重が格段に高いことである．そしてそれは主に自治体財政を動員することによって成し遂げられてきた．これに関連して藤田武夫は，1950年代から60年代にかけて自治体財政が高度経済成長型に変貌していく過程において，国庫補助負担金が大きな役割を果たしたことを明らかにしている[1]．

　しかし前章で述べたように，1980年代においては「増税なき財政再建」をめざした「行政改革」が財政運営の基本方針となって，公共事業費も縮小を余儀なくされた[2]．その一方で，1985年9月のプラザ合意を契機とした急速な円高の進展や日米貿易摩擦などの外圧によって，日本政府は内需拡大型経済構造への転換を迫られることとなった．こうした要請に応えるために，全体として公共事業費を抑制しつつも，事業量の拡大をはかるための新たな方策が展開されることとなったのである．

　第1は，財政制約下での事業拡大をはかるために，いわゆる「民活」型公共投資をすすめるための条件整備がすすめられた．折しも，プラザ合意以降の日本経済は，いざなぎ景気以来といわれる好景気，いわゆるバブル経済の時代を迎えることとなった．こうした好景気を背景に，都市部の自治体を中心に財政事情は好転することとなった．そしてとくに，大都市地域の自治体

表 4-1 主な地方歳入の推移

	88		89		90		91		92	
	金額	%	金額	%	金額	%	金額	%	金額	%
地方税	30,117	44.3	31,795	42.6	33,450	41.6	35,073	40.9	34,568	37.8
地方譲与税	526	0.8	1,482	2.0	1,663	2.1	1,719	2.0	1,878	2.1
地方交付税	11,210	16.5	13,455	18.0	14,328	17.8	14,889	17.4	15,679	17.1
国庫支出金	9,937	14.6	10,308	13.8	10,655	13.3	11,192	13.1	12,886	14.1
地方債	5,626	8.3	5,614	7.5	6,258	7.8	7,259	8.5	10,200	11.2
合　計	68,009	100.0	74,566	100.0	80,410	100.0	85,710	100.0	91,424	100.0

注) 国庫支出金には国有提供施設等所在市町村助成交付金を含む.
出所) 『地方財政統計年報』各年版より,作成.

では,都市再開発やウォーターフロント開発が脚光を浴び,その開発主体として第三セクターが相次いで設立された.また,農山漁村地域においてもリゾート法などによる開発の波が押し寄せてきた.

第2に,一般会計ですすめられる公共事業において,地方単独事業の比重が急激に増大することとなった.その際,補助金にかわって自治体を財政誘導する方策としてもっぱら活用されたのが,交付税措置がついた「有利な」起債であった.とくにそれは,バブル経済崩壊以後の景気対策に自治体を動員するために活用され,交付税の補助金化が急速にすすむこととなったのである.

前章で述べたように全般的には「財政再建」のために縮小均衡路線を掲げながらも,投資的経費を膨張させることとなった諸施策の特徴を解明し,その帰結を明らかにすることが本章の課題となる[3].

1. バブル経済による地方財政の「好転」

表4-1は,バブル経済による税収増が始まった1988年度から95年度までの全自治体の歳入決算の推移をみたものである.前掲表3-11とあわせてみると,1980年代において地方税収入は,絶対額においても,構成比においても着実な増加を示したことがわかる.絶対額の増加は,所得課税の各種控

	93		94		95	
	金額	%	金額	%	金額	%
	33,591	34.9	32,539	33.5	33,675	33.2
	2,022	2.1	1,905	2.0	1,939	1.9
	15,435	16.0	15,532	16.0	16,153	15.9
	13,641	14.2	13,732	14.2	15,076	14.9
	13,370	13.9	14,295	14.7	16,978	16.8
	96,314	100.0	96,994	100.0	101,316	100.0

(単位:10億円)

除の引き上げがほとんどおこなわれなかったこと,構成比の上昇は,前章で述べた施策による国庫支出金や地方交付税の比重の低下によるものである.とくに,補助率の引き下げが強行された80年代後半における国庫支出金の顕著な低下が明瞭に読みとれる.前掲表3-11に示されているように,1980年度の国庫支出金の歳入にしめる割合は,22.6%であった.ところが90年度は13.3%と,10年間で9%ポイントも比重を下げることとなったのである.

またこの表は,地方税収入の比重が88年度の44.3%をピークに低下傾向にあることを示しているが,消費税の導入にともなう所得課税の減税にもかかわらず,89年度以降91年度まで税収額は増え続けていることがわかる.これはいうまでもなくバブル経済を背景とした税収の順調な伸びによるものであり,とくに法人関係税のしめる比重が高い都市部の自治体にはそれが顕著に現れることとなった.

表4-2は,東京都と全国の法人事業税収入の推移を,高度経済成長期末期の1971年度から74年度とバブル経済期の86年度から89年度まで,それぞれ4年間について比較したものである.ともに,地価高騰が大きな社会問題となった時期であるが,法人事業税収入の伸びには違った傾向が読み取れる.すなわち,高度経済成長期においては,東京都と全国ともに,ほぼ同じ傾向で税収が伸び,とくに73・74年度においては,全国の伸び率が東京都のそれを大きく上回っていることがわかる.74年度の東京都の法人事業税収入の全国のそれにしめる割合は,21.3%であるが,これは高度経済成長期では最も低い数値である.他方,バブル経済期をみると,まず東京都の税収が先行的に増加し,その後を追うように全国の税収が伸びていることがわかる.

表 4-2 東京都における法人事業税収入の推移
（対全国比）

（単位：百万円，％）

年度	東京都 (A)	伸率	全 国 (B)	伸率	割 合 (A/B)
1971	214,179	0.2	902,060	−1.0	23.7
1972	255,760	19.4	1,047,731	16.1	24.4
1973	352,189	37.7	1,540,366	47.0	22.9
1974	410,207	16.5	1,921,665	24.8	21.3
1986	955,273	10.5	3,798,066	−0.2	25.2
1987	1,259,979	31.9	4,574,348	20.4	27.5
1988	1,454,531	15.4	5,600,471	22.4	26.0
1989	1,580,037	8.7	6,336,879	13.1	24.9

出所）　東京都主税局『大都市税制研究会1991年度調査研究報告書』1992年，33頁，より作成．

　87年度には東京都の法人事業税収入が全国にしめる割合が27.5％となっているが，これは，高度経済成長期にもみられない高い数値なのである．そして87年度の都税総額も前年度比20.5％もの伸びを示した．この結果，歳入総額にしめる都税収入の比重も着実に上昇し，ピーク時の88年度には80.5％となったのである（後掲表4-7）．

　この東京都をはじめ，バブル経済期の都市地域自治体は，おおむね税収増に恵まれることとなった．例えば，高度経済成長期の1961年度以来88年度まで毎年実質収支で赤字を計上していた大阪市ですら，法人市民税の増収に支えられて，89年度に38年ぶりに黒字を計上したのである[4]．また，1979年度には535億円あった地方交付税額が年々減少し，87年度には不交付団体となったのである[5]．

　このように，この時期の地方財政は，都市地域の自治体を中心に各種の財政指標が好転し，さまざまな名目の積立金が急増することとなった．ところで前章において，1984年度の地方財政対策によって，地方交付税特別会計の借入残高のうち5兆6,941億円が地方負担となったと述べた．実はこのとき，その返済は90年度まで猶予されたのであるが，この好調な税収増によって，87年度から繰り上げ返済がおこなわれ，91年度には6,733億円まで

に残高が減少し,ほぼ債務を解消したのである(前掲図序-2).こうした状況をみて旧大蔵省は「地方財政余裕論」をさかんに振りかざし,91年度予算において,地方交付税の5,000億円特例減額を強行した.また,前章において85年度1年限りのはずの補助金カットが,86年度からさらに3年間継続することとなったことを紹介したが,本来なら,89年度からはカット前の補助率に復元するべきところであった.しかし先の表3-9で示したように,実際には,経常費については,一部を除いてほとんどが引き下げられたままで恒久化され,投資的経費についてはなお引き下げを継続することとなったのである.これも,旧大蔵省が「地方財政余裕論」にもとづいて押し切った措置であった.

「余裕」があるとはいっても,あまりに異常な国の財政と比べてのことであり,しかも全国3千余の自治体財政の平均的な姿にすぎない.また,地方債残高は着実に増加を続け,91年度における普通会計のそれは54兆8,647億円,企業債残高のうち普通会計負担分を加えると,70兆円にも達していたのである.

2. 公共事業の変貌

(1) 自治体の比重の高まり

このように,バブル経済期においても,前章で述べた「行革」の一環としての国による自治体財政へのしわ寄せは継続していたのである.しかし他方で,冒頭に述べたように,内需拡大のために公共事業が重視されるようになり,そのことが地方財政にも大きな影響を及ぼすこととなった.

「増税なき財政再建」がめざされた1980年代前半は,公共事業費も抑制された.すなわち「公共投資は裁量的に伸縮させやすいこともあり,一般歳出削減のテコとして活用され,国債減額をめざす財政再建の主役」[6]となった.実際,行政投資をみると,82年度から85年度まで4年連続前年度比マイナスとなったのである.ところが86年度からは再び増加に転じ,87年度は30

表 4-3 事業主体・経費負担別行政投資の推移
(単位:%)

		1960	1965	1970	1975	1980	1985	1988	1990
主事業体別	国	19.6	24.6	21.3	33.8(23.1)	30.4(24.0)	23.7(23.0)	21.5	21.3
	都道府県	42.5	39.6	39.2	29.2(33.9)	28.8(31.6)	32.8(33.2)	34.9	33.6
	市町村	37.9	35.7	39.5	37.1(43.0)	40.7(44.4)	43.4(43.9)	43.6	45.1
負担経費別	国費	41.2	42.7	36.5	49.3(41.1)	49.3(44.6)	41.0(40.5)	32.5	31.0
	都道府県費	28.8	28.5	30.4	21.5(24.9)	20.4(22.3)	24.8(25.1)	30.6	29.9
	市町村費	30.0	28.8	33.1	29.2(33.9)	30.4(33.2)	34.1(34.5)	36.9	39.1

注) ( )は電電公社,国鉄等の投資額を除外した数値.
出所) 地域政策研究会編『行政投資』地方財務協会,各年版,より作成.

兆円を,91年度には40兆円を上回る水準になった.これは1985年のいわゆるプラザ合意を契機に急激な円高がすすみ,内需拡大による経済の構造調整が迫られ,民活型大型プロジェクトが相次いで実施されたことによる.したがってこの時期の公共事業費は,従来にはない次のような特徴を有することとなった.

　第1は,自治体の比重の上昇である.表4-3は,行政投資の事業主体・経費負担別構成比の推移を高度経済成長期にさかのぼってみたものである.まず事業主体別にみると,高度経済成長期には国・都道府県・市町村がほぼ2:4:4の比率であったが,75年の財政危機時には国の比重が3分の1にまで高まっていることがわかる.その後,国の比重が少しずつ低下するのを補うかのように,自治体とくに市町村の比重が増加し,90年度には45.1%と,半分近くを市町村がになっていることがわかる.経費負担別にみると,補助金一律カットが始まる85年度までは国が4割以上,とくに75年度と80年度はほぼ半分を負担していたのに対し,その後の国の負担割合の減少が著しく,90年度には31%にまで落ち込んでいる.そして事業主体別と同じく,経費負担別においても市町村の比重の高まりが顕著であることがわかる.

　このように事業主体別においても,経費負担別においても自治体の比重が高まったため,自治体がおこなう普通建設事業費の内訳をみると,1988年度に初めて単独事業費が補助事業費を1兆円以上も上回ることとなった.そしてその差は以後年々拡大し,92年度には補助事業費約10兆円に対し,単

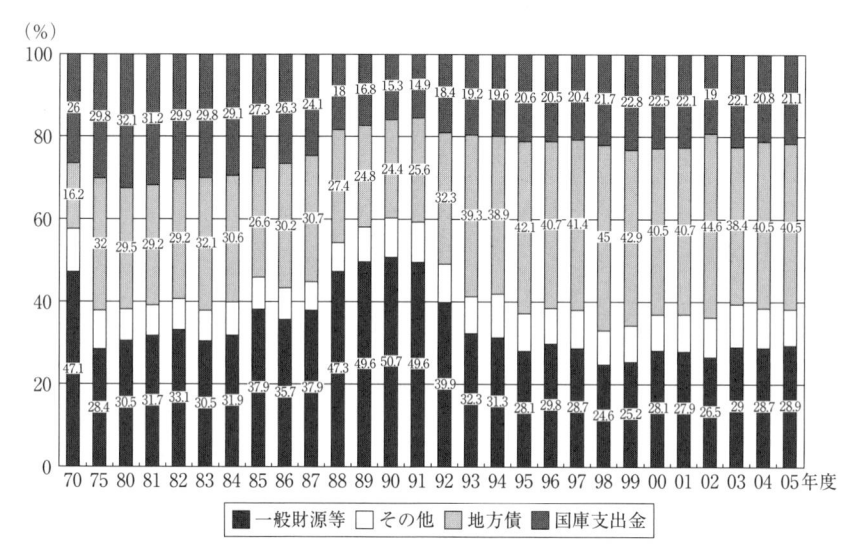

第4章 投資的経費膨張政策の帰結　115

図4-1　普通建設事業費の財源構成比の推移

出所）『地方財政白書』各年版，より作成．

独事業費は約17兆円と7兆円も上回る水準に達したのである[7]．

　第2に，以上の状況は財源構成に次のように現れている．図4-1は，普通建設事業費の財源構成の推移をみたものである．80年代前半は一般財源，地方債，国庫支出金，いずれもほぼ同じ3割程度であったことがわかる．ところが80年代後半においては，国庫支出金の低下を補うかのように一般財源の比重が上昇し，90年度にはほぼ半分を一般財源でまかなっていることがわかる．

　第3は，大都市圏の比重の高まりである．図4-2は，大都市圏と地方圏の行政投資額の構成比の推移をみたものである．関東，近畿，東海を合わせて大都市圏とすると，高度経済成長期初期には大都市圏6，地方圏4の比重であったが，その差は着実に縮まり，70年代末にはほとんど差がなくなっていることがわかる．ところが，80年代になると大都市圏の比重がまた上昇し，バブル経済期には再び6：4に開いているのである．ピーク時の91年度の大都市圏の比重は58.7％を記録し，その大都市圏のなかでも関東臨海の

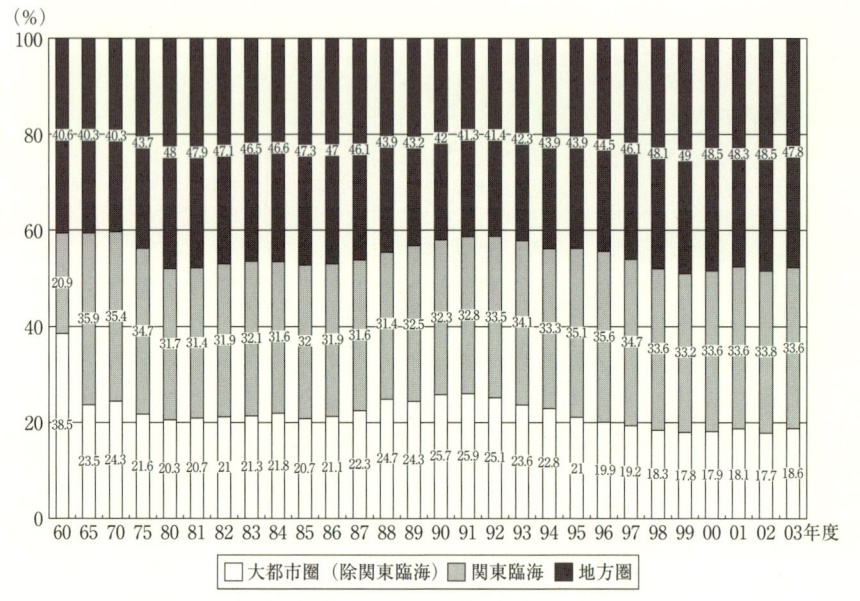

図4-2 大都市圏・地方圏の行政投資額の構成比の推移

出所) 『行政投資』各年版, より作成.

しめる比重の上昇が顕著で，同じく91年度に25.9％と史上最高の比重をしめることとなったのである．単独事業が増加し，その財源も一般財源が中心となり，しかも次に述べるように「民活」路線が前面にでてきたのであるから，都市部に偏るのは必然のことといえよう．

(2) 「民活」型公共投資の展開

何といっても，この時期の自治体財政を考える上で看過できないことは，「民活」型公共投資政策に自治体財政が巻き込まれていったことであろう．

よく知られているように，日本の自治体行政においては，一般会計でまかなわれる一般の行政組織のほかに，特別会計や公営企業と並んで，自治体が出資している法人組織が大きな役割を果たしている．旧自治省及び総務省は，それらを「地方公社」と総称し，数年に一度その実態調査をおこなってきた．

第 4 章 投資的経費膨張政策の帰結　　117

それによると，地方自治体が出資している法人を根拠法にもとづいて分類すると，以下の 3 つに区分されるという[8]．

第 1 は，「地方 3 公社」といわれる地方住宅供給公社，地方道路公社，及び土地開発公社である．これらは，それぞれ「地方住宅供給公社法」（1965 年施行），「地方道路公社法」（1970 年施行），「公有地の拡大の推進に関する法律」（1972 年施行）が施行されてほどなく設立されたものがほとんどであり，おおむね自治体が 100％ 出資する法人である．その施行時期から容易にわかるように，高度経済成長と都市化にともなう住宅，道路などへの行政需要増加に対応すべく設けられたものである．なかでも土地開発公社は東京都を除くすべての都道府県，すべての政令指定都市，政令指定都市を除く全市町村の半分ほどに設けられている．その数は，ピーク時の 1999 年で 1,597 法人であったが，年々減少を続け，2006 年 4 月 1 日現在では 1,127 法人に減少している．

第 2 は，民法の規定にもとづいて設立された社団法人または財団法人である．これらは，1980 年以降に設立されたものが比較的多い．とくに財団法人は，1981 年から 96 年まで毎年 100 以上，ピーク時の 92 年には 243 法人も設立されている．その多くは，前章で述べた「行政改革」による外注化・民間委託の受け皿として設立されたのである．

そして第 3 は，商法の規定にもとづいて設立された株式会社などである．バブル経済期に急増した第三セクターがこれに該当し，分野としては都市開発や地域開発に集中している．こうした第三セクターの設立は，とくに 1987 年末に急増したが，それは以下のような関連法が相次いで制定されたことによる[9]．

　1986 年 5 月　民間事業者の能力の活用による特定施設の整備に関する臨
　　　　　　　時措置法（民活法）
　1987 年 5 月　総合保養地域整備法（リゾート法）
　　同　　　　民間都市開発の推進に関する特別措置法
　1987 年 9 月　日本電信電話株式会社の売払収入の活用による社会資本の

整備の促進に関する特別措置法（社会資本整備法）

要するに，民活法やリゾート法にみられるように，徹底した規制緩和によって民間資本が活動しやすい条件を整えるとともに，第三セクターの活動を資金面で支えるために，社会資本整備法でNTT株の売却益を原資として無利子融資をおこなう制度をつくりあげたのである．留意すべきは，「民活」とはいっても，様々な公的助成が行われていることである．この時期の「民活」型社会資本整備の象徴的存在である関西国際空港株式会社をみると，政府や自治体が多額の出資をしている上に，関連事業に莫大な公的資金が投入されている[10]．リゾート法にもとづくリゾート事業の場合も，リゾート業者に対し税制上の特例と低利融資が与えられ，対象地域の自治体に対しては地方税減収分は交付税措置がされるなど様々な優遇措置が講じられているのである．前章で述べたように，国の財政再建のために社会保障関連を中心に乱暴な補助金一律カットをすすめる一方，「民活」のためには新たな財政支出がなされていたのである[11]．これによって，大都市部ではいわゆるウォーターフロントといわれる沿岸域の開発が，農村部ではリゾート開発が次々と計画・実施されていった．

(3) 「民活」型公共投資の破綻

これら地方公社の多くは，自治体とは別個の法人格を有し，その事業内容については住民生活との直接的関連は希薄なものが多い．また，一般会計からの財政支出もさほど目立たないので，経営危機が深刻となるまでその実態が明るみにでることは滅多にない．しかし，今や多くの地方公社が経営危機に陥り，その清算のために一般会計から多額の財政支出を余儀なくされる事例が続出している．

数ある地方公社のうち，自治体の全額出資法人である地方3公社（土地開発公社，住宅供給公社，道路公社）は，自治体に代わって公共事業用地を取得し，住宅や道路を建設するなど，自治体が公共事業を実施する際の別働隊といってもよい．なかでも土地開発公社は，すでに述べたように全国の約半

表 4-4 第三セクター等の損失保証契約・債務保証契約に係わる債務残高 (2006 年 3 月 31 日現在)

(単位：百万円)

区 分	全体法人数	債務残高 法人数	債務残高 割合	債務残高 残高
商法法人　全体	2,748	182	6.2%	458,874
うち自治体出資 25% 以上	2,636	173	6.2%	448,549
民法法人　全体	3,958	307	7.7%	1,851,977
うち自治体出資 25% 以上	3,776	296	7.6%	1,778,731
地方 3 公社	1,227	834	65.2%	7,074,486
地方独立行政法人	8	0	0.0%	0
合　　計	7,941	1,323	16.7%	9,385,337

注) 地方 3 公社の債務残高のうち，損失補償契約に係わる残高は 6,070,204 百万円．
出所) 総務省『第三セクター等の状況に関する調査結果』2006 年 12 月より．

数の自治体で設立されている．表 4-4 は，第三セクター等への自治体による損失補償契約・債務保証契約に係る債務残高をみたものである．金融機関等からの借入れに関して，出資自治体が金融機関等と締結している損失補償契約に係わる債務残高を有する法人，及び自治体が債務保証をおこなっている第三セクター等は 1,323 法人であるが，うち 834 法人が地方 3 公社である．また債務残高は全体で 9 兆 3,853 億円であるが，うち地方 3 公社が 7 兆 745 億円と，全体の 4 分の 3 ほどをしめていることがわかる．

　この膨大な債務をかかえている地方 3 公社の経営が危機的状況にある．日本経済新聞が都道府県と政令指定都市を対象におこなった調査によると，地価下落などにより 2002 年度決算では全体の 4 割が赤字になった．特に 2002 年度決算から分譲資産の時価評価が義務づけられた住宅供給公社は，土地の評価損が膨らんで，全体の 6 割の 33 公社が赤字であったという[12]．しかし何といっても最大の問題は，土地開発公社における長期保有土地，いわゆる塩漬け土地の増加である．表 4-5 は，総務省の調査による 2003 年度から 05 年度までの，長期保有土地の推移をみたものである．まず金額ベースでみると，5 年以上保有している土地は，2003 年度の 4 兆 1,044 億円から 05 年度

表 4-5 長期保有土地の総額及び面積

		05 年度末	04 年度末	03 年度末
金額ベース	5 年以上保有土地	3 兆 7,448 億円 (73.1%)	3 兆 9,946 億円 (68.1%)	4 兆 1,044 億円 (64.6%)
	10 年以上保有土地	2 兆 4,739 億円 (48.3%)	2 兆 4,981 億円 (42.6%)	2 兆 3,570 億円 (37.1%)
面積ベース	5 年以上保有土地	16,097ha (74.2%)	14,544ha (61.3%)	14,317ha (57.6%)
	10 年以上保有土地	10,161ha (46.8%)	8,003ha (33.7%)	7,783ha (31.3%)

注)（ ）内は，土地開発公社保有土地全体に占める比率．
出所) 総務省『2004 年度土地開発公社事業実績調査結果』及び『2005 年度土地開発公社事業実績調査結果』，より作成．

は 3 兆 7,448 億円と減少傾向にあるものの，保有土地全体にしめる割合は 64.6% から 73.1% へと上昇していることがわかる．さらに，10 年以上保有土地となると，05 年度は 2 兆 4,739 億円と前年度の 2 兆 4,981 億円より若干減少したものの，保有土地全体にしめる割合は 03 年度末 37.1% から 05 年度末で 48.3% と，ほぼ半分をしめているのである．次いで面積ベースでは，5 年以上，10 年以上いずれにおいても面積・保有土地全体にしめる割合が増加を続けていることがわかる．とくに 05 年度末を前年度末と比べると，5 年以上保有土地は 14,544ha から 16,097ha へと 10.7% 増，10 年以上保有土地は 8,003ha から 10,161ha へと 27% もの増加を示しているのである．いうまでもなく，もっぱら金融機関からの借入れによって資金調達している土地開発公社におけるこうした長期保有土地の増加は，金利負担の累積を意味するのである[13]．

こうした地方 3 公社の経営危機の要因の 1 つに，政府の景気対策に協力して，1990 年代前半に大量の土地を先行取得したことがある．すなわち，1992 年度以降の数次にわたる景気対策では，下落傾向が止まらない地価を下支えするために，公共用地の先行取得がたびたび取り上げられた．例えば，2002 年 8 月に発表された総合経済対策では「総額 1 兆 5,500 億円の規模で公

共用地の先行取得を行う」とし，なかでも「地方公共団体等における用地の先行取得の促進を図るため，土地開発基金及び土地開発公社の活用を図るとともに，公共用地先行取得債等による積極的な対応を図ることにより，全体として事業費1兆円の確保を図る」ことが盛り込まれたのである．すでに1988年には，自治体が2分の1以上出資している法人，または土地開発公社が公共用地等を先行取得する場合において，当該土地開発公社に対して自治体が貸し付ける経費についても公共用地先行取得等事業債の対象とされていたことなどもあって，1990年代における土地開発公社の土地保有総額は急増することとなった[14]．そして実際，全国の土地開発公社の土地保有総額は，1990年度は4兆9,342億円であったが，91年度から急増し，ピーク時の96年度には9兆1,432億円に膨れあがったのである[15]．さらにここでもまた「交付税措置」が活用されたことを強調しておきたい．すなわち，自治省通知「公共用地の先行取得の推進について」(1995年9月15日) には，そのための地方債にかかわる金利負担の一部を交付税措置することが盛り込まれていたのである[16]．

これら地方3公社とともに，バブル経済期に設立された開発型第三セクターの経営危機も深刻である．表4-6は，第三セクター等の業務別に黒字・赤字法人数と黒字・赤字額をみたものである．調査対象7,941法人のうち最も多い1,589法人をしめる地域・都市開発において赤字法人の割合が43.3%と最も高いことがわかる．また赤字額でみると，運輸・道路と地域・都市開発でそれぞれ400億円をこえる赤字額を計上し，赤字法人全体の赤字額1,784億円の半分ほどをしめていることがわかる．

こうしたなかで，大阪府の泉佐野コスモポリス，宮崎県のシーガイアなど，破綻処理される事例が相次いでいる．なかでも大阪市の第三セクターは全国で最悪の累積債務をかかえている[17]．同市のアジア太平洋トレードセンター，大阪ワールドセンター，湊町開発センターの第三セクター3社は，計2,800億円の債務返済に行き詰まり，2003年6月に特定調停を申請し，2004年2月に調停が成立した．調停成立により，大阪市と金融機関は債権放棄など計

表 4-6 第三セクター等の業務別黒字・赤字法人数（額）（2006 年）

(金額の単位：百万円)

業務分野	合計		黒字法人				赤字法人			
	法人数(a)	構成比	法人数(b)	b/a	黒字額	構成比	法人数(c)	c/a	赤字額	構成比
地域・都市開発	1,589	20.0%	901	56.7%	58,483	17.6%	688	43.3%	△46,335	26.0%
住宅・都市サービス	142	1.8%	89	62.7%	26,614	8.0%	53	37.3%	△9,628	5.4%
観光・レジャー	1,176	14.8%	686	58.3%	15,196	4.6%	490	41.7%	△10,044	5.6%
農林水産	1,225	15.4%	758	61.9%	20,193	6.1%	467	38.1%	△11,215	6.3%
商工	639	8.0%	376	58.8%	26,579	8.0%	263	41.2%	△7,333	4.1%
社会福祉・保健医療	489	6.2%	320	65.4%	7,406	2.2%	169	34.6%	△5,922	3.3%
生活衛生	285	3.6%	190	66.7%	11,753	3.5%	95	33.3%	△35,469	19.9%
運輸・道路	425	5.4%	270	63.5%	64,200	19.4%	155	36.5%	△40,268	22.6%
教育・文化	1,128	14.2%	744	66.0%	38,494	11.6%	384	34.0%	△5,342	3.0%
公害・自然環境保全	75	0.9%	45	60.0%	534	0.2%	30	40.0%	△868	0.5%
情報処理	64	0.8%	55	85.9%	1,764	0.5%	9	14.1%	△207	0.1%
国際交流	116	1.5%	71	61.2%	534	0.2%	45	38.8%	△570	0.3%
その他	588	7.4%	417	70.9%	59,734	18.0%	171	29.1%	△5,175	2.9%
合計	7,941	100.0%	4,922	62.0%	331,484	100.0%	3,019	38.0%	△178,376	100.0%

出所）総務省『第三セクター等の状況に関する調査結果』2006 年 12 月，より．

約 1,390 億円を金融支援し，3 社は残った債務約 1,140 億円を 2004 年度から 30 年から 40 年かけて返済するという．しかし，残債 1,140 億円に対し，資産評価額は 570 億円しかなく，2 次破綻し，資産が買いたたかれれば市の補償額がさらに膨らむ恐れもあるというのである[18]．

1995 年の東京都知事選挙で最大の争点となった臨海副都心開発も失敗の典型例である[19]．もともとこの地域の開発は，1982 年末に発表された第 1 次東京都長期計画においては，海上公園や文化，スポーツ施設として整備することが考えられていたにすぎなかった．1985 年 4 月に東京テレポート構想が発表されたが，対象面積は 40ha であった．それがあれよあれよという間に事業規模が拡大し，1987 年 6 月に発表された臨海副都心開発基本構想においては 440ha もの大事業に変貌してしまったのである．しかし，バブル経済の崩壊や地の利の悪さなどのため，企業の進出はすすまず，開発の中

核を担うべく設立された「東京テレポートセンター」「東京臨海副都心建設」「竹芝地域開発」3社は，2006年5月，民事再生法の適用を申請して法的整理をすすめることとなった．これにともない3社は，都に無利子融資約100億円，金融機関27社に約2,000億円の債権放棄を求めるとともに，都と金融機関の出資金約546億円も100％減資になるというのである[20]．

さらに，自治体が資本金の25％以上を出資する第三セクターで，資産価値の下落を決算に反映させる「減損会計」を導入した株式会社を対象に，朝日新聞社がおこなった調査によると，2005年度決算で少なくとも46社が計3,196億円の特別損失（減損損失）を計上していたことが明らかとなった．そして上述した大阪市や東京都の第三セクターが，軒並み巨額の減損損失を計上しているというのである[21]．

経営が行き詰まっている第三セクターはいずれも，甘い経営見通しにもとづき，いたずらに事業を膨張させ，資本金に比べて過大な借入れをおこなって経営破綻に陥っているというのが，程度の違いはあれ共通する状況である．第三セクターとは，許認可に有利な「官」と豊富な開発実績を有する「民」の力を生かす方法として，導入されたはずである．官と民の協力といえば聞こえはよいが，その経営破綻と処理状況からうかがえることは，「民」は早々に見切りをつけ，つけをできるだけ「官」に押しつけようとする，無責任な構図であった．第三セクターの多くは，自治体は一出資者にすぎない「会社」である．しかし，経営が破綻したときには，一般会計で多額の穴埋めを余儀なくされているのである．

この他に，区画整理や都市再開発事業が行き詰まる事例も相次いでいるなど[22]，経済成長と地価上昇を見込んだ自治体の開発事業が破綻し，財政危機をいっそう深刻化させる潜在要因となっているのである．そして1992年に地方財政再建特別措置法の適用を申請した福岡県赤池町，2007年に申請した北海道夕張市においては，いずれも土地開発公社や第三セクターがかかえる赤字の潜在要因を顕在化させたことにより再建団体となったのである[23]．

3. バブル経済崩壊と自治体財政

(1) 税収減にもかかわらず地方単独事業が急増

　高度経済成長期に匹敵する好景気を謳歌してきた日本経済は，1991年半ば頃から景気後退局面に入った．しかも今回の不況は，株価・地価など資産価格の大幅な下落をともない，「複合不況」[24]などといわれるほど複雑な様相を呈し，長期化することとなった．不況にともなう税収減は，1985年度からの国庫支出金の激減をバブル経済による地方税収の増収によって補っていた自治体財政を直撃することとなった．

　まず，バブル経済の崩壊が自治体財政にどのように現れたかを概観することとしよう．前掲表4-1によって，バブル経済崩壊後95年度までの全国の主な歳入の推移を確認すると，前節で述べたように，地方税収の歳入総額にしめる比重は，88年度の44.3%をピークに低下していた．90年代においてはその低下傾向に拍車がかかり，95年度は33.2%と，ピーク時と比べて10%ポイント以上も低下していることがわかる．この間の税収額も，1991年度をピークに94年度まで3年連続減収となったのである．この地方税の比重低下は，不況による税収減に加えて，94年度から3年間おこなわれた，97年度の消費税率引き上げに先行する特別減税によるところも大であった（前掲表1-6）．

　バブル経済期に地方税収の増加が都市部の自治体財政を潤したその反動として，この税収の落ち込みは，都市地域の自治体にとくに深刻に現れることとなった．表4-7は，東京都の一般会計にしめる都税収入の推移をみたものである．ピーク時の91年度には4兆8,494億円もの都税収入があったのが，94年度には3兆8,601億円と，87年度のそれと同水準に落ち込んでいることがわかる．なかでも法人二税は，89年度の2兆6,801億円をピークとして，94年度は1兆4,356億円と半分近くにまで激減したのである．その結果，歳入総額にしめる都税収入の割合も，88年度の80.5%から，94年度には

第4章　投資的経費膨張政策の帰結　　125

表 4-7　東京都の一般会計歳入総額と都税収入の推移

(単位：億円)

	1987	1988	1989	1990	1991	1992	1993	1994
歳入総額 A	50,715	55,505	61,331	64,777	67,067	69,202	69,922	66,146
都税収入 B	39,407	44,707	47,743	47,164	48,494	43,768	40,572	38,601
うち法人二税	22,150	25,273	26,801	24,225	23,979	19,312	16,254	14,356
B／A	77.7	80.5	77.8	72.8	72.3	63.2	58.0	58.4

出所)　東京都『転換期を迎えた都財政』1995年，より．

58.4％と，大きく低下することとなった．

　先の表4-1によると，この地方税の落ち込みとは対照的に，地方債の比重が急激に高まっていることがわかる．すなわち，89年度の全国の歳入総額にしめる割合は7.8％であったが，95年度には16.8％と2倍以上に高まっているのである．これが何を意味するかについては，歳出に目を転じることによって検証することとしよう．

　周知のごとく，この不況においても，政府はもっぱら公共事業を中心とする景気対策をおこなった．しかし，今回は従来にはない次のような特徴を示した．

　第1は，当初予算よりもむしろ，補正予算で巨額の公共事業費を確保したことである．もともと政府は，1990年の日米構造協議での合意をうけて，91年から10年間で430兆円もの公共投資をおこなう公共投資基本計画を定めていた (94年10月には95年から10年間で総額630兆円に改められた)．それでも当初予算では，前年度比で4～5％程度の伸びしか確保できなかったものの，経済対策としてたびたび補正予算が編成されたのである．例えば，92年度補正予算で1兆8,286億円の公共事業費が追加されたのを皮切りに，93年度は3次にわたり，計4兆459億円，94年度は2次にわたり計1兆6,246億円，95年度も2次にわたり計4兆9,767億円も追加されたのである[25]．

　第2は，その膨大な公共事業において，自治体の単独事業が大きな比重をしめたことである．表4-8は，地方財政計画における地方単独事業の推移を

表 4-8 地方単独事業(投資的経費)の推移

(単位:億円)

年度	地方(地方財政計画) 地方単独事業		[参考] 国(一般会計) 公共事業関係費	
	計画額	伸び率	当初予算額	伸び率
1987	91,665	5.0	60,824	−2.3
1988	103,260	12.6	60,824	0.0
1989	112,757	9.2	61,974	1.9
1990	120,638	7.0	62,147	0.3
1991	132,702	10.0	65,897	6.0
1992	147,972	11.5	69,409	5.3
1993	165,772	12.0	73,354	5.7
1994	185,665	12.0	77,546	4.7
1995	195,000	5.0	81,123	4.6
1996	201,000	3.1	84,899	4.7

注) 国の公共事業関係費からは,NTT事業分およびNTT事業償還時補助分を除いている.
出所) 石弘光監修『財政構造改革白書』東洋経済新報社,1996年,351頁.

国の当初予算公共事業関係費と比べてみたものである.国が公共事業費の伸びを抑制していた87年度から90年度までにおいても,地方単独事業費はかなりの伸び率が計画されていたこと,さらに91年度からは4年連続で10%以上の伸び率が見込まれていたことがわかる.これに上述した累次の経済対策による分が加わったのである[26].

前節で述べたように,すでに88年度には全国の単独事業費が補助事業費を上回り,95年度の単独事業費は補助事業費の1.4倍となった.市町村では,80年代前半は単独事業費が補助事業費をわずかに上回るだけであったのに,90年代半ばにおいては単独事業費が補助事業費の2倍以上になるまで膨張したのである.そして都道府県でも状況は同じであった.すなわち,80年代前半は,単独事業費は補助事業費の半分以下であったのが,90年代半ばにおいては単独事業費がわずかに上回るという状況が生じたのである.

注目すべきはその財源である.先の図4-1をみると,バブル経済が崩壊した92年度を境に普通建設事業費の財源構成において地方債のしめる割合が,

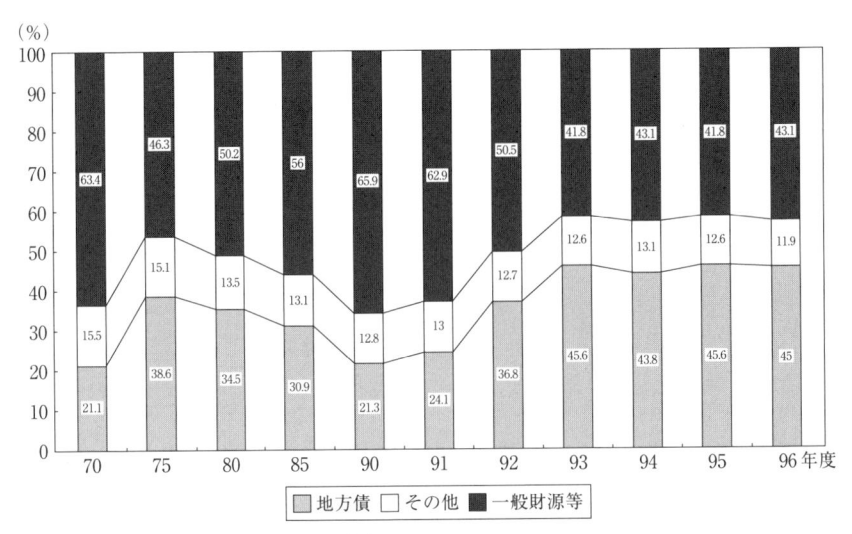

第4章　投資的経費膨張政策の帰結　　　127

図4-3　地方単独事業費の財源構成の推移

出所）『地方財政白書』各年版，より作成．

それまでの20％台半ばから40％前後にまで高まっていることがわかる．これは，この時期急増した地方単独事業によるものである．そこで，図4-3によって，単独事業費の財源構成の推移をみることとしよう．バブル経済期の1990・91年度は一般財源等で6割以上をまかなっていたことがわかる．ところが，92年度からは，地方債の比重が高まり，93年度からは一般財源のしめる割合が42〜43％ほどに低下する一方，地方債が一般財源を上回って約45％もしめるという状況が続いていたのである．いうまでもなく地方単独事業とは，国から補助金を受けずに，自前の財源で自主的に地域の実情に応じて実施するものであるはずである．かつてのように，補助事業を中心とした時代ならともかく，なぜ全国の多くの自治体が国の景気対策に協力して，「自主的に」単独事業に動員されることとなったのであろうか．

(2) 自治体を単独事業に動員するしくみ

すでに述べたように，1975年の自治体財政危機の対策の一環として，投

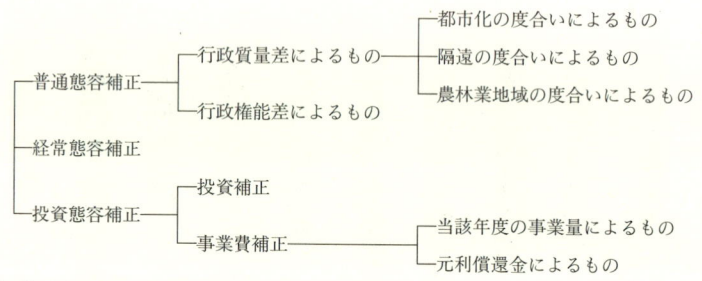

```
普通態容補正 ─┬─ 行政質量差によるもの ─┬─ 都市化の度合いによるもの
              │                          ├─ 隔遠の度合いによるもの
              └─ 行政権能差によるもの    └─ 農林業地域の度合いによるもの
経常態容補正
投資態容補正 ─┬─ 投資補正
              └─ 事業費補正 ─┬─ 当該年度の事業量によるもの
                              └─ 元利償還金によるもの
```

出所) 地方交付税制度研究会編『2006年度地方交付税のあらまし』地方財務協会,より.

図4-4 態容補正の分類

資的経費にかかわる基準財政需要額を振り替えるための起債として財源対策債が発行され,それには翌年度以降の償還財源の大部分を基準財政需要額に算定する「交付税措置」が講じられた.そして1985年度の補助金一律カット策を契機として,自治体財政にしめる国庫支出金の比重が低下する一方で,こうした交付税措置がついた起債が,自治体を財政誘導する主な手段となってきたのである.なかでも決定的役割をはたしたのが,基準財政需要額の投資的経費算定における「事業費補正」という手法である.

周知のごとく,各自治体の基準財政需要額算定に際しては,費目ごとに単位費用と測定単位が全国一律に適用される.こうした全国一律の手法では各自治体ごとの特性が十分に反映されがたいなどの理由により,さらに補正係数が設けられている.種々ある補正係数の1つに,自治体の都市化の程度,法令上の行政権能,公共施設の整備状況などに応じて財政需要が異なることを反映しようという趣旨の態容補正がある.それは図4-4のように普通態容補正,経常態容補正,投資態容補正の3つに分類され,うち投資態容補正が投資補正と事業費補正に分類される.

投資補正とは,道路の未改良率,未舗装率,交通量など客観的な統計数値等を指標として自治体ごとの投資的経費の必要度を測定して基準財政需要額に反映させようとするものである.これに対して事業費補正とは,公共事業費の負担額など実際の投資的経費の財政需要を反映させようとするもので,

地方債 75%	一般財源	
(後年度の交付税措置 30〜55%)	15% (交付税当該年度)	10%

注) 財源措置率は，37.5〜56.25%．ただし96年度以降，交付税当該年度補正分15%については地方債の財源対策分（15%）の起債措置に振り替わっている．
出所) 地方債制度研究会編『2001年度地方債のあらまし』地方財務協会，50頁．

図4-5 ふるさとづくり事業の財政措置

さらに「当該年度の事業量によるもの」と「元利償還金によるもの」に区分される．図4-5はバブル経済崩壊後の1990年代の景気対策に自治体を動員する手段としてもっぱら活用された地域総合整備事業債（地総債）の交付税措置を示したものである．「当該年度の事業量によるもの」は，この図の15%相当分に該当し，「元利償還金によるもの」は事業費の75%が充当される地総債の償還分について，財政力に応じて30〜55%が措置されるのが該当する．要するに，財政力が弱い自治体であれば，事業費の「75%のうち55%は交付税算入，それに加えてダイレクトに15%が事業費補正に算入されることを足すと，全体の56.25%は交付税に算入されるというシステム」[27]となったのである．前掲表3-9で示されているように，投資的経費に係る国庫補助負担率については，93年度から，直轄事業においては3分の2，補助事業においては2分の1を基本として恒久化することとされた．したがって，この地総債を活用した事業は，2分の1よりも補助率が高い事業と認識されたのである．

しかしいうまでもなく，補助金は，要件に従いさえすれば返済の必要がない無償資金である．他方，地総債などは，いかに有利な起債とはいえ，発行主体である自治体が返済しなければならない有償資金であることに変わりはない．有利さの根拠となっている交付税措置というのは償還財源を基準財政需要額に算入するにすぎず[28]，交付税収入がそのまま増えるということでは決してない．しかもその原資は将来の交付税収入の「先食い」[29]でしかないのである．

(10億円)

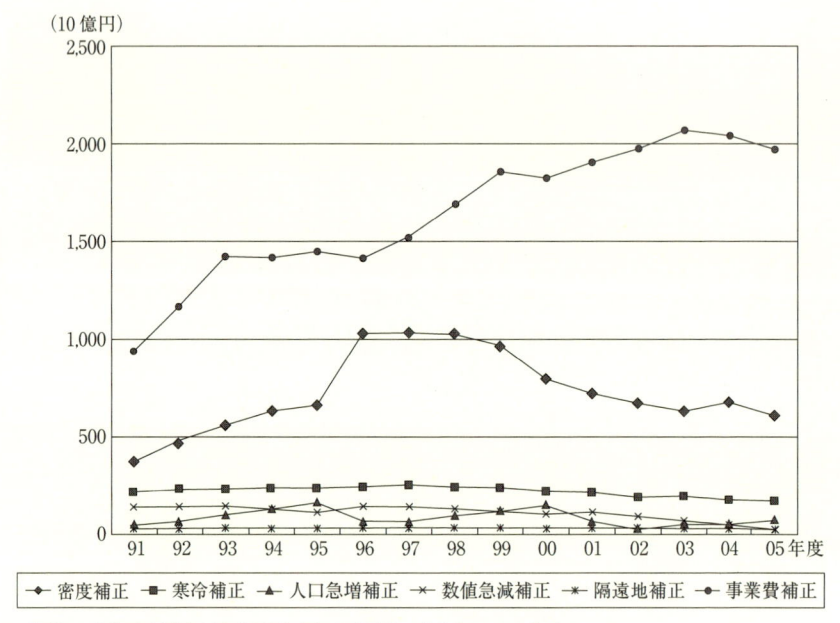

図4-6 主な補正による基準財政需要増加額の推移（市町村）

凡例：密度補正　寒冷補正　人口急増補正　数値急減補正　隔遠地補正　事業費補正

出所）地方財政制度研究会編『地方財政要覧』各年版，より作成．

　図4-6は，90年代における主な補正による基準財政需要増加額（市町村分）の推移をみたものである．事業費補正による増加が他の補正に比べて格段に多いことが一目瞭然である．また，事業費補正に次いで多い密度補正は96年度から98年度をピークに減少傾向にあるのに対し，事業費補正は不況対策が始まった92・93年度に急増し，その後96年までは横這いだが，97年から03年にかけて再び増加していることがわかる．この事業費補正による増加額が市町村全体の基準財政需要額の投資的経費にしめる割合を，沖縄県内市町村についてみると，1996年度は19.6%であったのが，2005年度には39.2%にも上昇しているのである[30]．

　元々，地方交付税制度における基準財政需要額の算定方法は，その前身である地方財政平衡交付金制度発足当時の自治体財政が逼迫していたこともあって，経常的経費を中心に行われていた．投資的経費については，標準的な

第4章 投資的経費膨張政策の帰結

表 4-9 投資的経費算定方法改正の変遷

年度	改 正 内 容	備 考
1956	「特別態容補正」(道府県分)の創設	後進県の行政水準を高めるための財源付与
1957	「道路費」の測定単位に「道路の延長」を新設,幅員区分による種別補正適用 「橋りょう費」の測定単位に「木橋の延長」を新設 人口急増補正に投資的経費の要素を加えた(投資割増方式)	道路改良や木橋架換などの新規投資分を算定するため
1959	「包括方式」による投資的経費の算入 「その他の諸費」の測定単位に「面積」を新設(包括算入)	算定内容の動態化
1962	「事業費補正(密度補正)」を創設,「港湾費」「その他の土木費」(海岸分)に適用(算入率25%) 「河川費」に人口対河川の延長による密度補正を適用	公共事業費にかかる現実の地方負担を反映させるため流域人口の多い府県の財政需要の適正化
1963	事業費補正を「河川費」に適用(算入率30%) 「港湾費」「その他土木費」にかかる事業費補正の算入率引上げ(港湾35%,海岸30%)	
1964	「道路費」の道路の延長分に交通量による密度補正を適用 算入率引き上げ(3費目とも50%)	交通量の多い地域に対する算入額の強化
1965	事業費補正を「道路費」(道路の延長分)に適用(算入率50%,県分のみ) 県分「その他の土木費」「その他の諸費」の包括算入分を均等化	弱小県の財源充実
1966	特別事業債発行により事業費補正,特別態容補正等の適用停止	
1967	「特別態容補正」の新設 特別態容補正,交通量による密度補正等道府県分の投資的経費にかかる補正を整理して「投資補正」を新設し,従来密度補正とされていた事業費補正を投資態容補正の一種とした 市町村に「下水道費」を新設,事業費補正を適用	複雑化した補正の種類の整理と算定方法の動態化
1968	市町村分「小・中学校費」に事業費補正を適用 「河川費」「港湾費」に適用される事業費補正の算入率引上げ(60%)	
1969	投資的経費の算入における減価償却方式を廃止し,計画的事業費算入方式を採用 各費目の基準財政需要額について「経常経費」と「投資的経費」を区分	

出所) 藤田武夫『現代日本地方財政史(中巻)』日本評論社,1978年,464頁(原資料は,自治省『地方交付制度沿革史 第2巻』地方財務協会)より.

施設を想定し，その施設の耐用年数に応じる減価償却費を毎年度単位費用に算入する方式がとられていた．これを反映して，単位費用について地方交付税法第 2 条第 7 項は「標準的条件を備えた地方団体が合理的，かつ妥当な水準において地方行政を行う場合又は標準的な施設を維持する場合に要する経費」と規定している（傍点は筆者）．つまり，「標準的な施設を維持する」ための経費を想定しているのであり，建設費は想定されていなかったのである[31]．

藤田武夫によると，基準財政需要額の算定において，投資的経費を重視するようになったのは 1956 年度に後進県の行政水準を高めるために「特別態容補正」が創設されたことに始まるという[32]．表 4-9 は，それ以後の投資的経費算定方法改正の変遷をみたものである．投資的経費にかかわる基準財政需要額を充実させるべく 1956 年度から毎年のように改正がおこなわれている．62 年度に道府県の道路・橋梁費，河川費，港湾費，及び市町村の港湾費，下水道費などを対象に，実際の事業費を反映させるべく密度補正としての「事業費補正」が創設され，先に述べた投資態容補正は 67 年度に設けられたことがわかる．

そして 1969 年度の改正において，すでに述べた投資的経費の原則的な算入方式であった原価償却費算入方式は廃止され，計画的事業費算入方式すなわち標準事業費または調整事業費を一定の計画に従って算入する方式が採用された．さらに，各費目において経常的経費と投資的経費を一緒に算定していたのを，それぞれ分離し，測定単位の数値も必要に応じて別個のものを用いることとされたのである．石原信雄はこの改正を，「基準財政需要額の算定方法の合理化の歴史の中では画期的」[33]と評価している．しかし，この表が示す一連の措置によって，交付税の性格は「地方自治体に対する財政調整のための一般財源から国の補助事業の裏負担を賄う特定財源となり，高度経済成長のための産業基盤強化に大きな役割」[34]を果たすものに変質していったのである．

岡崎靖典が指摘するように，創設当初の事業費補正は「補助事業に自治体

を誘導する性格・効果をもつもの」であった．しかし，「小さく産んで大きく育てる」を地でいくように次第に対象を拡大し，バブル経済期においてふるさとづくり関連施策が登場した頃から，単独事業に誘導するものに変質を遂げたのである[35]．さすがに，1990年代に乱発された地域総合整備事業債は2002年度に廃止されたが，市町村合併をすすめるためのアメとして合併特例債が活用された[36]．さらに三位一体改革初年度の2004年度には，新たに地域再生事業債が設けられた．これは，単独事業を地方財政計画の投資単独の対前年度比（04年度はマイナス9.5％）を上回って実施する自治体，または全国の標準的な投資規模を勘案して定める額（03年度の標準財政規模の13％）を上回って実施する自治体に対し，通常の地方債の充当（都道府県で充当率70％，市町村で充当率75％）に加え，100％の範囲内で充当できるようにし，元利償還金については後年度標準費方式で基準財政需要額に参入するというものである．要するに，単独事業としての普通建設事業をより多くおこなう自治体への交付税措置のついた起債の上乗せを認めるというもので，従前の地域総合整備事業債と同様のしくみによる財政誘導といえよう．

　青木宗明が強調するように，基準財政需要額の算定に際して肝要な原則として，指標の「客観性・信頼性」と「静態性」をあげることができる[37]．「客観性・信頼性」とは測定方法が明確で信頼できるということ，そして「静態性」とは「地方団体が指標の数値を意図的に動かすことができない」ことである．これら原則が重要なのは，もしこの原則がないがしろにされると，必要性が疑わしい支出行為をおこなっても財源保障され，つまり'やり得'となって自治体の財政運営の節度を著しく損なうこととなり，交付税の財源はいくら用意しても不足しかねないからである．周知のごとく単位費用を算定するに際して，標準団体という架空の団体を設けていることからも明らかなように，基準財政需要額は決して実際に費やした経費を補塡するものではないのである[38]．

　こうした原則からすると，事業費補正のように実際にかかった経費を反映

させるという手法は，必要があるとしても住民生活にとって必需的な事業に限定的にされなければならないはずである．1990年代のバブル経済崩壊後，国の景気対策に協力するべく全国の多くの自治体で実行された単独事業で建設された施設には，テーマ・パーク，遊戯施設など必需的施設とはいえないものが少なくなく，上記の原則に明らかに反すると言わざるを得ないのである．

「客観性・信頼性」と「静態性」が自治体に対し節度を求める原則とすると，中央政府に対しては「中立性」という原則が必要である．なぜなら「国は，交付税の交付に当たっては，地方自治の本旨を尊重し，条件をつけ，又はその使途を制限してはならない」（交付税法第3条第2項）ことからして，国による特定の政策への誘導を意図した基準財政需要額の算定も許されないからである．2005年3月31日で期限が切れた「市町村の合併の特例に関する法律」にもとづく合併特例債，同年4月1日に施行された「市町村の合併の特例等に関する法律」にもとづく合併推進債は，明らかに「中立性」を侵すといえよう．なぜなら，合併の是非を決めるのは自治体の意志にもとづくことを尊重するとしている以上，合併を選択したか否かによって基準財政需要額の算定に差別があってはならないからである．

いずれにしろ，地方交付税制度の本来の趣旨を逸脱し，特定の政策目的に誘導するという手法による投資的経費によって基準財政需要額が膨張し，先の図3-2で示したように毎年大量の財源不足が生じ，地方交付税制度の持続性を危うくするほどに債務残高が累積していったのである．

おわりに

GDPにしめる政府固定資本形成のしめる割合が格段に高いという特色を有する日本財政において，自治体財政も長年その一翼を担わされてきた．藤田武夫が明らかにしたように，高度経済成長期におけるそれは，もっぱら補助事業の裏負担分の交付税措置による財政誘導によるものであった．しかし，

第4章　投資的経費膨張政策の帰結

　1980年代に入って財政再建が財政運営の基本方針となることによって，公共事業予算も縮小を余儀なくされるなか，事業予算を確保するべく新たな方式での投資的経費の膨張がすすむこととなった．

　第1に，いわゆる「民活」型公共投資を推進するための条件整備がおこなわれ，折しもバブル経済による好景気もあって，大都市を中心に開発型第三セクターが相次いで設立され，農山漁村地域においてもリゾート法にもとづく開発の波が押し寄せることとなった．第2に，バブル経済崩壊後の景気対策の一環として，起債充当率や交付税措置を優遇した「有利な」地方債に依拠した地方単独事業が急増することとなった．また，多くの自治体で設けられている土地開発公社を活用した，地価を下支えするための土地の先行取得も推進された．

　こうして，前章で述べたように「行政改革」によって人件費など経常的・義務的経費の抑制をすすめる一方，交付税措置のついた起債などによって，投資的経費による財政膨張政策は，なおも続けられてきたのである．そしてこれらはいずれも，今日の自治体財政危機の重要な要因となっていること，とくに事業費補正を中心に基準財政需要額が膨張したことが，交付税特別会計の債務累積の最大原因の1つとなっていることからして，こうしたメニューを用意して財政誘導をおこなった国にこそ，財政危機の第一義的責任があるといえる．

　しかし，こうした施策によって形成された諸施設を点検すると，今回の財政危機と前章で紹介した70年代の財政危機との間には，異なった様相を見出すことができる．第3章で述べたように，70年代の財政危機の要因として，高度経済成長に伴う急激な都市化にともなう必需的な財政需要に応えざるを得なかった側面を見落としてはならないであろう．ところが，今回の財政危機を招いた投資的経費で整えられた施設は，第三セクターにせよ，地方単独事業にせよ，住民の必需的サービスでない場合が多いのである．その意味では，国が用意したメニューに安易に便乗して財政危機を招いた自治体の「経営」責任も厳しく問われるべきではないだろうか．

注

1) 藤田武夫『現代日本地方財政史（中巻）』日本評論社，1978年.
2) 1980年代の公共投資の特徴については，山田明「民活と公共投資」横田茂・永山利和編『転換期の行財政システム』大月書店，1995年，参照.
3) 公共投資偏重型財政システムについて，1970年代の財政危機以降の変遷を跡づけたものに，金澤史男「財政危機下における公共投資偏重型財政システム」同編『現代の公共事業』日本経済評論社，2002年，がある．本章もこれに負うところが大きい．
4) もっとも，国民健康保険事業会計など特別会計の未補塡赤字額を含めると，実質的には赤字である．例えば，1991年度の場合，形式収支から翌年度に繰り越すべき財源を差し引いた実質収支は16億円の黒字であるが，特別会計の未補塡赤字額を含めると60億円の赤字となる（大阪市財政局『大阪市の財政』各年版より）．
5) 1992・93年度には，13政令指定都市のうち5市が不交付団体となった．
6) 山田明『公共事業と財政』高菅出版，2003年，15頁．
7) もっとも，補助事業も従前と変わらない水準を維持しており，けっして単独事業が補助事業に入れ替わったわけではない．この点は，金澤史男，前掲「財政危機下における公共投資偏重型財政システム」，63頁の指摘による．
8) 以下は，地域企業経営研究会編『地方公社総覧2002』ぎょうせい，2003年，及び総務省『第三セクター等の状況に関する調査結果』2005年12月，同06年12月，『2004年度土地開発公社事業実績調査結果』2005年12月，『2005年度土地開発公社事業実績調査結果』2006年12月による．
9) 民活を重視したこの時期の公共投資については，山田明，前掲「民活と公共投資」参照．
10) 遠藤宏一・森靖雄・山田明編『国際化への空港構想』大月書店，1993年．
11) 1980年代の補助金政策について，宮本憲一は「国庫支出金だけをとれば中小企業・農家あるいは貧困層などへの補助金は減ったようにみえる．しかし，もう少し補助政策を広くとり，減税や財政投融資あるいは「負の補助金」である課徴金までをいれて，公共的介入全体で考えてみると，政府と民間企業とくに大企業とのむすびつきは弱まっていない．むしろ政府の企業援助は対象と形をかえてつづき，ある面では強まっているといえるのではないか」と評価している（宮本憲一「転換期の補助金」宮本憲一編『補助金の政治経済学』朝日新聞社，1990年，30頁）．
12) 「地方3公社縮小加速」『日本経済新聞』2003年11月7日付．
13) 土地開発公社をめぐる諸問題については，森裕之「土地開発公社の行財政研究」(社)大阪自治体問題研究所編『東アジアの地方自治』文理閣，1999年，同「地方財政の『時限爆弾』―土地開発公社がかかえる自治体の『隠れ借金』」『世界』2004年9月，山本節子『土地開発公社』築地書館，1999年，赤井伸郎「地

第 4 章　投資的経費膨張政策の帰結　　　　　　　　　　　　　　　137

方公社（住宅・道路・土地）の実態と課題」『ファイナンシャル・レビュー』通巻第 76 号, 2005 年 5 月, 赤川彰彦「自治体財政の重荷. 土地開発公社という爆弾」『金融ビジネス』通巻 244 号, 2005 年 11 月, などを参照.
14)　1967 年度に創設された公共用地先行取得事業債の対象は, 当初, 人口要件等による地域制限や対象事業の限定がなされ, あくまでも地価の高騰が予想される地域における都市計画関連事業用地（道路, 公園, 河川等）や, 国の直轄事業用地（道路, 港湾, 空港等）という長期かつ計画的な土地取得を必要とする事業に限定して運用されていた. しかし, 公有地の拡大の推進に関する法律の制定に伴い, 73 年地方財政法第 5 条が改正され, 公共用地先行取得事業債の法的根拠が明確にされたことにより, 要件の制限も大幅に緩和されることとなったのである. こうした経緯については, 地方債制度研究会編『2002 年改訂版地方債』地方財務協会, 2002 年, 704-708 頁, 参照.
15)　総務省『2005 年度土地開発公社事業実績調査結果』2006 年 12 月, より. なお, 国鉄清算事業団が 1987-98 年に売却した 5,902ha のうち約 84% を土地開発公社が買い取っているという（白川一郎『自治体破産 [増補改訂版]』NHK ブックス, 2007 年）.
16)　公共用地先行取得事業債の充当率は 100% で, 利子負担相当分が事業費補正によって普通交付税措置された（地方財政制度研究会編『地方財政要覧（1999 年 12 月）』地方財務協会, 2000 年, 103 頁）.
17)　その実情については, 斉藤彰秀他「関西の地域経済・都市開発の歴史から学ぶこと」大阪自治体問題研究所・関西地域問題研究会編『関西再生への選択』自治体研究社, 2003 年, を参照.
18)　「大阪市三セク, 初の特定調停合意」『日本経済新聞』2004 年 2 月 16 日付. 第三セクターの破綻処理に特定調停を活用することの問題点については, 正籬聡「大阪南港開発の砂鉄―特定調停の綻び」『都市問題』第 96 巻第 3 号, 2005 年 3 月, 参照. この 3 社のほか, クリスタ長堀と大阪シティドームが特定調停手続きを申請した. このうち前者は, 2005 年 6 月 28 日に特定調停が成立した. 後者は, 債権者の納得が得られるような弁済計画案の提出が困難であることから, 2005 年 10 月 7 日に特定調停手続を取り下げ, 会社更生法に基づく更生手続開始の申立てを行い, 更生計画案は大阪地方裁判所において, 2006 年 7 月 31 日に認可決定がなされた（大阪市経営企画室 HP を参照）. 3 社設立の経緯と経営状態については, 『大阪市特定団体調査委員会報告書』2004 年 10 月, 参照.
19)　臨海副都心開発については三澤美喜『これでいいのか東京臨海部開発』自治体研究社, 1991 年, 及び東京都企画審議室調整部『臨海副都心開発懇談会最終報告』1996 年, 参照.
20)　「都, 臨海三セク統合へ」『朝日新聞』2006 年 5 月 12 日付.
21)　「三セク 46 社特損 3196 億円」『朝日新聞』2006 年 12 月 29 日付. 減損会計とは, 株式会社が保有する土地, 建物などの固定資産の価値の下落を, 決算に反映

させる新会計基準．所有する賃貸ビルや商業施設などの収益性が悪化している場合，不動産の簿価を将来見込める収入に応じて減額し，その差額を「減損損失」として計上する必要がある．

22) NPO法人区画整理・再開発対策全国連絡会議編『区画整理・再開発の破綻』自治体研究社，2001年．

23) 地方財政再建特別措置法の適用を申請する基準は，実質収支比率の赤字額が都道府県の場合は5％，市町村の場合は20％となっている．赤池町，夕張市ともに適用を申請する直近の実質収支は黒字であった．これは，実質収支には第三セクター等の収支が反映されないこと，歳入の中に地方債が含まれていることなどによる．こうした実質収支という指標の問題点については，醍醐聡編『自治体財政の会計学』新世社，2000年，を参照．

24) バブル経済の発生と崩壊の過程を分析して，早い段階から新たなタイプの不況であることを実証したものとして，宮崎義一『複合不況』中央公論社，1992年，がある．

25) 高度経済成長期から90年代までの公共事業費については，石弘光監修『財政構造改革白書』東洋経済新報社，1996年，参照．

26) 1992年度から2004年度までの経済対策の総事業規模は145.4兆円，うち公共投資等の拡大が89.7兆円，減税19.7兆円となっている．その地方への影響分は33.5兆円で，地方単独事業を含む公共投資等の地方負担分が24.6兆円，減税のうち地方減収分が8.9兆円となっている（出井信夫編『図説地方財政データブック（2006年度版）』学陽書房，2006年，より）．

27) 遠藤安彦「分権時代の地方財政」日本地方財政学会編『地方財政改革の国際動向』勁草書房，1999年，162頁．

28) したがって，いかに交付税措置されても不交付団体には何のメリットもない．例えば，鎌倉市が，特別減税のために1994年度から5年間で約100億円の減税補填債を発行したが，利子を含めた百数十億円が，すべて一般会計規模600億円の鎌倉市の負担になったという（竹内謙「分権に逆行するしわ寄せ」『朝日新聞』1998年9月8日付）．

29) 「交付税先食い」という表現は，片山善博「合併特例債，交付税の先食いはやめよ」『朝日新聞』2003年10月3日付，による．

30) 沖縄県企画開発部市町村課『地方交付税算定状況』各年版，より．補正による投資的経費の膨張については，池上岳彦「地方交付税―推移と現状」神野直彦・池上岳彦編『地方交付税 何が問題か』東洋経済新報社，2003年，参照．

31) この点は，高木健二『交付税改革』敬文堂，2002年，79-80頁，石原信雄『新地方財政調整制度論』ぎょうせい，2000年，445頁，の指摘による．

32) 藤田武夫『現代日本地方財政史（中巻）』日本評論社，1978年，426頁．

33) 石原信雄，前掲書，449頁．

34) 藤田武夫，前掲書，466頁．

35) 岡崎靖典「地方単独事業における地方交付税の利用（上）」『自治研究』第75巻第10号，1999年10月．岡本全勝も「これまでは，義務教育施設，河川，港湾など，国庫補助事業の地方負担額を主に算定していた」が「新しく増えている事業費補正は，地方単独事業についてであり，地方が行う事業の財源付与をより適切に行おうとしている」と述べている（岡本全勝『地方交付税　仕組と機能』大蔵省印刷局，1995年，166頁）．
36) 2005年4月から10年3月までの時限立法である合併新法（市町村の合併の特例等に関する法律）には，合併特例債に代わって「合併推進債」が盛り込まれた．合併特例債との主な違いは，償還財源の交付税算入率が70％から40％に引き下げられたことなどである．
37) 青木宗明「地方交付税の改革」神野直彦編『地方財政改革』（『自治体改革』第8巻）ぎょうせい，2004年．
38) 2005年1月に欧州評議会で採択された「基礎的自治体及び広域的地方自治体の財源に関する勧告」では，地方財政調整制度に関する指針の1つとして「あらゆる場合に，対象となる地方自治体の間で財源調整を行うために採用される算定メカニズムは，標準化された収入額，支出額——現実の収入額，支出額でなく——を基礎としなければならない……標準化は，資金を交付される側の自治体によって配分ルールが操作されないという意味において，地方自治体のモラルハザードを防止する」と謳われている．

第5章

基礎自治体からみた「三位一体改革」
―沖縄を中心に―

はじめに

　「三位一体改革」は，国の財政再建のために自治体財政を踏み台としている点では，1970年代後半以来の一連の「改革」と変わるところはない．しかし次のような従来にはない特質を有している．第1に，補助金本体の削減と税源移譲が目指されていることである．もっとも，2004年8月に全国知事会など地方6団体がまとめた国庫補助負担金の削減案をうけ，その後同年11月にまとめられた政府案では，地方6団体案がまったく骨抜きにされた状況をみると，この実現は容易ではない．しかし，ともかくも総論としては補助金削減と税源移譲を一体としてすすめる方向での改革がすすめられようとしている．第2に，地方交付税総額の縮小がすすめられていることである．これまでは，地方交付税特別会計の借入れなど有償資金によるものとはいえ，交付税総額はほぼ一貫して増加し続けてきた．ところが，交付税総額は，2000年度をピークに減少が続いている．それでも臨時財政対策債を加えた総額では増加していたものの，2004年度は臨時財政対策債を加えた総額でも前年度比12％も削減され，以後06年度までの3年間で臨時財政対策債を含めた総額で5兆円以上も削減されたのである．

　本章の第1の目的は，こうした「三位一体改革」が自治体財政にどのような影響を及ぼしているかについて，沖縄を主な素材として検証することにある．沖縄を取り上げるのは，島嶼地域で形成されている沖縄においては，地

方交付税への依存度が高い自治体が多く，大幅な交付税削減の影響がいっそう深刻に現れると予想されるからである．さらに沖縄にとってより重大な問題は補助金本体廃止の影響である．というのは，1972年の復帰以来日本政府の沖縄政策は，基地撤去という県民の願いを聞き入れず，米軍基地の温存を前提に，沖縄の経済的困難という弱みにつけ込んで，補助金の上乗せによる経済援助をはかることを基本としてきたからである．そのため沖縄の自治体財政においては，普通建設補助事業費がしめる割合が異常に高い状態が続いているのである．

かつて復帰に際して，宮本憲一らは，鉄道建設を含む遅れた社会資本整備をすすめるには，補助金制度ではなく，復興資金を一括贈与して沖縄の自治に任せるべきという提案をおこなった[1]．しかし，こうした提案は顧みられることなく，復帰財政政策は補助金の上乗せを中心とし，それを担う機関として沖縄開発庁が設置されたのである．

また，本書で繰り返し指摘したように，近年，日本政府は，財政力が弱い自治体に対して，交付税・補助金の削減によって財政的にいっそう困難な状況に追い込み，合併特例債などの優遇措置をちらつかせて合併を余儀なくさせようとしている．ところが沖縄においては，地理的条件などから今後も合併がきわめて困難な小規模島嶼自治体が少なからず存在する．交付税・補助金が削減される中で，こうした小規模自治体の存立を財政面で支えていく上での課題を提示することが本章のもう1つの目的となっている．

以下では，序章で紹介した地方分権推進委員会が提起したような「収入の質の転換」を怠り，交付税・補助金削減を先行させている「三位一体改革」が，沖縄県内自治体財政にどのように具現しているかをを検証する．次いで沖縄固有の事情として，財政力が極めて脆弱であっても，合併が極めて困難な小規模島嶼自治体が少なからず存在することを踏まえ，それらが単独自治体として存続していく上での課題を提示することとしたい．

第5章 基礎自治体からみた「三位一体改革」

1. 沖縄自治体財政の特徴

　沖縄県は多くの離島自治体をかかえた多島嶼県である．しかもその行政区域は，南北約400km，東西約1,000kmに及ぶ広大な海域に散在している．こうした地域特性故に，沖縄県全体の財政力が脆弱な上に，沖縄本島と宮古，八重山，さらに周辺離島間で財政力格差が大きくなっている．まず，沖縄県の財政力をみるとしよう．2005年度における主な税目の人口1人あたり収入額について全国平均を100とすると，個人住民税は53.7（東京都178.7），法人二税は39.5（東京都273.7），地方消費税（清算後）は73.3（東京都146.0），固定資産税は62.5（東京都150.8），そして地方税収総額では56.0（東京都181.2）と，いずれも47都道府県のなかで最も低くなっている[2]．財政力指数は0.25で，高知県などを上回っているものの，段階別グループで0.3未満のEグループに含まれている．

　市町村財政をみると，2004年度における沖縄県内市町村の財政力指数の平均は0.313と全国平均0.43を大きく下回っている．さらに離島市町村の財政力指数の平均は0.173と県平均を大きく下回り，なかでも小規模離島町村のうち粟国(あぐに)，渡名喜(となき)，伊是名(いぜな)の3村においては0.1を下回っている．これら3村は，いずれも人口が少ない一島一村で，地理的条件等から合併はきわめて困難であり，「三位一体改革」の行方がどうなろうと，今後も自治体として単独での存立を目指さざるをえない状況にある．例えば，粟国，渡名喜に，渡嘉敷，座間味，南大東，北大東を加えた本島南部離島地域所在6村は，那覇市・南風原町(はえばるちょう)とともに2003年2月に任意合併協議会を設置し，将来のあり方を議論してきた．協議会は同年11月に解散したが，以後も県とともに研究会を設置して，様々な選択肢を調査・研究してきた．しかし結局は，2005年1月の最終報告書において，単独自治体として存続をはかることとなったのである[3]．

　こうした財政力がきわめて弱い離島自治体が多く存在することに加えて，

沖縄の自治体財政は，普通建設事業費のうち補助事業費のしめる割合が異常に高いという特徴を有している．その基本的要因は，冒頭に述べたように，1972年の復帰に際して，日本政府が縦割りの補助金行政で「本土との格差是正」をすすめる方針を採ったことにある．そのために設置された沖縄開発庁は，2001年1月の省庁再編にともない内閣府に移行され，内閣府沖縄担当部局に改編された．沖縄開発庁から内閣府沖縄担当部局に名称が変わっても，その役割と財政資金の流れは基本的に変わっていない．すなわち，沖縄振興計画にもとづく事業の経費を内閣府に一括計上し，それを道路・空港などは国土交通省へ，漁港については農林水産省へといったように関係省庁へ移し替えて執行されているのである[4]．

日本政府の沖縄経済政策の中核をなし，内閣府沖縄担当部局が施策をすすめる根拠となっているのが，沖縄振興特別措置法にもとづいて策定される沖縄振興計画（2002-11年度）である．この計画の前身は，復帰時に制定された沖縄振興開発計画である．これは3次30年にわたり実施され，「『本土との格差是正』と『自立的発展の基礎条件の整備』に取り組み，社会資本や生活環境の整備が積極的に進められた結果，各分野で本土との格差も次第に縮小するなど着実に成果を上げてきた」[5]と評価されている．ここで「各分野」というのは，国の補助事業の対象となっている河川，道路，上下水道，教育施設などである．実際，復帰時と比べて大きく改善され，おおむね全国平均に近い整備状況となっている．なかには，河川整備率，面積当たり道路延長など，全国平均を上回る水準を達成している分野もある[6]．

以上のような成果を上げたことなどを踏まえ，2002年度から始まった現計画では「開発」の2文字が削除された．これは，それまでの格差是正を基調とする追いつけ型の振興開発から，「不利性の克服と魅力ある地域特性の発揮」をキーワードに，沖縄の特性を発揮できるような産業振興策への転換がめざされることとなったことによるのである．この背景には，社会資本整備では本土並みとなったものの，1人当たり県民所得が全国平均の約7割にとどまり，失業率が一貫して高水準にあることなどに示されるように，これ

までの計画がめざしてきた「自立的発展」につながる産業振興や雇用創出などの面ではなお課題を残したことがある．

ともあれ，こうした沖縄の振興のための諸施策を実施するために中央政府の各省庁が予算計上する経費は，一般に「沖縄関係経費」と呼ばれる．2006年度当初予算額は4,609億円で，うち内閣府沖縄担当部局分が2,720億円と約6割をしめている[7]．

内閣府沖縄担当部局予算の第1の特徴は，大半が公共事業費でしめられていることである．その予算は，基本的政策企画立案等経費と沖縄振興開発事業費等に大別されるが，2006年度予算2,720億円のうち，前者は288億円であるのに対し，後者が2,432億円と90％以上をしめている．さらにその沖縄振興開発事業費等のうち公共事業関係費が2,213億円と大半をしめているのである．ちなみに，1972年度から2006年度までの補正後ベースでみた沖縄振興開発事業費累計額は8兆845億円に達するが（06年度は当初予算額），このうち90％以上をしめる7兆4,673億円が公共事業費なのである[8]．

第2の特徴は，直轄事業を除き，沖縄県内自治体が事業主体となる補助事業として執行され，その際沖縄特例といわれる補助率の嵩上げ措置が講じられていることである．沖縄特例の補助率は，離島振興法，奄美群島復興特別措置法，北海道開発法などで採られた特例補助率を参考にして，最も高い補助率を採用している．復帰当初は10割補助事業も少なくなかったが，第3章で述べた1985年度から実施された補助金削減政策により，若干引き下げを余儀なくされた．しかしそれでも，おおむね9割補助となっている．このため沖縄では，自己負担額の10倍の規模で事業ができるという感覚で事業予算が組まれるのが普通となっている．

このような沖縄特例措置は，復帰時に制定された沖縄振興開発計画において「本土との格差是正」が最重点の目標とされ，それを達成する手段として講じられたものである．すでに述べたように現行の沖縄振興計画においては，30年にわたる振興開発事業によって「本土との格差是正」は概ね達成されたという認識にもとづき，この目標は掲げられていない．にもかかわらずこ

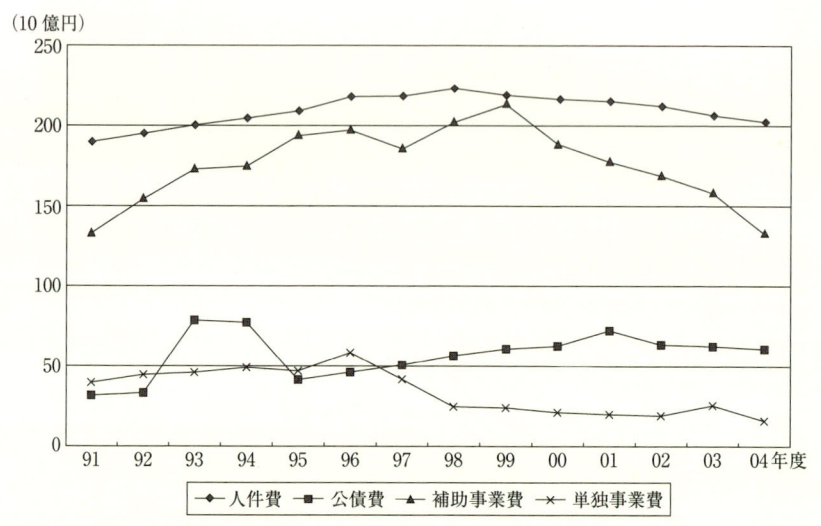

出所）沖縄県財政課作成資料より．

図 5-1 沖縄県主な性質別歳出の推移

の沖縄特例は残存しているのである．

　こうした，30年以上にわたる沖縄開発庁及び内閣府沖縄担当部局を通じた補助金の嵩上げ措置による諸施策の展開は，自治体財政にどのように現れているか．図5-1は，沖縄県の主な性質別歳出の推移をみたものである．普通建設事業費のうちの補助事業費が，人件費に次いで大きな歳出項目となっていることがわかる．とくに1998・99年度における補助事業費は2,000億円を上回り，人件費に匹敵する歳出額を計上している．2004年度において補助事業費が歳出総額にしめる割合は23.4％で，全国平均9.2％を14.2％ポイントも上回っているのである．

　沖縄県財政における補助事業費の位置づけは，単なる量的大きさにとどまるものではない．沖縄県は，1998年度の予算編成に際して，従来のゼロシーリング方式に変えて，ゼロ・ベース方式の予算見直しをおこなうために，義務的経費（A経費），義務的事業（B経費），政策的事業（B経費），経常的事業（D経費），標準的経費（E経費）という経費区分を設定することと

第5章 基礎自治体からみた「三位一体改革」

(%)

図 5-2 普通建設事業費（補助）の構成比の推移

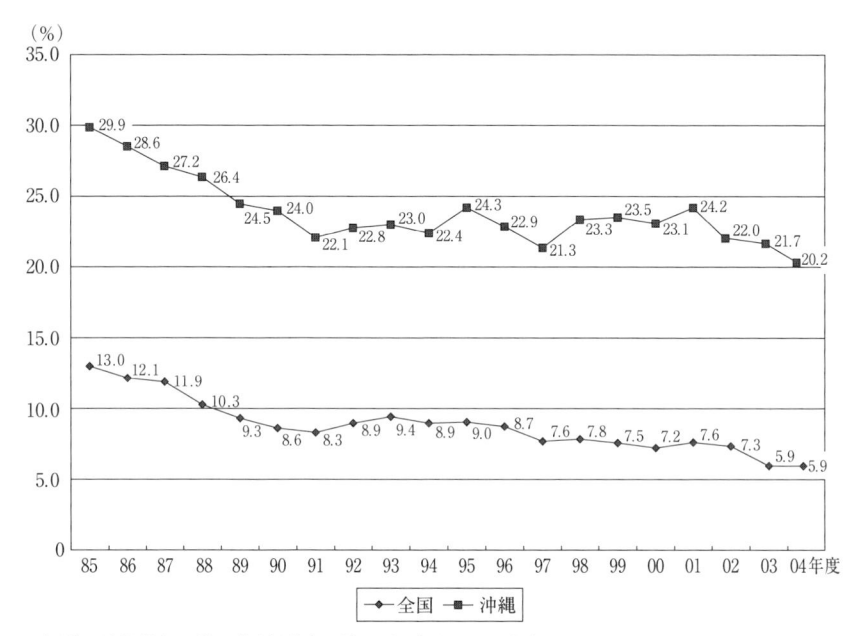

出所）沖縄県市町村課『沖縄県市町村概要』各年版より作成．

した．義務的経費というと，一般に，人件費，公債費，扶助費を意味する．ところが沖縄県の義務的経費（A経費）には，これらに加えて内閣府沖縄担当部局一括計上事業が含まれているのである．この一括計上事業が義務的経費に含まれるのは，その予算編成作業が4月に始まり，8月末の沖縄担当部局概算要求を経て，県の来年度予算編成作業が本格化する11月頃には，国の来年度予算の一部としてほぼ確定しているからである．2006年度当初予算の場合，人件費・扶助費・公債費で48.0％をしめているが，これに補助事業費を加えるとA経費で70％以上をしめることとなるのである[9]．

次いで図5-2は，市町村歳出にしめる普通建設補助事業費の割合の推移を全国平均と比較したものである．それによると，全国の場合は1985年度13.0％であったが，89年度には10％を割り込み，以後も低下を続け2004年度は5.9％となっている．沖縄県内市町村の場合，85年度は30％であった

表5-1 沖縄県内資金負担別行政投資額

(単位：百万円，%)

	国		県		市町村		総額
	実績	構成比	実績	構成比	実績	構成比	実績
84	288,331	72.2%	47,530	11.9%	63,574	15.9%	399,435
85	301,153	71.8%	49,466	11.8%	68,727	16.4%	419,346
86	289,218	71.6%	52,692	13.0%	61,988	15.3%	403,898
87	274,050	65.7%	66,031	15.8%	77,256	18.5%	417,337
88	220,025	54.9%	88,798	22.2%	91,669	22.9%	400,492
89	227,485	53.8%	99,503	23.5%	95,737	22.6%	422,725
90	225,081	53.6%	96,343	22.9%	98,845	23.5%	420,269
91	245,474	55.5%	100,214	22.7%	96,333	21.8%	442,021
92	312,894	60.5%	91,907	17.8%	112,793	21.8%	517,594
93	361,598	64.0%	89,208	15.8%	114,093	20.2%	564,899
94	342,282	62.1%	97,280	17.7%	111,383	20.2%	550,945
95	395,688	64.2%	99,139	16.1%	121,119	19.7%	615,946
96	380,360	62.5%	113,223	18.6%	114,831	18.9%	608,414
97	357,894	63.2%	99,407	17.5%	109,369	19.3%	566,670
98	434,199	70.0%	80,790	13.0%	105,063	16.9%	620,052
99	459,489	70.6%	90,515	13.9%	101,140	15.5%	651,144
00	393,055	69.8%	77,303	13.7%	93,092	16.5%	563,450
01	366,056	65.7%	81,028	14.5%	109,839	19.7%	556,923
02	327,777	64.2%	90,193	17.7%	92,544	18.1%	510,514
全国00	15,967,298	38.6%	11,072,138	26.7%	14,351,913	34.7%	41,391,349
全国01	14,584,493	37.9%	10,298,859	26.8%	13,565,811	35.3%	38,449,163
全国02	13,011,690	36.2%	10,016,105	27.9%	12,875,553	35.9%	35,903,348

出所）沖縄県企画開発部『沖縄県勢のあらまし』各年版，より作成

が，補助金カットの影響などでじりじりと比重を下げ，91年度には22.1%に低下した．しかしその後は20%台前半で推移し，2001年度に24.2%を記録してからは低下が続いている．それでもなお20%台を維持していることがわかる．

公共事業における沖縄の政府依存度の高さは，行政投資額を資金負担別にみても顕著に現れている．表5-1は，1990年代における県内行政投資額を資金負担別にみたものである．国の負担割合がおおむね60%台半ばで推移しているが，98年度から2000年度の3年間は70%に上昇している．これは，小渕内閣による財政拡張政策，及び普天間飛行場代替施設建設受け入れ

第5章　基礎自治体からみた「三位一体改革」

表5-2　地方6団体案移譲対象補助金（沖縄関係）の状況
(単位：億円)

	件数	移譲額	左の嵩上額	県計上分			左の嵩上額			市町村等（直接補助分）	左の嵩上額
				計	県分	市町村分	計	県分	市町村分		
移譲対象補助金（全体）	148	3兆2,283億円	—	—	—	—	—	—	—	—	—
内閣府一括計上分	18	364	149	197	197	—	74	74	—	167	75
各省計上分（特例措置あり）	9	23	8	18	18	0.1	6	6	0.02	5	2
各省計上分（全国一律）	91	275	—	208	183	25	—	—	—	67	—
沖縄関係分合計	112	662	156	424	398	25	80	80	0.02	238	77

注）　内閣一括計上分と各省計上分（特例措置あり）が重複しているものが1件，各省計上分（特例措置あり）と各省計上分（全国一律）が重複しているものが6件あるため，件数の合計が一致しない．
出所）　沖縄県財政課作成資料．

の見返りとしての北部振興事業の本格化によると思われる．いずれにしろ，2000-02年度の全国平均が36~38％であることと比べると沖縄のそれは2倍近くとなっているのである．

このように，沖縄特例措置がついた補助事業を中心とした沖縄振興策は，県内自治体財政における普通建設補助事業費のしめる割合を，全国と比べて際だって大きなものとしている．しかしいうまでもなく，こうした嵩上げ措置は，対象となる補助事業本体の存在が大前提である．補助事業そのものの縮小・廃止をめざす「三位一体改革」がすすむと，当然のことながら，沖縄特例措置も存在の基盤を失うこととなるはずである[10]．

沖縄特例措置による補助率嵩上げがある分だけ，かえって「三位一体改革」の影響が大きくなることを改めて明確にしたのが，2004年8月に地方6団体が提出した3兆円規模の国庫補助負担金削減案が実施された場合，どのような影響が生じるかに関する沖縄県の試算であった．その概要を示した表5-2によると，沖縄分の削減額662億円のうち，内閣府一括計上分と各省計上分を合わせた沖縄特例措置のある補助金削減額が387億円で，うち補助率嵩上げ分が156億円と，削減される補助金額の4分の1をしめていたのである．ただし，件数でみると，全体の移譲対象補助金148件のうち，沖縄関係

分は112件で,さらにそのうち特例措置のある分は内閣府一括計上分が18件,各省計上分9件,計27件だけであった.それでもこれだけの影響があるのは,いうまでもなく予算額の大きい施設整備及び公共事業に関する補助負担金が対象となっているからである.例えば,移譲対象とされた沖縄特例措置のある補助負担金のうち2004年度予算額が最も多いのは,文部科学省所管「公立学校施設整備費補助金」で県計上分26億9,594万円(うち嵩上げ額23億4,002万円),市町村分13億3,777万円(うち嵩上げ額6億1,126万円),次いで国土交通省所管「河川改修費補助」で県計上分35億9,100万円(うち嵩上げ額15億9,600万円)となっている.地方6団体は,もちろん,削減する補助金額に見合う税源移譲を求めたのであるが,財務省は,施設整備費国庫補助金と公共事業補助金は建設国債でまかなわれていることを理由として,税源移譲の対象とすることを認めなかったのである[11].

　もっとも,こうした地方6団体の提案は,政府によってまったく骨抜きにされてしまった.すなわち,提案された移譲対象補助金148件,3.2兆円のうち,政府が受け入れたのは41件,税源移譲に結びつくのは1兆円ほどでしかなかった.そして2005年度予算において削減された補助金のうち沖縄特例措置があるものは3件だけにとどまった.しかしさしあたり対象となる事業はわずかであっても,施設整備と公共事業関係の補助金を税源移譲の対象としないという財務省の方針が貫かれた場合,沖縄への影響がいかに大きいかを示したこの試算は,沖縄県内自治体に大きな衝撃を与えたのである.そしてその影響の一端はすでに2004年度予算に現れていた.次節では,その実態を検証することとしたい.

2. 2004年度国庫補助負担金削減の影響

(1) 公共事業補助金削減の影響

　公共事業関係および施設整備補助負担金を税源移譲の対象としないという財務省の方針は,「三位一体改革」の芽だしといわれた2003年度に実施され

表5-3 2004年度「三位一体改革」に伴う沖縄県内市町村への影響額試算

(単位:百万円,％)

	03当初予算	04影響見込額	増減率	備　考
地方譲与税	4,620	2,200		所得譲与税（新設）
地方交付税（含臨財債）	142,579	△16,000	△11.2	
国庫支出金	117,308	△4,100	△3.5	公立保育所運営費　△3,800 介護保険事務費交付金　△300
その他	267,492	△100	0.0	第2種地方特例交付金
合　計	531,999	△18,000	△3.4	

注）2004年3月議会提出資料として沖縄県市町村課が作成．

た国庫補助負担金の削減策においてすでに具体化されていた．すなわち，削減額5,625億円のうち，義務教育費国庫負担金（共済長期負担金等）など2,344億円だけが税源移譲の対象となり，公共事業関係補助負担金，奨励的補助金の削減額は税源移譲の対象とならなかったのである．そして2004年度予算においては，削減された補助負担金1兆300億円のうち，**義務教育費国庫負担金**（退職手当・児童手当），公立保育所運営費国庫負担金などに関して約4,500億円が税源移譲の対象となるものの，公共事業関係補助金約4,530億円と奨励的補助金約1,000億円は税源移譲の対象とならなかった．まちづくり交付金に振り替えられた約1,330億円があるとはいえ，国庫補助負担金削減額の約半分に財源措置が講じられなかったのである．

　こうした補助負担金削減策を受けた2004年度予算編成に際して，沖縄県市町村課では「三位一体改革」が県内市町村財政に及ぼす影響を表5-3のように試算した．まず第1に，国庫補助負担金の恒久的一般財源化によって，公立保育所運営費，介護保険事務費交付金など約41億円の減収，第2に，地方交付税については，投資的経費の大幅削減や給与関係経費の抑制により前年度比マイナス6.4％，72億円の減収，臨時財政対策債については前年度比マイナス30.0％，88億円の減収，合わせて前年度比マイナス11.2％，160億円の減収，そして第3に，新設される所得譲与税については，2003年度に三位一体改革の芽だしとして行われた義務教育費国庫負担金（共済長期給付負担金等）などの分，及び04年度の公立保育所運営費などの分を合わせ

全国で 6,558 億円のうち，県内市町村への配分額は人口を基準とした配分基準にもとづいて約 22 億円にとどまるとした．この結果，差し引きで 180 億円もの減収と試算された．これは 2003 年度普通会計当初予算案の 3.4% にも該当する．

こうした試算を受けて，県内市町村の 2004 年度普通会計当初予算の規模は 5,213 億 8,917 万円と前年度に比べ 2.1% の減となった．これは前年度の伸び率を 2.4% ポイント下回り，地方財政計画における歳入歳出総額の伸び率マイナス 1.8% に比べ，0.3% ポイント低くなった．また，沖縄県内 52 市町村のうち，32 市町村が前年度比減で，うち 13 市町村がマイナス 10% 以下の伸び率となったのである．

さらに沖縄県は 2004 年度における税源移譲の対象とならない公共事業関係の国庫補助負担金の削減額 4,527 億円のうち県への影響額は 110 億円にのぼると試算した．これを受けた県内市町村の当初予算における普通建設事業の伸び率はマイナス 13.3% で，これは地方財政計画の伸び率マイナス 9.5% に比べ 3.8% ポイントも下回ったのである．とくに補助事業についてみると，伸び率はマイナス 12.4% と地方財政計画のマイナス 3.3% と比べ 9.1% ポイントも下回ることとなったのである．

表 5-4 は，沖縄県内市町村の 2004 年度当初予算編成における財源確保策を一覧したものである．歳入の確保額 183 億円のうち基金の取崩が 151 億円と最も多くをしめている．この結果，基金の残高見込額をみると，財政調整基金は 03 年度末には 243 億円ほどあったのが，04 年度は積み立て 3 億円に対し取り崩し 112 億円であるため，04 年度末の見込額は 135 億円とほぼ半減することとなる．また減債基金も，03 年度末には 95 億円あったのが，04 年度は積み立て 4,700 万円に対し取り崩し 40 億円であるため，04 年度末には 56 億円ほどに減少すると見込まれている．このため平良市など 3 自治体ではすでに基金が枯渇することとなった．他方，歳出削減額 131 億円の内訳をみると，普通建設事業の縮小・繰延べが 92 億円と約 7 割ほどをしめており，当面は投資的経費を抑えることで凌ごうとしていることがうかがえるで

表5-4 沖縄県内市町村における2004年度当初予算編成における財源確保策

		自治体数
1) 歳入の確保額　約183億44万円		
①基金の取崩によるもの	151億48百万円	
財政調整基金	111億86百万円	44
減債基金	39億62百万円	31
②税収の増によるもの	19億12百万円	23
③使用料・手数料見直し等	4億78百万円	15
④財産収入	7億57百万円	13
⑤その他	48百万円	5
2) 歳出の削減		自治体数
①職員数削減等	10億61百万円	24
②給与・手当等の削減	8億28百万円	38
③旅費等物件費の抑制	12億33百万円	39
④補助金等の整理合理化	4億66百万円	35
⑤民間委託等	92百万円	6
⑥事務事業の見直し	53百万円	7
⑦普通建設事業の縮小・繰延等	92億17百万円	26
⑧その他	1億58百万円	7
3) 基金残高見込額		
①財政調整基金		自治体数
03年度末見込み	243億48百万円	
04年度積立	3億5百万円	34
04年度取崩	111億86百万円	44
04年度末見込み	134億68百万円	
②減債基金		
03年度末見込み	94億95百万円	
04年度積立	47百万円	30
04年度取崩	39億62百万円	31
04年度末見込み	55億80百万円	

出所）沖縄県市町村課作成資料.

あろう．

　その影響の一例として，県内自治体のなかでも最も補助事業費の比重が高い自治体の1つである名護市をとりあげることとする．後掲の図6-4と図6-5に明らかなように，名護市は，復帰以来ほぼ一貫して補助事業費が人件費を上回って最大の比重をしめており，とくに近年における補助事業費の増加には顕著なものがみられる．また，歳入においても国庫支出金が地方交付

税とほぼ同じくらいの比重をしめているが，最近10年間でみると，97年度を除いて国庫支出金が地方交付税を上回る状況が続いているのである．近年の補助事業費増大は，普天間飛行場代替施設建設を受け入れたことに伴う政府による格段の財政支援策によるものである．

表5-5は，その名護市における04年度「三位一体改革」の影響額をみたものである．それによると，国庫補助負担金は3億9,527万円減であるのに対し，所得譲与税は9,475万円でしかなく，3億円のマイナス，これに臨時財政対策債を含めた地方交付税の3億7,772万円減を加えると，6億7,825万円のマイナスとなっていることがわかる．当初予算では地方交付税は5億円の減額を見込んでいたが，後に述べる事情により普通交付税は微増となった．そして，投資的経費については8億円減と，交付税・補助金を上回る減額となっていることがわかる．このため2004年度予算においては，歳入面においては基金取崩しによる繰入金が大幅に増加する一方，歳出面では投資的経費が前年度比20.2％減（14億4,614万円減）となったのである[12]．

このように，「三位一体改革」初年度だけでかつてない規模で公共事業予算が縮小した上に，すでに述べたような地方6団体の提案にもとづく影響の大きさに衝撃をうけた沖縄県は，その提案には賛成しながらも，沖縄特例措置が講じられている補助金が廃止されることに替わる措置の創設に力を注いだ．その結果，2005年度から廃止される補助金については，「沖縄振興特別交付金」を創設し，従来の特例補助率による嵩上げ相当分が沖縄向けに確保されることとなった．要するに，沖縄だけは税源移譲に加えて，特例補助率による嵩上げ相当分がプラスされることとなったのである．05年度において沖縄特例措置のある廃止補助金は「消防防災設備整備費補助金」「学校教育設備整備費等補助金」「保健衛生施設等設備整備費補助金」の3件だけで，内示額は3千万円である．これは沖縄県だけの特別措置であり，06年度以降も予想される補助金廃止の影響を緩和する「受け皿」としての役割を果たすことが期待されている．これとは別に，廃止されずに交付金化される補助金についても，既存の高率補助と同じく沖縄独自の「高率交付金制度」に移

表5-5 名護市における「三位一体改革」の影響

(単位：千円)

1. 地方交付税等の縮減	
●地方交付税	△82,227
普通交付税	34,658
特別交付税	△116,885
●臨時財政対策債	**△295,500**
計	①△377,727
2. 補助金・交付金の一般財源化によるもの	
一般会計	
●公立保育所運営費国庫負担金	△248,766
●公立保育所運営費県負担金	△124,383
●児童手当事務費国庫委託金	△2,978
●児童扶養手当事務費国庫委託金	△1,109
●特別児童扶養手当事務費国庫委託金	△201
●介護予防，いきがい活動支援事業費県補助金	△3,888
特別会計	
●介護保険事務費交付金	△13,946
計	△395,271
上記に対する税源移譲	
●所得譲与税交付金	94,748
差し引き	② **△300,523**
	①+②=**△678,250**
3. 補助金縮減に伴うもの（税源移譲のないもの・主に投資的経費）	
●集落地域整備事業	△496,612
●漁港整備事業	△199,967
●道路新設改良事業	△60,030
●河川改修事業	△11,846
●公園事業	△40,036
計	△808,491

注）1は03年度決算額との比較．
　　2は04年度歳出予算額に対して廃止された収入額．
　　3は04年度事業内示額の変更による縮減額．
出所）名護市財政課作成資料．

行し，一括計上方式も維持されることとなった（図5-3）．

　これによって沖縄県内自治体は，当面の財政運営への補助金削減の影響を緩和することができた．また，交付金の配分権は国に残るものの，特別交付金の場合，市町村にどのように配分するかは事実上県の裁量に委ねられてお

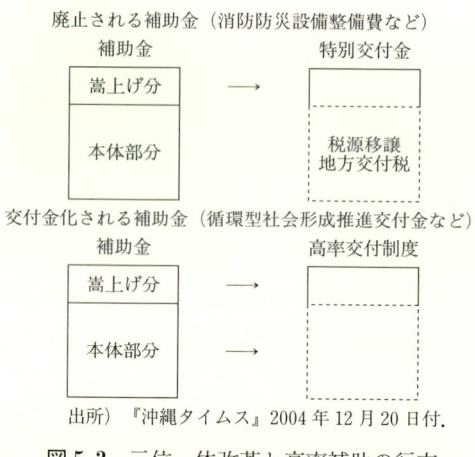

```
廃止される補助金（消防防災設備整備費など）
  補助金              特別交付金
┌─────────┐         ┌─────────┐
│ 嵩上げ分 │   →    │         │
├─────────┤         │ 税源移譲 │
│ 本体部分 │         │地方交付税│
└─────────┘         └─────────┘

交付金化される補助金（循環型社会形成推進交付金など）
  補助金              高率交付制度
┌─────────┐         ┌─────────┐
│ 嵩上げ分 │   →    │         │
├─────────┤         │         │
│ 本体部分 │    →   │         │
└─────────┘         └─────────┘
```

出所）『沖縄タイムス』2004年12月20日付.

図 5-3　三位一体改革と高率補助の行方

り，従来の補助金よりは自治体の裁量の余地が大きくなることは一歩前進といえるかもしれない．もっとも，沖縄だけにこうした特例が設けられた根拠となっている「沖縄振興特別措置法」は 2011 年度までを期限としており，したがってこの特例もそれまでの時限措置であることに留意しておく必要がある．そして，2012 年度以降も高率補助が継続するかどうかは定かでない．なぜなら，すでに述べたように，1972 年以来 30 年間実施された「沖縄振興開発計画」がめざした社会経済基盤の「本土との格差是正」は概ね達成されており，沖縄特例としての嵩上げ措置が 2012 年以降も存続する根拠は乏しいからである．

(2)　公立保育所運営費一般財源化の影響

　2004 年度予算編成に際して，各自治体を最も悩ませた問題は，臨時財政対策債を含めた地方交付税が突如前年度比大幅な減額となったことであった．このため，多くの自治体で当初予算編成が難航し，平良市に至っては赤字予算の編成を余儀なくされたのである．

　ところが，2004 年 7 月に決定された普通交付税と臨時財政対策債の交付

額をみると，普通交付税の減少幅は，先に紹介した当初の予想ほどは大きくなかった．すなわち，沖縄県内市町村の普通交付税は1,119億2,700万円で，前年度比12億6,400万円減収，伸び率はマイナス1.1％，臨時財政対策債は210億9,500万円で，前年度比82億9,400万円減収，伸び率はマイナス28.2％，計1,330億2,100万円で，前年度比95億5,800万円減収，伸び率マイナス6.7％となった．つまり，減収の多くは臨時財政対策債の減少によるものだったのである．全国市町村の伸び率が，普通交付税マイナス5.7％，臨時財政対策債マイナス29.0％，計マイナス12.0％であったことと比べると，沖縄では普通交付税の減少幅がかなり小さいことがわかる．その要因は，税源移譲に結びつく，つまり自治体がその業務を続ける必要がある補助金の一般財源化に伴う財源措置として，当然のことながら所要の事業費についてその全額を地方財政計画に計上するとともに，地方交付税の基準財政需要額に算入されたことにある．そのため，基準財政需要額の社会福祉費において，公立保育施設運営費の一般財源化に係る需要額が算定され，その経常経費の単位費用が前年度と比べて31.1％の伸び率となったのである．実際，沖縄県内市町村の基準財政需要額のうち経常経費が35億8,400万円，2.0％（全国0.1％）増加した，なかでも社会福祉費が47.3％（全国28.8％）と大幅に伸びたのである．これは沖縄県の場合，公立保育所数及び入所児童数が相対的に多いことが反映されたため，全国を大きく上回る伸び率となったことによるのである．前節で紹介した名護市において，普通交付税が前年度比微増となったのも，これが主な原因である．

ともあれ，こうした財源措置の原則からして，補助金削減額に対して所得譲与税だけでは不足する分は普通交付税で補塡されているはずである[13]．つまり，公立保育所運営費など税源移譲の対象となった補助事業については，所得譲与税と交付税措置によって，同じ予算額が確保されているはずである．ところが，沖縄県の調査によると，2004年度から05年度までの2年間に，公立保育所の運営費が県全体で4億8,600万円削減され，削減額のうち約3億2,000万円は人件費で，職員の非常勤化や民営化の動きがすすんでいると

いうのである[14]．

　この直接の要因は，すでに述べたように，臨時財政対策債を含む交付税額が大幅に削減されため，当初予算編成に難航するほど財源確保が難しかったことがある．今ひとつは，序章で述べた縮小均衡路線下において，交付税「改革」と称して職員削減政策が進められていることがあると思われる．というのは，「基本方針 2003」で「2006 年度までに地方財政計画上人員を 4 万人以上純減する」ことが盛り込まれたことを受けて，2004 年度地方財政計画では 1 万人純減（職員 16,000 人減，教員・警察官 6,000 人増），05 年度計画では 12,400 人純減（職員 16,400 人減，警察官 4,000 人増），そして 06 年度計画では 23,000 人純減とされたからである．

　2006 年度で第 1 期を終えた「三位一体改革」における補助金改革の中で，「地方の自由度が高まったのは，公立保育所補助金や施設整備費補助金などわずか」[15] しかないという．そのわずかな事例の保育サービスにおけるこうした状況は，獲得した「自由」が人員削減のいわば '生け贄' に活用され，必ずしもサービスの向上につながっているとはいえないような状況を招いていることを示唆している．

3. 小規模離島自治体の状況

　他方，こうした社会福祉費の基準財政需要額の増額がない自治体の 2004 年度普通交付税は軒並みマイナスの伸び率となったのである．例えば，那覇市の西方 32km に位置し，人口 700 人弱の渡嘉敷村をみることとしよう．村の財政規模は，2004 年度歳入決算で 16 億 4,411 万円，うち地方税は 5,100 万円（3.1%），地方交付税 6 億 2,013 万円（37.7%），国庫支出金 1 億 9,471 万円（11.8%），県支出金 2 億 6,726 万円（16.3%）で，財政力指数は 0.1 である．この村が運営する保育所は「へきち保育所」となっているため，2004 年度予算における国庫補助金削減の対象外となっている[16]．したがって，この村における 2004 年度における歳入減額は，普通交付税と臨時財政対策債

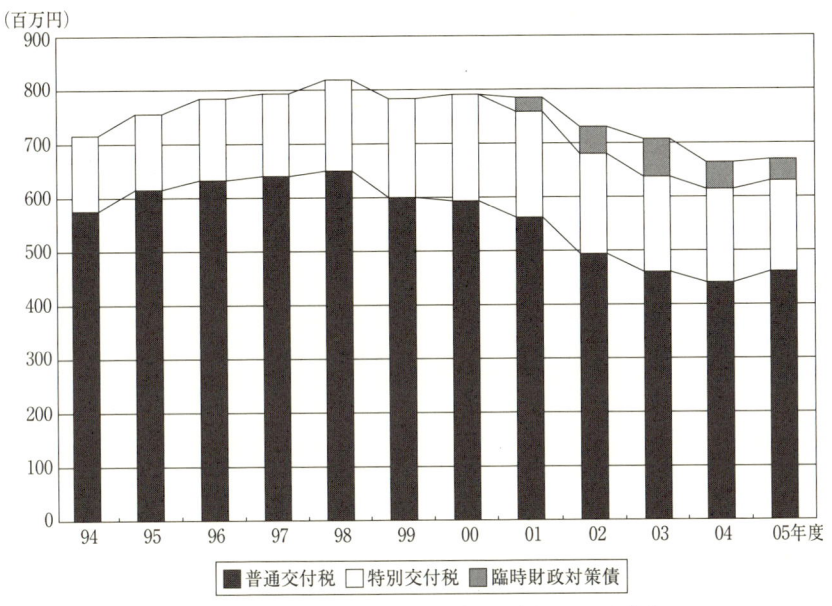

第5章 基礎自治体からみた「三位一体改革」

出所) 沖縄県市町村課『地方交付税算定状況〈市町村分〉』各年版,より作成.

図5-4 渡嘉敷村交付税の推移

合わせた4千万円にほぼつきるといってよい.ちなみに,人口のみを基準として配分される所得譲与税額は122万円であった.

もっとも,交付税の減少は04年度に限ったことではない.図5-4は,最近10年間の渡嘉敷村における交付税の推移をみたものである.普通交付税についてみると,ピーク時の98年度6億5千万円と比べると,05年度は4億6,561万円と3分の2に縮小していることがわかる.これは,渡嘉敷村だけの特殊な傾向ではない.図5-5は,先に那覇市との任意合併協議会を設置したことがあると述べた渡嘉敷村を含む本島南部周辺離島6村の普通交付税,及び県内市町村普通交付税総額にしめる割合の推移をみたものである.6村全体でも,97年度の43億5,488万円をピークに減少が続き,04・05年度ともに31億円ほどとなっている.そして,この過程で県内市町村普通交付税総額にしめる6村の割合も,3.3%から2.9%に低下しているのである.す

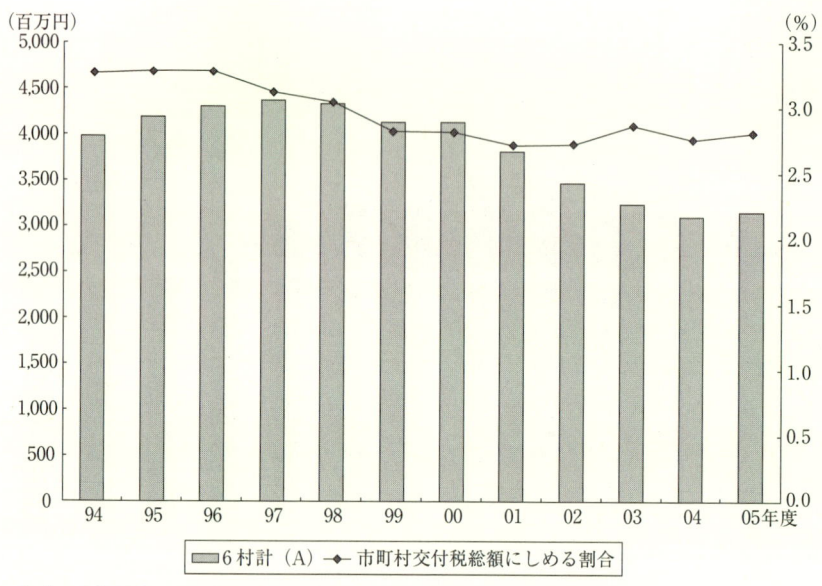

出所）沖縄県市町村課『地方交付税算定状況〈市町村分〉』各年版,より作成.

図 5-5 本島南部周辺離島 6 村の普通交付税と交付税総額にしめる割合の推移

でに述べたように,全国の普通交付税総額は 2000 年度をピークに減少しているが,これら離島自治体はそれに先んじてピークを迎え,減少傾向に転じているのである[17]．

この普通交付税の減少は何によってもたらされているのか．図 5-6 は,渡嘉敷村の最近 10 年間の基準財政需要額の内訳の推移をみたものである．投資的経費が 98 年度をピークに大幅に減少する一方,公債費が 94 年度 6 千万円から 04・05 年度は 1 億円を超えるほど大きく伸びているが,これは県内の多くの自治体でほぼ共通してみられる傾向である．注目されるのは,経常経費が 96 年度 3 億 8,761 万円をピークに減少を続け,04 年度は 3 億 338 万円と,8 年間で 21.7％ も減少していることである．図 5-7 は,渡嘉敷村の基準財政需要額の費目別推移をみたものである．それによると,基準財政需要額の大幅な減少は「その他行政費」の減少によるところが大きいことがわか

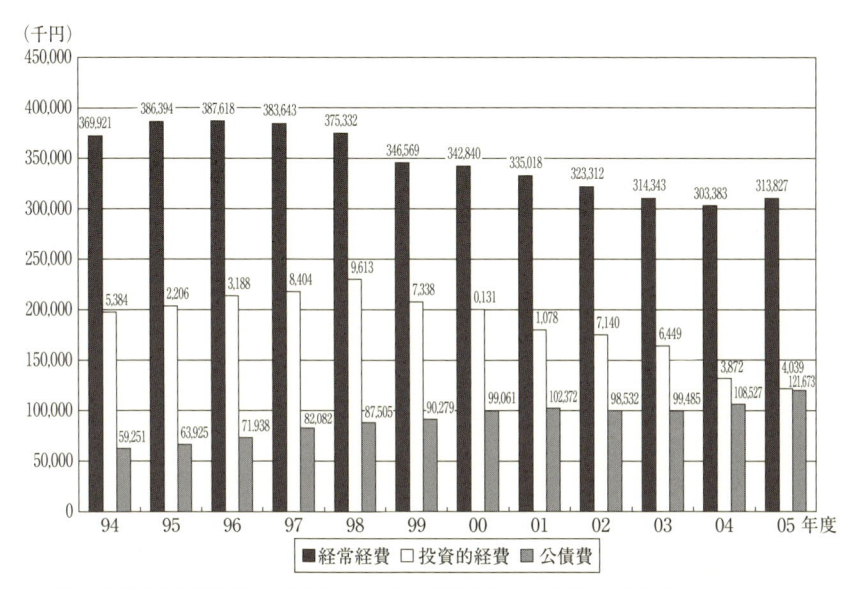

第5章　基礎自治体からみた「三位一体改革」

図5-6　渡嘉敷村基準財政需要額の推移

出所）沖縄県市町村課『地方交付税算定状況〈市町村分〉』各年版，より作成．

る．この間の村人口は670～680人くらいでほぼ横ばい状況にあり，それを反映して「その他行政費」以外の費目は，さほど大きな減少をみせていないのである．「その他行政費」の減少は，もっぱら，企画振興費が95年度9,625万円から02年度1,499万円へとピーク時の6分の1以下へ減少したことによるものである．企画振興費とは，1992年度に新しく設けられた費目である．これは，「ふるさと創生」など，交付税措置を講じた有利な起債を活用した事業の増加により，従来は各費目ごとに設けられていた「その他諸費」を分割し，独立させたものであるという[18]．こうした由来をもつ企画振興費が大きく減少していることは，渡嘉敷村のような小規模自治体では，新たな単独事業をおこなうことが厳しくなっていることを示唆しているといえよう．

さて，先の図5-4で今ひとつ注目されるのが，渡嘉敷村における特別交付税の比重の高さである．05年度についてみると1億7,158万円と，普通交付

(百万円)

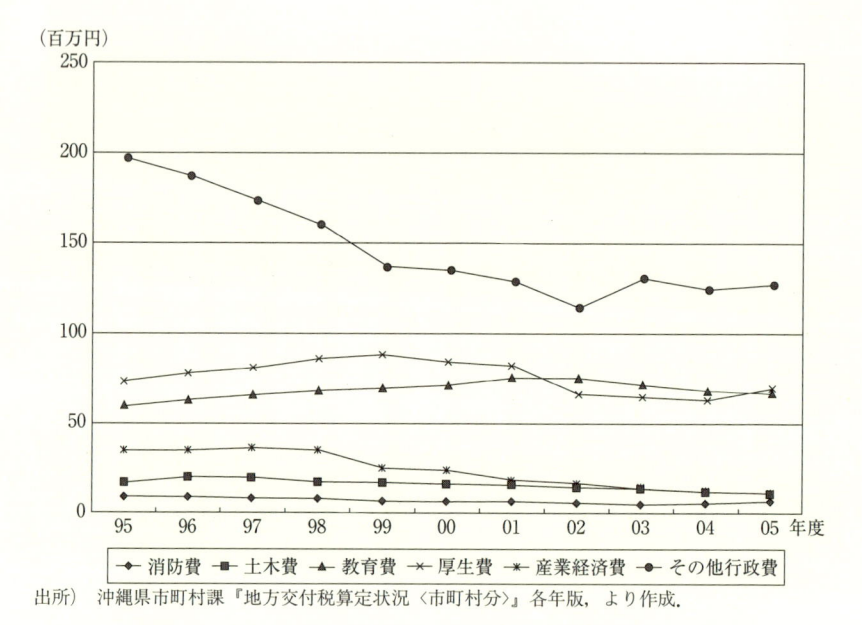

図5-7 渡嘉敷村費目別基準財政需要額（経常経費）の推移

出所）沖縄県市町村課『地方交付税算定状況〈市町村分〉』各年版，より作成．

税4億5,651万円の4割もしめている．また特別交付税が歳入総額に占める割合は，おおむね1割前後で推移している．その推移をみると，01年度までは増加していたが，02年度からは4年連続の減少となっているのである．

財政力が弱い小規模自治体において特別交付税が大きな役割を果たしていることについては，平岡和久・森裕之の研究によっても明らかになっている[19]．しかしその研究で取り上げられている高知県本山町，長野県泰阜村・阿智村の場合，特別交付税は普通交付税の1割ほどである．渡嘉敷村のように，それが4割をもしめるのはなぜであろうか．

周知のごとく交付税総額の6％をしめる特別交付税は，基準財政需要額の算定方法によっては捕捉されなかった特別の財政需要があること，基準財政収入額のうち著しく過大に算定された財政収入があること，交付税の額の算定期日後に生じた災害等のため特別の財政需要があり，または財政収入の減少があることなどを考慮して交付される（地方交付税法第15条）．ただし

第5章　基礎自治体からみた「三位一体改革」

その算定に際しては「普通交付税と比べ，算定の客観性についてやや低い点があることは否めないものの，地方団体の財政需要の的確な捕捉という算定の本質は普通交付税と全く同一であり，したがって，その算定の対象となる事情も，あくまで客観的に見て理由のあるものに限られ」[20]るという．

では，実際にどのように普通交付税と特別交付税を振り分けているかというと，その原則は必ずしも明確ではない．岡本全勝によると，「各地方公共団体の経費の「差」を計算するという点において，「補正係数」と「特別交付税」は共通であり，・相・互・代・替・的・関・係」（傍点は筆者）があるというのである．というのは，補正の種類が多ければ多いほど，各自治体の個別の事情を適格に反映できるが，それだけ算定方法が複雑化するので，「各種の条件，事由のうち，その影響が大きく，また，ある程度普遍的なものについて補正係数を適用し，これ以外のものは特別交付税において算定することとしている」というのである．「相互代替的関係」というのは，「特別交付税で算定されていた経費が，普通交付税に移され補正係数に入れられるケースや，逆に，補正係数により普通交付税に入れられていた経費が，補正係数を廃止し，特別交付税に移されるというケースもある」[21]からである．

いずれにしろ，この特別交付税の算定項目の選定は，すべて省令に委ねられている．それは①災害など当該自治体の財政事情にかかわらず交付するのが適当な第1号特定項目，②本来普通交付税で算定すべきであるのに，普通交付税の画一性，算定時期などの技術的理由により特別交付税の算定対象としている第2号準特定項目，③そして「客観的に見て理由のあるものに限られ」る特別な財政需要である第3号一般項目，がある．

このうち補正係数との「代替的関係」という性格づけからして，注目されるのが第3号一般項目である．図5-8は，沖縄県内市町村の特別交付税について，上記の3項目の推移をみたものである．年度によってばらつきはあるが，おおむね第3号一般項目が全体の3分の2ほどをしめていることがわかる．2005年度の場合は，第1号特定項目が前年度約44億円から15億円へと大幅に減少したため，124億5,058万円のうち第3号一般項目が108億

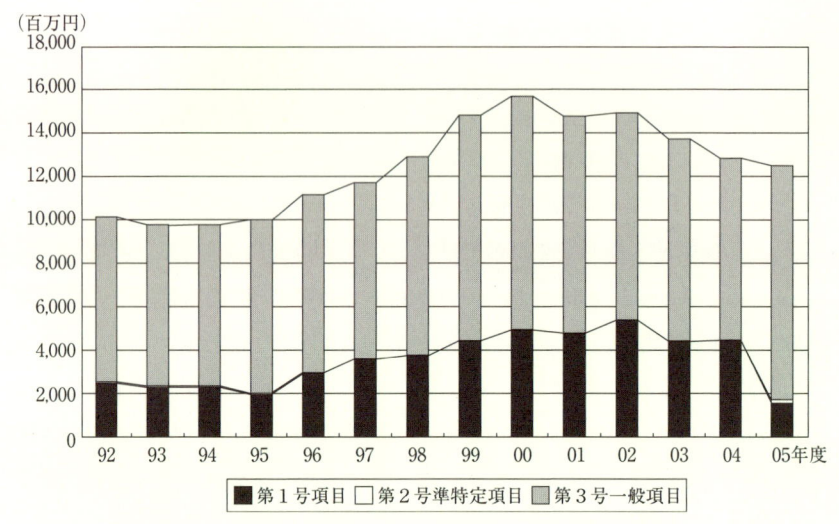

図5-8 沖縄県内市町村特別交付税の推移

出所）沖縄県市町村課『地方交付税算定状況〈市町村分〉』各年版，より作成．

5,883万円と8割以上をしめているのである[22]．その算定項目は多数あるが，小規模離島町村の特殊な行政需要に該当すると思われる項目として「離島航路旅客ターミナル」「離島航路」「離島対策」「離島航空路維持」などがある．これら項目を反映して，渡嘉敷村のような小規模離島という特殊事情を有する自治体において特別交付税の比重が高くなっていると考えられる．

　しかし，このように省令で決められる財源に歳入の1割も依拠せざるを得ないというのは，自治体財政のあり方としては決して望ましいことではないであろう．実際，2004年度当初予算では，総務省の指導により，特別交付税は前年度比30%減で予算が組まれ，渡嘉敷村では1億2,637万円しか計上していなかった．最終的には03度に比べてわずかな減額にとどまったものの，もし当初予算通りであれば03年度と比べて5,415万円減と，すでに述べた普通交付税と臨時財政対策債を合わせた減額4千万円よりも1千万円以上多い減額となっていたのである．

おわりに

　地方分権推進委員会最終報告が提起したように税源移譲を柱として「収入の質の転換」をはかるよりは，国の関与の廃止・縮小と一体で時間をかけて検討するべき地方交付税の削減を優先し，税源移譲が不十分なままの補助金削減を強行した「三位一体改革」は，地方交付税など依存財源の比重が相対的に高い小規模自治体の財政運営をいっそう困難にし，少なくない自治体をして合併を余儀なくさせることとなった．そして，小規模自治体のなかでもとくに財政力が弱い離島自治体を多く有し，かつ1972年の復帰以来すすめられてきた沖縄特例による補助率嵩上げ措置によって，普通建設事業の補助事業費が歳出の多くをしめる沖縄の自治体財政には，次のような影響を及ぼすこととなった．

　第1に，財務省のかたくなな姿勢により税源移譲の対象とならなかった公共事業関係補助金削減の影響により，県内自治体の普通建設事業費の減少率は全国平均と比べて大きくなった．2005年度以降さらに補助負担金が廃止されることに危機感を持った沖縄県の強い働きかけにより，特別交付金などが創設され，当面は補助金が廃止されても，これまでと同じく特例措置は継続されることとなった．しかしそれは「沖縄振興特別措置法」にもとづく沖縄だけの特例措置であるため，事実上2011年までの時限措置となってしまったのである．

　第2に，2004年度国庫補助負担金削減の対象となった保育所運営費など自治体が引き続き行わなければならい事業の運営経費が，基準財政需要額の社会福祉費の単位費用の大幅な引き上げで措置されたことにより，公立保育所が相対的に多い県内自治体の普通交付税額は，当初予想されたほどは減少しなかった．にもかかわらず，沖縄県内自治体の保育予算は大幅に減少し，職員の非常勤化・民営化の動きがすすんでいる．交付税「改革」の一環として地方財政計画において大幅な人員削減が盛り込まれている中にあっては，

保育行政の自由度が拡大したために，保育サービスが人員削減策の'生け贄'にされかねない状況になっているのである．

　そして渡嘉敷村のような小規模自治体の脆弱な財政力を補う上で特別交付税が小さくない役割をはたしている．特別交付税の多くをしめている第3号一般項目の算定項目には，普通交付税で算定されるべき項目が少なくない．今後「三位一体改革」の一環として所得税など基幹的税源の地方自治体への移譲がすすみ，地方交付税総額が縮小していくこととなる．その過程で不交付団体が増えると，地方交付税は主に離島や過疎地域など財政力が弱い自治体を対象とした制度に再編されていくと予想される．その場合，国の裁量下にあるこの第3号一般項目を整理縮小し，小規模自治体への支援措置は，原則として普通交付税の基準財政需要額に移行するべきであると考える．同時に，1958年度以来6％に据え置かれている交付税総額にしめる割合も縮小されるべきであろう．

　ともあれ，種々の事情により当面は単独での存続を追求せざるを得ない小規模自治体への財政支援策をどうするかは，沖縄県内にとどまらず全国的課題である．実際，2004年の地方6団体の提案においても，国庫補助負担金廃止の前提となる地方交付税による財政措置として，「離島や過疎等農山漁村の財政基盤の弱い地域への財政措置」をあげ，「こうした地域には，森林資源等が存在しており，国土の保全，水源の涵養，地球温暖化の防止等，多面多岐な機能を有している．これらの利益は長期にわたり国民全体が受けるものであり，この機能を維持するための費用については共同負担すべき」と述べられている．こうした自治体は，税源移譲がすすんでも，さほど税収が増えるわけではなく，国庫補助負担金の廃止・縮小により，ますます財政運営が困難になると予想される．しかし，上述のように「多面多岐な機能を維持するための費用を共同負担」するのが必要であるとすれば，まさにそれは，特別交付金のような沖縄だけへの時限的な特例措置ではなく，地方交付税の改善など全国的な制度として対応していくべきではないだろうか．

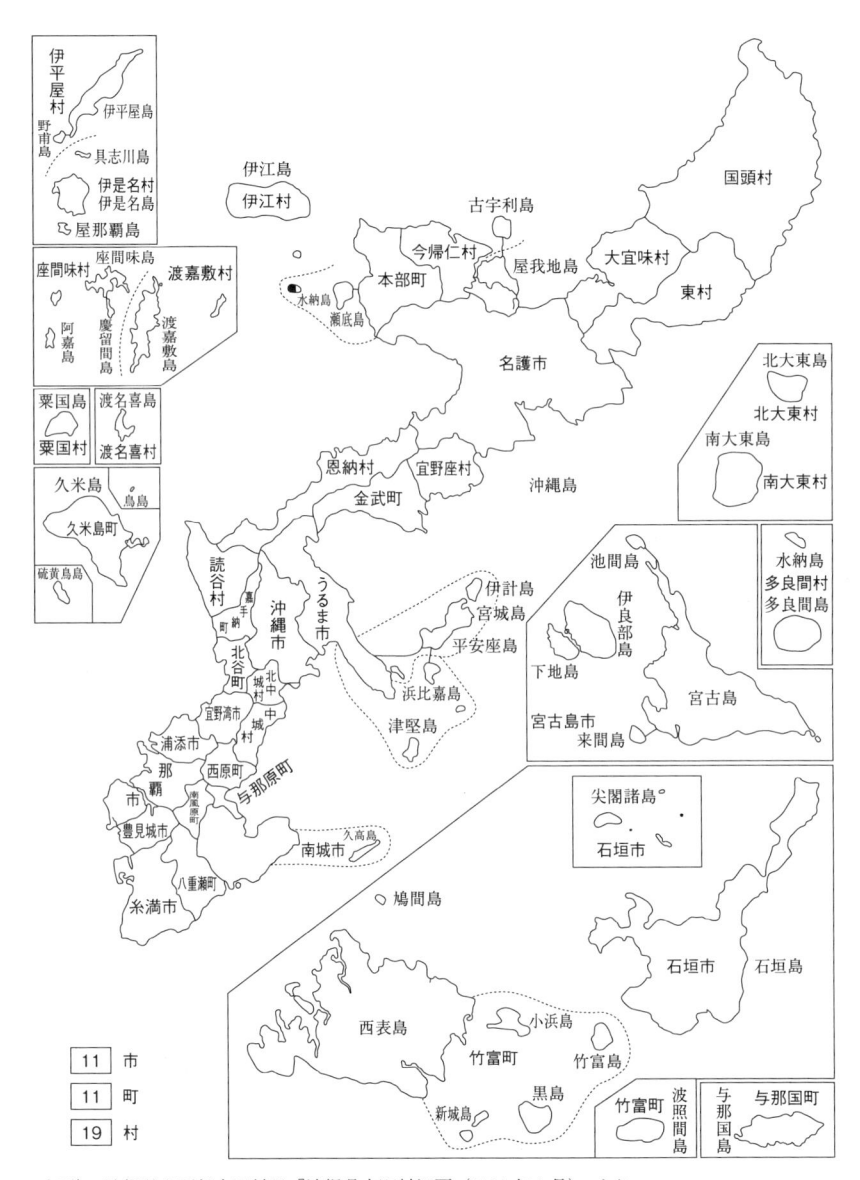

第5章　基礎自治体からみた「三位一体改革」　　167

11　市
11　町
19　村

出所）沖縄県企画部市町村課『沖縄県市町村概要（2006年3月）』より．

付図1　沖縄県市町村地図

注

1) こうした政策提言については，宮本憲一編『開発と自治の展望』筑摩書房，1979年，久場政彦『戦後沖縄経済の軌跡』ひるぎ社，1995年，を参照．
2) 『地方財政白書（2007年版）』より．
3) その経緯については，那覇市・南風原町・南部離島村合併任意協議会『那覇市・南風原町・南部離島村　新市将来構想報告書』2003年8月，及び南部離島地域行財政研究会『研究会報告書（最終）』2005年1月28日，を参照．また2005年4月から5年の時限法として施行された合併新法にもとづいて作成された新たな『沖縄県市町村合併推進構想』（2006年3月）では，北大東村と南大東村は，地理的条件により合併構想の対象外とされ，那覇市・南風原町・与那原町・渡嘉敷村・座間味村・粟国村・渡名喜村の合併が提唱されている．
4) こうした一括計上方式は，1974年に制定された「奄美群島振興開発特別措置法」にもとづく施策でもおこなわれている．ただし所管は国土庁である．この点については，小森治夫『地域開発政策における公共事業の財政問題』高菅出版，2005年，参照．
5) 内閣府『沖縄振興計画』2002年7月，より．
6) 全国平均を100とした整備状況をみると，河川整備率は復帰時65.2であったのが，2002年3月現在128，面積当たり道路延長は70.4であったのが，2001年4月現在107.9となっている（内閣府沖縄総合事務局『沖縄の振興2004』より）．
7) 次いで防衛施設庁分が1,801億円で，内閣府沖縄担当部局分とあわせると，沖縄関係経費の大半をしめている．以上は，内閣府沖縄総合事務局『沖縄県経済の概況』2006年12月，による．
8) 内閣府沖縄総合事務局，同上書，より．なお，基本的政策企画立案等経費のなかには，米軍基地所在市町村活性化特別事業費や北部振興対策事業費など，事実上公共事業といえるのもの含まれている．
9) こうした沖縄県財政の問題点については，重森暁「沖縄経済の自立的発展と県財政」宮本憲一・佐々木雅幸編『沖縄　21世紀への挑戦』岩波書店，2000年，同「国家依存から脱却を図る将来ビジョンの共有を―自律性と自立性を欠く沖縄財政」『地域政策―三重から』第17号，2005年10月，参照．
10) 地方6団体『国庫補助負担金等に関する改革案』において「地域特例への配慮」として「特定地域において講じられている補助制度等各種の特例措置については，対象事業の一般財源化が図られた後においても，補助率の嵩上げ相当額を地方財源として移譲し，地方交付税等により，適切に財源措置が講じられる必要がある」と述べられているのは，沖縄県の意向によるところが大きい．
11) 2006年度の改革では，消防防災施設，公立学校等施設，地域介護・福祉空間整備等施設などの施設整備費補助金等について，690億円程度を税源移譲の対象とすることとしたが，税源移譲額は補助金廃止・減額分の5割とすることとなった．

第5章　基礎自治体からみた「三位一体改革」

12) 全国と同じく，県内建設市場も急速に縮小傾向を示している．例えば，県建設業協会がまとめた公共工事の保証請負金額は，ピーク時の1998年度の4,612億円から5年連続減少し，2003年度は3,063億円と98年度の3分の2に落ち込んだ（「建設業の挑戦9」『沖縄タイムス』2005年2月5日付）．公共事業関係補助金を税源移譲の対象外としている「三位一体改革」は，こうした傾向にいっそう拍車をかけ，建設業の経営難を深刻にしている．実際，公共工事費削減に加えて談合問題の影響もあって，2006年の沖縄労働局の調査によると，解雇や廃業といった事業者都合による建設業退職者（解雇者）は，06年で1,886人と，前年比32.4％（462人）増となっている（『琉球新報』2007年5月1日付）．
13) 移譲された税源によって財政力格差が拡大しないように，当面は税源移譲分を基準財政収入額へ100％算入することとしている．
14) 「公立保育所運営費，2年間で4億8,600万円減」『沖縄タイムス』2006年7月13日付．
15) 岡本全勝「進む三位一体改革－その評価と課題(4)」『地方財務』第625号，2006年7月，118頁．
16) へきち保育所とは，1961年4月3日厚生事務次官通達「へきち保育所の設置について」にもとづいて設置された保育施設で，特別保育事業費国庫補助の対象となる．
17) これは段階補正の見直しによる減少が影響していると思われる．段階補正の見直しは，1998年度から4,000人未満自治体の割増を打ち切ることで始まり，人口1,000人規模の自治体では4年間で約6,000万円の基準財政需要額が削減された．さらに，2001年11月に開かれた経済財政諮問会議で段階補正の見直しの作業方向が示されたことを受けて，2002年度から3年間で割増率のいっそうの引き下げがおこなわれた．その詳細は，岡本全勝『地方財政改革論議』ぎょうせい，2002年，を参照．
18) 岡本全勝『地方交付税　仕組みと機能』大蔵省印刷局，1995年，158頁．
19) 平岡和久・森裕之『検証「三位一体の改革」』自治体研究社，2005年，同「市町村における一般財源の機能分析」『高知論叢』第83号，2005年7月．
20) 兵谷芳康・横山忠弘・小宮大一郎『地方交付税』ぎょうせい，1999年，343頁．
21) 岡本全勝，前掲『地方交付税　仕組みと機能』，138-139頁．
22) 減少の主な要因は，「投資的経費（都市）」という項目が，04年度34億円から05年度は皆減となったことによる（沖縄県企画開発部地域・離島振興局市町村課『2005年度地方交付税算定状況〈市町村分〉』）．

第6章

安全保障と地方自治

はじめに

　民主主義と地方自治を大原則としている以上，いかに中央政府が推進したい施策であっても，当該自治体の同意を得るために慎重な手続きを踏まなければならないことはいうまでもない．今，日本政府が躍起になって進めている市町村合併にしても，あくまで各自治体の自主的な選択という建前のもとで，縷々手続きが定められている．

　だが，時には国が地域の意志とはかかわりなく，露骨にその施策の実現を押し付けてくる場合がある．それは安全保障政策，とくに軍事基地の立地にかかわる施策である．

　1980年代に神奈川県逗子市において，首都圏における希少な緑地である池子の森における米軍住宅の建設をめぐって，国と逗子市が真っ向から対立したことがある．逗子市民は，首長選挙・市議会議員選挙において幾度も住宅建設に反対する意志を示したが，国はこうした民意を顧みることなく池子の森での住宅建設を強行したのである．このことは，米国の意をうけた政策の遂行に，日本政府が最大の公共性を見出していることをまざまざと見せつけたのである．

　本章で取り上げる沖縄では，1972年に再び日本政府の支配下に復帰して30年以上を経過した今日なお，日本政府が国政の最優先事項としている日米安保条約にもとづいて提供する義務を負っている在日米軍専用施設の

75％が集中している．その大半は沖縄本島北中部に集中し，北部地域面積の19.8％，中部地域面積の25.1％が，米軍基地によってしめられているのである[1]．「沖縄のなかに基地がある」のではなく，「基地のなかに沖縄がある」といわれる由縁である．

ところで，日本における米軍基地や原子力発電所などの迷惑施設立地政策は，それを過疎地域など経済的に困難な条件をかかえたところに押し付け，本来ならば全国的レベルで検討されるべき課題を，立地の候補地にされた「地元」レベルの問題に矮小化させることを特徴としている．その際，「地元」を納得させる主な手段が，「経済振興」のための潤沢な国家資金の投入であった．そして実際，米軍基地が所在する自治体には，国からの各種交付金等が，湯水のように散布されている．基地所在自治体へのそれは，基地交付金と総称される「国有提供施設等所在市町村助成交付金」（助成交付金）と「施設等所在市町村調整交付金」（調整交付金）がある．さらに沖縄では，自治体の歳入に財産運用収入として計上される「軍用地料」といわれる借地料の存在も大きい．というのは，沖縄以外の在日米軍基地がほとんど国有地に立地しているのに対し，「銃剣とブルドーザー」によって形成された沖縄のそれは自治体所有地や民有地の比重が高いからである．

ところで，1995年9月の米海兵隊員による少女暴行事件，大田昌秀知事（当時）による米軍用地強制使用の代行拒否などを契機とした基地撤去を求める世論の盛り上がりをうけ，1995年11月に設置された「沖縄における施設及び区域に関する特別行動委員会」（SACO）は，少なくない基地施設の返還に同意した．しかしそのほとんどは県内への代替施設新設を条件としていたため，返還作業は遅々としてすすまないでいる[2]．その象徴的存在が，宜野湾市街地の真ん中にある普天間飛行場の返還，およびその代替施設としての名護市辺野古(へのこ)の米軍基地キャンプ・シュワブへの基地新設計画である．この計画の是非をめぐって1997年12月に名護市でおこなわれた住民投票では，「振興策」をちらつかせた日本政府のなりふりかまわない介入にもかかわらず，無条件反対が多数をしめた[3]．しかしその後，幾多の紆余曲折を経

て，史上初めて沖縄県知事や名護市長が基地建設に「同意」し，2000年8月には中央政府も加わった代替施設協議会が開かれるなど，着工へ向けての作業が進められてきた．そしてその見返りとしての財政資金の散布は，従来の基地交付金や軍用地料などとは異なった意味合いを帯びたものとなっているのである．

すなわち，従来の資金散布は，沖縄の人々がみずからの意志で基地を受け入れたのではないという点を考慮し，基地被害に対する補償または賠償金的な性格が強かった．それに対し，普天間飛行場の代替施設新設のためにおこなわれている資金散布は，基地受け入れの見返りの「振興策」であるという点が明確であり，それに知事や市長が「同意」しているのである．そこで本章では，まずはじめに，基地新設の見返りとして展開されている新たな財政政策の特徴を，従来のそれと比較しながら明らかにする．次いで，「地域振興」をめざしてその財政資金を受け入れた自治体財政の実状を，嘉手納町と名護市を主な事例として検証することとしたい．

1. 基地維持のための財政支出

(1) 従来の財政支出

①国有提供施設等所在市町村助成交付金（助成交付金）

基地をめぐる政府間財政関係について先駆的業績を残した佐藤昌一郎が力説するように，「地域社会の意思と無関係にもちこまれた基地」は，その存在自体が「地方自治の対立物」というほかない[4]．「対立物」であることの証左は多々あるが，本章の課題に関連して述べておかなければならないことは，米軍財産，米軍人の所得等に対する課税免除を定めた日米地位協定第13条である．以下はその一部である．

1　合州国軍隊は，合州国軍隊が日本国において保有し，使用し，又は移転する財産について租税又は類似の公課を課されない．

2　合州国軍隊の構成員及び軍属並びにそれらの家族は，これらの者が合

州国軍隊に勤務し，又は合州国軍隊，もしくは第15条に定める書記官に雇用された結果受ける所得について，日本国政府又は日本国にあるその他の課税権者に日本の租税を納付する義務を負わない．

　この規定を受けた「地位協定の実施に伴う所得税法等の臨時特例に関する法律」「地位協定の実施に伴う地方税法の臨時特例に関する法律」によって，米軍及びその関係者は，所得税，住民税，固定資産税などを免除されている．これは地方自治体の立場からすると，基地の存在によって日常的に多様な被害を被っている上に，各種公共サービスを提供しているにもかかわらず，課税権を行使できないことを意味するのである．

　こうした財政的損失を補塡するために2つの交付金が支給されている．1つは，1957年に制定された「国有提供施設等所在市町村助成交付金に関する法律」にもとづいて支給される交付金である．かつて，この交付金に類似の制度として，官営製鉄所助成金（1919年から33年），市町村助成金（海軍助成金）（1923年から45年），軍関係市町村財政特別補給金（1945年）があった[5]．旧日本軍の解体に伴い，こうした制度もすべて廃止されたものの，代わって駐留することとなったアメリカ軍が所在する自治体において，何らかの財政的損失を補塡する措置を求める声が高まった．そして1956年に施行された「国有資産等所在市町村交付金及び納付金に関する法律」[6]において基地等が対象外とされたことへの批判，内灘村，砂川などでの基地反対運動の高揚を背景として，この法が制定されたのである．

　助成交付金は，固定資産税の代替的性格を基本として，米軍や自衛隊の施設が所在する市町村に対し，使途の制限のない一般財源として交付される．対象となる固定資産は，米軍に使用させている固定資産はすべてであるが，自衛隊が使用する固定資産については，飛行場（航空機の離発着，整備及び格納のために直接必要な施設に限定），演習場（哨舎施設を除く），弾薬庫及び燃料庫の用に供する土地，建物及び工作物に限定されている．配分の方法は，助成交付金予算総額の10分の7に相当する額は対象資産の価格であん分して各自治体に配分し，残り10分の3は対象資産の種類，用途，自治

体の財政状況等を勘案して配分されることとなっている[7]．

②施設等所在市町村調整交付金（調整交付金）
　もう1つは，「施設等所在市町村調整交付金要綱」（1970年自治省告示224号）にもとづいて支給される交付金である．これは，沖縄返還が迫った1970年という時期に「沖縄県の米軍基地の多くは民有地であるから，政府が沖縄米軍基地対策として基地交付金制度（助成交付金—筆者）を有効に使うことができない」[8]ことなどを背景として設けられたものである．
　助成交付金が法律補助であるのに対し，調整交付金は上記自治省告示にもとづく予算補助である．対象となる固定資産は，助成交付金の対象とならない米軍資産である．配分の方法は，調整交付金予算総額の3分の2に相当する額は米軍資産の価格であん分して各自治体に配分し，残り3分の1は市町村民税の非課税措置等により自治体が受ける税財政上の影響を勘案して配分されることとなっている．
　このように2つの交付金は，基本的に同じ仕組みで配分されている．しかし調整交付金は，米軍基地所在自治体のみが対象となること，そしてすでに述べたように復帰直前の1970年から実施されていることからして，沖縄対策としての性格が強いといわれている[9]．実際2005年度の予算額でみると，助成交付金の総額は251億4,000万円で，そのうち沖縄県内自治体への交付分は25億5,776万円で，総額の10％ほどでしかないのに対し，調整交付金の場合は，総額64億円のうち，沖縄には41億1,592万円と，総額の3分の2も交付されているのである[10]．

③「防衛施設周辺の生活環境の整備等に関する法律」（周辺整備法）にもとづく財政支出
　1953年に制定された「日本国に駐留するアメリカ合州国軍隊等の行為による特別損失の補償に関する法律」（特損法）は，アメリカ軍の行為によって損失や損害が発生した後の保障制度であった．しかし，補償の対象が農林

業，学校教育事業，医療保険事業等の特定の業種を営む者に限られており，基地周辺住民の基地被害を未然に防止するものではなかった．そこで，行政措置により防音工事，住宅移転の補償などをおこなってきた．1966年に制定された周辺整備法は，行政措置によっておこなってきた様々な措置を法制化したものである．

これは，基地の存在がもたらす生活環境の悪化を防止ないしは軽減するために地方自治体などがおこなう施策に対する補助金である．このうち障害防止工事の助成（3条），住宅防音工事の助成（4条），移転補償等（5条）は，その事業内容からして個人を対象としたものが多い．例えば，2004年度の沖縄県における基地周辺整備事業は4,533件，事業費124億5,199万円である．このうち個人向けが事業費では61億6,415万円と事業費の半分ほどをしめているのに対し，件数では個人の住宅防音が4,409件と大半をしめているのである[11]．

自治体のみが交付対象となるのが「民生安定施設の助成」（8条）である．これは，防衛施設の設置又は運用によりその周辺地域の住民の生活又は事業活動が阻害されると国によって認められる場合において，地方自治体が，その障害を緩和するために生活環境施設（道路，児童養護施設，養護老人ホーム，消防施設など）または事業経営の安定に寄与する施設（農林漁業用施設）を整備する場合に，その費用の一部を補助するものである．全額補助ではないが，沖縄においては，前章で述べたように，振興開発事業において高率補助が認められていることを勘案して特例が設けられており，一部対象施設には全額補助が認められているという．

さらに，「特定基地という名称での重要基地とその確保のための財政措置」[12]である，9条にもとづく特定防衛施設周辺整備調整交付金は，「特定防衛施設」[13]に指定された米軍基地周辺市町村に対し，特定の公共用施設の整備に充当するために定額交付されるものである．沖縄県内では，嘉手納飛行場，普天間飛行場など12施設が指定を受け，2004年度においては18市町村に約36億円交付されている[14]．

④軍用地料

軍用地料とは，いうまでもなく基地に土地を提供させられていることにともなう借地料である．周知の如く，日米安保条約等にもとづいて，日本政府は米国に基地を提供する義務を負っている．その場合，原則として，日本政府が土地所有者と賃貸借契約を締結して使用権限を取得し，米軍に提供するという手続きを採用している．当該土地が自治体所有地の場合，軍用地料は自治体財政に財産運用収入として計上されるのである．これが沖縄県内の自治体財政にとって大きな意味を有するのは，県内所在米軍基地を所有形態でみると，市町村有地が大きな比重をしめているからである．すなわち，2005年3月末現在において沖縄以外の在日米軍基地のほとんどは国有地(87.4％)であるのに対し，沖縄県の場合は，国有地は34.4％にすぎず，残りは県有地3.5％，市町村有地29.2％，民有地33.0％となっているのである[15]．したがって，後に述べるように，大量の公有地を基地に提供させられている自治体財政には，毎年莫大な軍用地料収入が計上されているのである[16]．

(2) 基地関係収入の「優遇」度

以上の4種類に，返還道路整備事業費補助金などを加えて，一般に基地関係収入といわれている．このうち，助成交付金，調整交付金，軍用地料は一般財源であるのに対し，周辺整備法にもとづく収入は，使途が限定された特定財源である．

2004年度において，県内52市町村のうち，米軍基地または自衛隊基地が所在するのは31市町村である．表6-1は，同年度において基地関係収入が概ね10億円を超えるか，歳入総額にしめる割合が概ね10％をこえる自治体の状況を示している．絶対額でみると，普天間飛行場移設予定地を抱えている名護市，嘉手納基地が存在する沖縄市が30億円を超え，次いで宜野座村，金武町が20億円を超えている．また，歳入総額にしめる基地関係収入の割合でみると，宜野座村38.9％をはじめ，金武町36.6％，恩納村25.8％と，

表 6-1　主な自治体の基地関係収入（2004 年度）

（単位：千円）

	周辺整備法	基地交付金	財産運用収入	その他	合　計	歳入総額比
那覇市	645,335	288,388	99,812	54,208	1,087,743	1.0%
具志川市	315,507	413,409	223,306	84,019	1,036,241	4.9%
宜野湾市	132,864	519,558	99,275	215,296	966,993	4.0%
浦添市	637,865	593,175	0	95,182	1,326,222	3.9%
名護市	1,254,452	281,650	1,833,384	2,300	3,371,786	11.6%
沖縄市	891,106	1,316,554	979,578	202,537	3,389,775	8.1%
恩納村	219,430	53,982	1,530,833	66,905	1,871,150	25.8%
宜野座村	382,318	109,224	1,715,659	14,904	2,222,105	38.9%
金武町	405,325	446,147	1,746,536	21,216	2,619,224	36.6%
伊江村	352,989	70,528	0	11,464	434,981	9.6%
読谷村	519,879	252,061	557,306	44,551	1,373,797	11.0%
嘉手納町	456,919	938,649	395,265	27,681	1,818,514	17.4%
北谷町	577,507	895,020	293,669	35,548	1,801,744	17.4%
北中城村	278,806	230,260	36,264	34,156	579,486	11.6%
合計	7,586,693	6,624,553	9,661,325	1,125,349	24,997,920	4.5%

注）　基地関係収入が約 10 億円を超えるか，歳入総額比が 10% をこえる自治体を示した．合計には，この表に示していない基地関係収入がある 17 市町村分も含む．
出所）　沖縄県知事公室基地対策課『沖縄の米軍及び自衛隊基地（統計資料集）』2006 年 3 月，より作成．

北中部の町村が高くなっていることがわかる．この表に掲げられた自治体の財政状況は，概ね良好なところが多い．例えば，2004 年度経常一般財源比率（経常一般収入額を標準財政規模で除した数値）の県内平均は 106.2% であるが，上位 5 自治体をみると，宜野座村 167.0%，金武町 147.3%，恩納村 147.2%，嘉手納町 146.6%，北谷町 123.1% となっている．さらに経常収支比率についても，県内平均 92.1%（減税補塡債及び臨時財政対策債を除くと 100.3%）であるが，この比率が低い，つまり財政の弾力性が高い上位 5 自治体をみると，嘉手納町 76.9%（同 82.0%），金武町 80.6%（同 85.2%），恩納村 83.2%（同 90.2%），西原町 83.4%（同 92.5%），浦添市 83.7%（同 91.5%）となっている[17]．いずれの指標でみても，西原町を除き，基地関係収入が多い自治体が上位をしめているのである．

すでに述べたように，日米安保条約にもとづく米軍基地提供に最高度の公共性を認めている日本政府は，これら基地関係収入に次のような「優遇」措

表6-2 昭島市における2002年度防衛関連補助事業

(単位：千円)

事業名	国庫補助金	都補助金	地方債	その他特定財源	一般財源	総事業費
中神保育園除湿温度保持機能復旧工事実施設計	825				750	1,575
田中小除湿温度保持機能復旧工事	176,357	37,200		21,000	118	234,675
福島中除湿温度保持機能復旧工事実施設計	3,896			3,000	139	7,035
清泉中除湿温度保持機能復旧工事実施設計	703				452	1,155
3条（障害防止工事の助成）計	181,781	37,200	0	24,000	1,459	244,440
児童館新築工事	86,100	90,000	296,400		31,780	504,280
市道昭島20号道路改修工事	22,445	9,000			5,037	36,482
大神会館除湿温度保持機能復旧工事実施設計	393				972	1,365
8条（民生安定施設の助成）計	108,938	99,000	296,400	0	37,789	542,127
廃棄物収集運搬車購入（3台）	15,000				119	15,119
市道昭島8号道路整備工事	50,490	3,800			3,566	57,856
市道昭島17号道路改修工事	31,200	7,500			675	39,375
市道昭島27号道路改修工事	46,000	8,500			1,460	55,960
(仮称)武蔵野地区学習等供用施設整備事業（用地取得）	34,000			8,500	121	42,621
9条（特定防衛施設周辺整備調整交付金）計	176,690	19,800	0	8,500	5,941	210,931
合　計	467,409	156,000	296,400	32,500	45,189	997,498

出所）昭島市財政課作成資料．

置を講じている．

　まず，特定財源ともいうべき周辺整備法についてみるとしよう．表6-2は，沖縄ではないが，横田基地に隣接する東京都昭島市における2002年度周辺整備法にもとづく助成金・交付金の使途をみたものである．3条にもとづく

表6-3 金武町・浜岡町の主な歳入（2003年度）
(単位：百万円)

	金武町		浜岡町	
	決算額	構成比	決算額	構成比
地方税	807	10.6%	6,815	45.9%
地方譲与税	50	0.7%	188	1.3%
地方交付税	1,729	22.7%	64	0.4%
国庫支出金	1,617	21.2%	1,484	10.0%
財産収入	1,745	22.9%	142	1.0%
地方債	347	4.6%	11	0.1%
合　計	7,608	100.0%	14,850	100.0%
うち基地関係収入	2,526	33.2%	—	—

注) 浜岡町の地方交付税は特別交付税のみ．
出所) 金武町，浜岡町決算カードより作成．

　保育園，小中学校の除湿温度保持機能復旧工事は基地被害に関連することは明確であるが，8条・9条関係の会館建設，道路改修，廃棄物収集運搬車購入など，基地被害との関連が必ずしも明確でない事業も少なくない．もし基地のない自治体であれば，こうした事業に国庫補助金を獲得するには，都道府県を通じて配分権を有する関係省庁への申請・陳情等に膨大な人員と経費を要するはずである．ところが，基地所在自治体の場合，そうした手続きなしに，防衛施設庁のこうした助成金・交付金を活用して施設整備をおこなえることが，基地所在自治体における高水準の施設整備を可能にしているのである．沖縄の場合はさらに，すでに述べたように8条関係の一部施設については補助率の嵩上げが認められているのである．

　次に，一般財源である助成交付金・調整交付金と軍用地料の「優遇」ぶりを米軍基地と並ぶ迷惑施設の典型である原子力発電所所在自治体と比較してみることとしよう[18]．表6-3は，5基の原子力発電所が稼働している静岡県浜岡町と沖縄県金武町の歳入構造を比較したものである．迷惑施設受け入れの「代償」としてともに過分な財政収入を得ているが，その内訳について次のような違いを読みとることができる．第1に，地方税のしめる割合が，浜岡町は46%であるのに対し，金武町は10%ほどにすぎない．これは，浜岡

町の場合は，原子力発電所にかかわる最大の収入源が固定資産税の償却資産分であるのに対し，金武町では，基地関係収入のうち軍用地料は財産収入に，基地交付金や周辺整備法にもとづく交付金などは国庫支出金に計上されているからである．しかしながら，原子力発電所所在自治体のこうした歳入増は時限的であるのに対し，基地関係収入は基地が存在する限り継続するという大きな違いがある．というのは，原子力発電所所在自治体の固定資産税償却資産分は，減価償却により着実に減少していくからである．さらに，原子力発電所所在自治体にはもう1つの有力な収入源として，電源開発促進税法など電源3法にもとづく交付金がある．しかしこれには交付期限が設けられている[19]．他方，基地関係収入は，基地とともに継続し，かつ着実に増加しているのである．

　例えば，2種類の基地交付金は，すでに述べたように，いずれもあらかじめ確保された総額を，一定の方法にもとづいて該当自治体に配分するのであるが，その総予算額は両者とも，固定資産税の評価替えにあわせて3年ごとに増額しており，これまで減額されたことはない．また，軍用地料も，基地面積は復帰時87施設2万8,660haから，2005年には37施設2万3,671haと17.4％減少しているのに対し，年々着実に増加している．よく知られているように，復帰に際し日本政府は，軍用地料を大幅に引き上げた．すなわち，復帰前の1971年度の31億円から，72年度は126億円，75年度269億円と，4年間で8倍以上に引き上げた．まさに，「沖縄県は基地として日本経済に買い取られた」[20]といわれる由縁である．以後も，ほぼ毎年着実に増大し，94年度には初めて農林水産純生産額を上回った．2003年度の軍用地料総額は872億円（米軍766億円，自衛隊106億円）で，沖縄の基幹産業である観光収入3,773億円の4分の1，農林水産純生産額466億円の2倍近くにもなっている[21]．図6-1は，2001年度における軍用地料の支払額別所有者数をみたものである．36,694人のうち半数以上は100万円未満であるが，同年度の1人当たり県民所得207万円を上回る所有者が，およそ9千人も存在するのである．軍用地料上昇の要因として，都市化がすすむ中・南部の平地に基

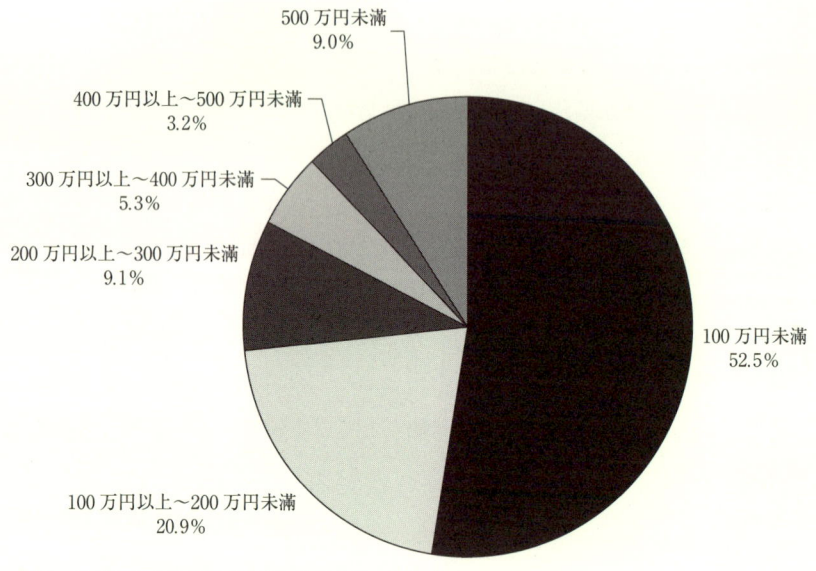

出所）沖縄県基地対策室『沖縄の米軍基地』2003年.

図 6-1 軍用地料支払額別所有者数（2001年度）

（円グラフ内訳）
- 100万円未満 52.5%
- 100万円以上～200万円未満 20.9%
- 200万円以上～300万円未満 9.1%
- 300万円以上～400万円未満 5.3%
- 400万円以上～500万円未満 3.2%
- 500万円未満 9.0%

地が多いということもあるが，ともあれ高額の軍用地料は，沖縄の地価を引き上げるとともに，軍用地主の軍用地料への依存度を高めている．そしてそのことが返還地の利用について，地主の合意を得ることをきわめて困難にしているのである[22]．

第2に，浜岡町は地方交付税の不交付団体であるのに対し，金武町は歳入総額の3割をこえる基地関係収入を得ているにもかかわらず，さらに歳入総額の2割をこえる交付税収入を得ているのである．その結果，すでに述べたように経常一般財源比率が100%を大きく上回ることとなっている．これは基地交付金，軍用地料ともに一般財源であり，かつ地方交付税の基準財政収入額算定の対象外となっていることによるものである．基地交付金に類する財源補填的性格を有する交付金としては，ほかに国有資産等所在市町村交付金がある．これは，国有・地方自治体有資産のうち，直接行政の用に供しているのではなく，他人に貸し付けているもの，国有林野など収益的な事業の

資産については，国に固定資産税相当の交付金を負担させているものである．しかしこの交付金は税類似のものとして，基準財政収入額算定の対象となる．他方，「迷惑料」[23]的に交付される基地交付金は，算定の対象外とされているのである[24]．

このように，原子力発電所所在自治体と比べても，基地所在自治体への財政「優遇」は際だっているといえよう．しかし，これら収入はいずれも自治体にはまったく裁量権がないことを改めて強調しておきたい．例えば，助成交付金の10分の7，調整交付金の3分の2は，対象資産の価格にもとづいて配分されるが，その資産に対する自治体の評価権はない．ましてや，助成交付金の残り10分の3，調整交付金の残り3分の1に至っては明瞭な基準は設けられていない．いずれにせよ，課税権を有しない収入が多くを占めており，それだけ自治の発展にとって阻害要因となっているのである．

(3) 基地維持財政政策の新展開

1995年9月に発生した米兵による少女暴行事件，沖縄県知事による駐留軍用地特措法に基づく代理署名・押印拒否などを契機として，沖縄県内はもとより全国的にも基地の整理縮小を求める世論が盛り上がった．そこで日米政府は1995年11月に「沖縄における施設及び区域に関する行動委員会」(SACO) を設置した．1996年4月のSACO中間報告合意を受け，翌97年には普天間飛行場の撤去にともなう基地新設の候補地として，名護市東岸の米軍基地キャンプ・シュワブ沖が最有力となった頃から，従来とは異なる新たな基地維持財政政策が展開されることとなった．

第1は，97年度予算から，普通交付税の算定項目に安全保障への貢献度を加えることとし，全国の基地所在市町村に150億円交付されることとなった．そのうち半分の75億円が沖縄に交付され，うち25億円が沖縄県に，50億円が県内基地所在市町村に配分されている．具体的には密度補正のうちの「基地補正」しておこなわれている．各自治体への配分額は，当初は，普通交付税制度において，米軍人口が国勢調査の対象外であることから，人口を

測定単位とする費目（消防費・社会福祉費・保健衛生費・清掃費等）に係わる財政需要が措置されていないことを考慮して基準財政需要額に算入することとした．しかし，基地被害が深刻な嘉手納町に相体的に不利な配分となるため，渉外事務，防音施設の維持管理等米軍及び自衛隊の基地が所在することによる財政需要を考慮して，新たに基地面積によって基準財政需要額に算入することとなったのである[25]．

第2は，総理本府の所管であるが，那覇防衛施設局が地元の窓口となって，内閣内政審議室の承認を受けて補助金が交付される，沖縄米軍基地所在市町村活性化特別事業費である．これは，1996年11月に出された「沖縄米軍基地所在市町村に関する懇談会提言」（座長：島田晴雄慶応大学教授）を受け，米軍基地所在市町村から提案された事業に必要な経費の補助であり，97年度から総額1,000億円の事業が進行している（以下，「島田懇談会事業」と略記）．提言によると，その趣旨は「基地の存在による閉塞感を緩和するため」の事業であるという．そして従来型のいわゆる箱物づくりではなく「経済活性化に役立ち，米軍基地所在による閉塞感を和らげ，なかんづく若い世代に夢をあたえるもの」，「継続的な雇用機会を創出し，経済の自立につながるもの」，「長期的な活性化につなげられる「人づくり」をめざすもの」，「近隣市町村も含めた広域的な経済振興や環境保全に役立つもの」などの基準にもとづくプロジェクトを採択したというのである．そしてこの懇談会は上記の提言を出して以降，フォローアップ機関としての「沖縄米軍基地所在市町村に関する提言の実施に係る有識者懇談会」に編成替えし，2000年5月の最終報告をもって解散している．

第3は，SACOで合意された施策を実施するために設けられた経費で，1996年度補正予算から計上されている．これは当初，県道104号線越え演習の沖縄県外への移転にともなう周辺対策への支出が大きかったため，沖縄県外自治体への交付額の比重が大きかった．しかし，2001年度予算では新たに普天間移転調査費を盛り込むなどして，総額164億円のうち沖縄関係が約100億円をしめ，初めて沖縄関係が沖縄以外を上回ることとなった[26]．と

くに，SACO関連施設の移転先または訓練の移転先となることを受け入れた自治体には，周辺整備法第9条にもとづく特定防衛施設周辺整備調整交付金の特別交付分が交付される（SACO交付金）[27]．さらに，この交付金とは別途に，周辺整備法に定めるメニューを基準として，SACO事案との因果関係が認められる事業にたいし，原則として9割の補助率で自治体に助成措置を講じるSACO補助金も設けられている[28]．

そして第4は，知事や名護市長によるによる基地新設「同意」を踏まえて講じられた「振興策」にかかわる事業である．この予算措置が講じられることとなるまでの経過を振り返ると，1999年11月22日に知事が基地新設候補地を「キャンプ・シュワブ水域内名護市辺野古沿岸域」とすることを表明し，それを受けて99年12月17日には第14回沖縄政策協議会が開かれた．99年12月27日の名護市長による受け入れ表明後の翌日には「普天間飛行場の移設に係る政府方針」が閣議決定された．その政府方針は，第14回沖縄政策協議会での了解を踏まえた「普天間飛行場移設先及び周辺地域の振興に関する方針」[29]「沖縄県北部地域の振興に関する方針」「駐留軍用地跡地利用に係る方針」から成る．そして北部振興事業として2000年度から10年間に1,000億円の財源措置が講じられることとなった．

これらのうち，普通交付税における基地補正と島田懇談会事業は，既存の基地所在自治体を対象とした施策であり，基地新設と直接かかわるものではない．しかし，後に述べる名護市の実状をみると，結果的には基地新設とも密接に関連することとなっている．そして以上の新たな施策には，次のような特別な財政措置が講じられている．

第1に，実質的な財政負担が零となるような格段の財政優遇措置を講じていることである．例えば，島田懇談会事業の場合，補助率が9割であることに加えて，1割の裏負担についても次のような財政措置が講じられている．すなわち，適債事業の場合は100%を起債充当する上に，元利償還金の90%を普通交付税で措置し，残り10%は特別交付税で措置することとなっている．また，非適債事業の場合は特別交付税で措置することとなっている．

同様の措置は，北部振興事業のうち非公共事業にも講じられている．そして第2に，従来にはない「柔軟」な使い方が可能となっている．例えば2000年度の北部振興事業費100億円のうちの公共事業50億円は，同年度中には5億円しか使途が定まらなかった．これは，上述した非公共事業とは異なり，従来の旧沖縄開発庁を通じた公共事業と同じく裏負担が必要なためである．しかし，残った45億円については，単年度の枠に縛られることなく，次年度以降に振り向けられるのである．こうしたことが可能なのは，北部振興事業費が使途を定めない「調整費」となっているからである．

このようにして基地所在自治体，とくに普天間飛行場代替施設を受け入れた名護市を含む北部地域には，さまざまな名目で「振興事業」展開されている．そこで，次に，沖縄県内自治体のなかでも米軍基地のしめる比重が最も高い嘉手納町，及び近年最も多くの財政資金が投入されている名護市を取り上げて，基地新設を前提として展開されているこうした財政支出の実態を検証することとしたい．

2. 基地と自治体財政：嘉手納町を中心に

まず前掲表6-1で各自治体における基地交付金と財産運用収入の比重に注目すると，名護市，恩納村，宜野座村，金武町など北部4市町村は財産運用収入の比重が大きいのに対し，宜野湾市，浦添市，嘉手納町，北谷町などは基地交付金の方が相対的に大きな割合をしめていることがわかる．これは，仲地博が明快に指摘しているように「広大な演習場が中心である北部基地と飛行場，弾薬庫等が中心である中部基地の性格に由来」[30]するものである．これに加えて，基地の所有形態の相違も重要な要因である．表6-4は，財産運用収入の比重が高い名護市など4市町村に所在するキャンプ・ハンセン，キャンプ・シュワブ，辺野古弾薬庫と嘉手納，普天間両飛行場の所有形態を比較したものである．ほとんどが平地である両飛行場は私有地が圧倒的に多いのに対し，土地利用としては主に山林でしめられる北部4市町村に所在す

第6章　安全保障と地方自治

表6-4　主な米軍基地の所有形態

(単位：千m²)

基　地　名	国有地	県有地	市町村有地	私有地	計
キャンプ・シュワブ	281	1,966	13,119	5,261	20,627
辺野古弾薬庫	3	—	1,039	171	1,213
キャンプ・ハンセン	1,703	186	40,125	9168	51,182
嘉手納飛行場	1,494	59	388	17,947	19,888
普天間飛行場	348	—	65	4,392	4,805

出所）　沖縄県知事公室基地対策課『沖縄の米軍及び自衛隊基地』2006年3月，より作成．

る3基地は，市町村有地の比重が高いことがわかるであろう．つまり，仲地博が指摘する基地の性格の相違に加えて，所有形態としては市町村有地が多いことにより，名護市など北部4市町村では財産運用収入が多くなっているのである．したがって軍用地料の主な帰属先は，北部4市町村では自治体財政に，嘉手納町，宜野湾市などでは民間地主なのである．このことを念頭において，ここではまず嘉手納町を主な素材として，基地関係収入が自治体財政にもつ意味を考えることとしたい．

嘉手納町は，本島中部の典型的な基地所在自治体の1つである．戦前は北谷村（現北谷町）の一部であったが，嘉手納基地建設により行政区域が分断されたため，1948年に分村することを余儀なくされ，現在の行政区域が形成されたのである（1976年に町政施行）．総面積15.04km²の約83％が極東最大の米軍嘉手納基地でしめられているため，残りのわずか2.6km²ほどの狭隘な地域に，約1万4千名弱の住民がひしめきあうように生活している．そのため，市町村面積にしめる米軍基地の割合が高い上位10自治体の基地面積を除いた部分の人口密度をみると，普天間飛行場を抱える宜野湾市が6,680人/km²と最も高く，次いで嘉手納町5,317人/km²となっている[31]．

また，嘉手納町の困難な状況は，人口規模，面積がほぼ同じで，ともに本島中部に位置するが，基地がない与那城町（2005年4月1日より具志川市，石川市，勝連町と合併し「うるま市」となった）と比較することによっても浮き彫りにすることができる．基地の有無は，両町の第1次産業就業者に如実に反映されている．すなわち，2000年国勢調査によると，与那城町の第1

表 6-5　嘉手納町主な歳入と基地関係収

	72-76 平均		77-81 平均		82-86 平均		87-91 平均	
地方税	177,331	9.9	365,453	9.1	642,363	12.7	888,576	17.8
地方交付税	366,530	20.4	728,376	18.2	902,004	17.8	1,147,400	23.0
国庫支出金	578,403	32.1	1,191,540	29.8	1,428,030	28.1	1,056,694	21.2
地方債	70,600	3.9	429,780	10.7	361,420	7.1	265,600	5.3
歳入合計	1,799,094	100.0	4,004,403	100.0	5,075,685	100.0	4,992,175	100.0
助成交付金	20,393	1.1	162,463	4.1	195,815	3.9	187,151	3.7
調整交付金	223,288	12.4	424,166	10.6	462,127	9.1	483,858	9.7
3条関係	232,419	12.9	98,557	2.5	72,927	1.4	15,335	0.3
4条関係								
8条関係	69,917	3.9	344,599	8.6	256,746	5.1	210,525	4.2
9条関係	34,681	1.9	203,275	5.1	273,185	5.4	274,894	5.5
道路舗装補助金	0	0.0	36,019	0.9	39,680	0.8	6,931	0.1
防音関連維持費	0	0.0	0	0.0	40,249	0.8	38,214	0.8
施設取得委託金	800	0.0	1,280	0.0	1,080	0.0	820	0.0
財産収入（地料）	71,201	4.0	142,433	3.6	165,922	3.3	196,875	3.9
基地関係収入計	652,700	36.3	1,412,793	35.3	1,507,731	29.7	1,414,603	28.3

出所）　嘉手納町企画調整課より提供された資料にもとづいて作成．

次産業従事者は 532 人で，全就業者の 10.5% をしめるのに対し，嘉手納町のそれは 98 人，1.9% でしかない．しかも嘉手納町の耕作地の大半は，基地内のいわゆる黙認耕作地であり，町内には農業振興地域指定がないのである．このため，02 年度の町内純生産のうち農林についてみると，与那城町は 3 億 2,800 万円であるのに対し，嘉手納町は 3,500 万円でしかないのである[32]．

　さて，復帰以降最近までの嘉手納町歳出決算額の推移をみると，1975 年度を除いて順調に財政規模を拡大し，82 年度に 70 億円近くに達したものの，それをピークに歳出規模が低下している．90 年代になると，92 年度には 60 億円を上回ったものの，おおむね 50 億円前後で推移してきた．ところが，98 年度から膨張傾向が続き，とくに 01 年度は 100 億円をこえ，03・04 年度も 100 億円近い決算額となっている．

　このように毎年の変動が激しい自治体財政の特徴を把握するには，特定の年度を取り上げることは不正確な評価につながりかねないので，ここでは振興開発計画の前期・後期，つまり 5 年ごとの平均値の推移をみることとした

第 6 章　安全保障と地方自治

入の推移

(単位：千円，%)

	92-96 平均		97-01 平均		02-04 平均	
	1,005,131	18.5	1,118,966	13.9	1,136,921	12.1
	1,515,031	27.8	2,148,314	26.7	1,894,086	20.2
	852,291	15.7	2,113,252	26.3	3,110,185	33.1
	186,720	3.4	413,320	5.1	635,767	6.8
	5,443,139	100.0	8,042,339	100.0	9,382,545	100.0
	209,801	3.9	293,851	3.7	289,164	3.1
	533,455	9.8	604,397	7.5	633,419	6.8
	96,039	1.8	94,711	1.2	6,795	0.1
			47,788	0.6	90,449	1.0
	55,088	1.0	170,830	2.1	83,152	0.9
	295,496	5.4	358,383	4.5	395,206	4.2
	0	0.0	0	0.0	0	0.0
	31,002	0.6	32,226	0.4	27,539	0.3
	940	0.0	940	0.0	1,000	0.0
	282,210	5.2	341,797	4.2	392,032	4.2
	1,504,031	27.6	1,894,570	23.6	1,888,606	20.1

い．まず表 6-5 は，主な歳入と基地関係収入の復帰以降 5 年ごとの平均値の推移をみたものである．復帰当初から第 2 次振興開発計画前期，つまり 80 年代前半までは国庫支出金が約 3 割と，最も大きな比重をしめ，一般財源（地方税，地方交付税など）のしめる割合もやはり 3 割ほどでしかないことがわかる．しかし国庫支出金の比重は徐々に低下し，第 3 次振興開発計画前期（1992-96 年）では 15.7％と，地方交付税 27.8％，地方税 18.5％に次ぐ比重しかしめなくなり，その結果一般財源が半分近くをしめるに至っているのである．ところが，先に述べた新たな基地維持政策が展開され始めた第 3 次振興開発計画後期には再び国庫支出金の比重が増大し，2002 年度から 04 年度 3 年間では 33.1％と，復帰当初をも上回る高さを示しているのである．

また表 6-6 は，性質別歳出の 5 年ごとの推移をみたものである．やはり復帰当初から第 2 次振興開発計画前期までは，投資的経費が半分近くを，とくに補助事業費が 4 割近くをしめていることがわかる．しかし第 2 次振興開発計画後期になると補助事業費の比重は急激に低下し，第 3 次振興開発計画前

表 6-6　嘉手納町主な性質別歳出の

	72-76 平均		77-81 平均		82-86 平均		87-91 平均	
人件費	392,423	23.7	762,599	20.3	1,086,670	22.3	1,366,344	28.4
扶助費	79,048	4.8	123,098	3.3	90,660	1.9	51,723	1.1
公債費	17,550	1.1	98,346	2.6	482,315	9.9	339,195	7.1
物件費	148,927	9.0	371,595	9.9	497,676	10.2	615,421	12.8
補助事業費	594,374	36.0	1,463,003	39.0	1,756,479	36.0	913,550	19.0
単独事業費	137,755	8.3	460,628	12.3	428,460	8.8	745,193	15.5
歳出合計	1,652,506	100.0	3,751,380	100.0	4,882,800	100.0	4,807,921	100.0
うち投資的経費	742,917	45.0	1,956,614	52.2	2,204,421	45.1	1,666,864	34.7
うち義務的経費	489,021	29.6	984,043	26.2	1,659,645	34.0	1,757,261	36.5
うちその他の経費	420,568	25.5	810,723	21.6	1,018,734	20.9	1,383,796	28.8

出所）　嘉手納町決算カード，より作成．

期においては 9.1% と，単独事業費 13.6% をも下回っていることがわかる．ところが，90 年代後半には再び補助事業費が急増し，2002-04 年度においては 35.8% と，3 分の 1 以上の比重をしめていることがわかる．要するに，この 2 つの表は，嘉手納町の財政は国庫支出金と補助事業の動向に左右されて大幅な変動を繰り返していること，そして第 2 次振興開発計画後期から国庫支出金と補助事業費への依存が大幅に低下したものの，新たな基地維持政策の展開がみられた 90 年代後半から再び拡大傾向にあることを示しているのである．

　しかし同じく補助事業費による財政膨張とはいっても，復帰当初と最近のそれとでは意味するところは異なる．いうまでもなく，復帰当初のそれは，第 1 次振興開発計画において「本土との格差是正」が目指されたことからして，必需的な社会資本整備によるものであった．したがって，第 2 次振興開発計画後期と第 3 次振興開発計画前期において国庫支出金と補助事業費が急減したのは，格差是正がおおむね達成されたことを意味するといってよい．それを裏付けるのが次の事実である．実は 1990 年代における嘉手納町の国庫支出金の内訳をみると，普通建設事業費支出金が 92 年度の 10 億円をピークに激減し，95 年度にはわずか 320 万円となっているのである．同年度の補助事業費総額は，これを含めて 400 万円にすぎない．1996 年 11 月に嘉手

推移
(単位:千円, %)

92-96 平均		97-01 平均		02-04 平均	
1,681,301	31.9	1,781,336	23.0	1,490,023	16.6
233,566	4.4	287,321	3.7	244,123	2.7
417,339	7.9	427,102	5.5	367,322	4.1
752,877	14.3	989,030	12.8	1,085,951	12.1
480,879	9.1	1,901,751	24.5	3,205,125	35.8
719,906	13.6	910,849	11.7	820,075	9.2
5,276,753	100.0	7,754,449	100.0	8,956,022	100.0
1,204,556	22.8	2,812,600	36.3	4,025,230	44.9
2,332,205	44.2	2,495,760	32.2	2,101,468	23.5
1,739,991	33.0	2,446,089	31.5	2,829,324	31.6

納町で聞き取り調査を行った際,この点について質問したところ,狭い市域でやれるだけのことはやったので,もうすることがない,なまじ事業を起こせば住民の居住区域がそれだけ狭くなり,人口減少につながるだけであるという旨の回答が返ってきた.

他方,90年代後半から再び補助事業費が急増しているのは,先に述べた新たな基地維持財政政策の1つである島田懇談会事業によるところが大きい.それは市街地再開発事業,マルチメディア関連事業,総合再生事業の3事業からなり,総予算額は250億円に達する.なかでも最大規模の事業は,嘉手納町の中心地であるロータリー及び新町地区の再開発をおこなう市街地再開発事業で,事業費は200億円をこえるのである.この施設には,基地被害を肌で感じてもらいたいという町長の強い意向を受けて,那覇防衛施設局などが入居することが予定されている.島田懇談会事業の目的の1つである「基地の存在による閉塞感を緩和する」のに嘉手納町ほど適切な事例はない.しかし,それはあくまで「緩和」にしか過ぎないのである.「基地依存経済という構造基底と抱き合わせにしてしか策定できないという枠組み」[33]の振興開発計画にもとづいて,手段としては補助率かさ上げによる公共事業を中心とした復帰政策の枠組みを決してこえるものではない.

最後に前掲表6-5で示した,嘉手納町における基地関係収入の推移を確認

しておくこととしよう．この表から，復帰当初10年間は，周辺整備法3条関係（障害防止工事の助成）や8条関係（民政安定施設の助成）が歳入総額の1割ほどをしめていたことなどにより，基地関係収入は歳入総額の3分の1をこえるほどの比重を有していたことがわかる．しかし次第にそれらの比重は低下し，最近では20％台前半に低下する一方，先に経常的財源として重要な意味をもつと指摘した2種類の基地交付金と財産収入，および周辺整備法9条関係（特定防衛施設周辺整備調整交付金）が着実に増加していることがわかる．ただし，比重が低下したとはいっても，先に述べた1997年度から計上された普通交付税における基地関連経費の傾斜配分（基地補正），及び島田懇談会事業経費は含まれていないことに留意するべきである．前掲表6-1によると，2004年度の嘉手納町基地関係収入は18億1,815万円で，歳入総額にしめる割合は17.4％である．これに同年度の基地補正4億6,327万円，島田懇談会事業経費のうち国庫負担額33億円を加えると，歳入総額の半分以上が基地関係収入となるのである[34]．

さて，繰り返し強調したように，基地関係収入のうち，経常的財源として自治体財政に組み込まれているのは助成交付金，調整交付金，および財産収入である．嘉手納町の場合，前掲表6-5によると，これらで歳入総額のおおむね15％ほどをしめている．すでに述べたように，地方交付税算定の際の基準財政収入額の対象外となるなど，どんなに「優遇」されていてもあくまで基地の存在を前提としたものでしかない．もし基地がなくなると，これらがなくなる一方で，表6-4に明らかなように民有地が大半をしめる基地返還は，基地の存在がもたらす「ネガティブ・インベストメント」[35]を不必要にするだけではい．当然のことながら，地域振興の可能性を拡大し，助成交付金や調整交付金のような課税権がない収入でなく，課税権を有する住民税や固定資産税などの課税基盤の拡大につながるはずである．

その証左として，かつて嘉手納町と行政区域を一にしていた北谷町の返還跡地利用による税収効果を紹介しておくこととしたい[36]．北谷町北前地区にあったハンビー飛行場跡地及び桑江地区にあったメイモスカラー射撃訓練場

跡地は，現在は商業的利用の成功例として県内でも広く知られている．下記は返還前と返還後の税収効果を示したものである．

ハンビー飛行場返還前 (1981年)		返還後 (2003年)
住民税（個人）	0 千円/年	88,550 千円/年
住民税（法人）	0 千円/年	32,170 千円/年
固定資産税（土地）	3,570 千円/年	69,123 千円/年
固定資産税（建物）	0 千円/年	125,921 千円/年
助成交付金	8,812 千円/年	0 千円/年
調整交付金	204,039 千円/年	0 千円/年
合　計	216,421 千円/年	315,794 千円/年
＊軍用地料	255,000 千円/年	

メイモスカラー射撃訓練場返還前 (1981年)		返還後 (2003年)
住民税（個人）	0 千円/年	21,187 千円/年
住民税（法人）	0 千円/年	3,861 千円/年
固定資産税（土地）	1,924 千円/年	37,171 千円/年
固定資産税（建物）	0 千円/年	46,740 千円/年
助成交付金	4,748 千円/年	0 千円/年
調整交付金	12,952 千円/年	0 千円/年
合　計	19,624 千円/年	108,959 千円/年
＊軍用地料	137,400 千円/年	

1981年と2003年との物価水準の違い，及び税収の増加分の75%相当分は地方交付税が減額となることは割引いて考慮しなければならないが，返還前と後を比べた税収効果は絶大であるというべきである．しかも，その収入の質において決定的な差異がある．第1に，繰り返しになるが助成交付金などの基地関連収入は，自治体に課税権がない．これに対し住民税や固定資産

税は，これら返還跡地の地域づくりの成果として課税権を行使して得たものである．第2に，両地区に居住し，営業する個人と法人の担税力の高さである．2003年度のハンビー飛行場跡地における個人の1人あたり住民税額は58,344円，北谷町平均の1.54倍，メイモスカラー射撃訓練場跡地のそれは54,888円，同1.45倍である．また，固定資産税（土地・建物）をみると，ハンビー飛行場跡地においては1人あたり128,506円で，北谷町平均の約3倍，北谷町全体の固定資産税額の17％をしめている．メイモスカラー射撃訓練場跡地では1人当たり211,697円，北谷町平均の約6.2倍，全体の9.1％をしめている．さらに両地区における法人住民税額は北谷町全体の16.8％をしめているのである．

　この北谷町の事例は，島田懇談会事業などにより，「基地が存在することによる閉塞感の緩和」のためにはどんなに財政支出するよりも，基地返還こそが最良の施策であることを改めて示唆しているといえよう．

3. 基地と自治体財政：名護市を中心に

(1) 名護市の地域特性

　沖縄本島北部地域の中心都市である名護市は，復帰前の1970年に名護町，屋部村，羽地村，屋我地村，久志村の1町4村が合併して誕生した市である（合併前の行政区域は図6-2を参照）．総面積は約21,000haで，本島内市町村のなかでは最も広い行政区域を有している[37]．名護市というと，復帰直後の1973年6月にいわゆる「逆格差論」に立脚した『名護市総合計画・基本構想』を発表したことでもよく知られている．「逆格差論」とは，構想作成の中心メンバーのひとりである地井昭夫によると「沖縄県民のフロー経済としての名目所得には確かに大きな格差があるが，農漁業や種々の伝統に支えられてきたストック部門（自給的経済）を含めた，暮らしやコミュニティーの内実は逆にかなり豊かなものであり，その暮らしや地域の仕組みを守り発展させることが沖縄振興の基礎である」[38]という考えである．その『基本構

第6章　安全保障と地方自治

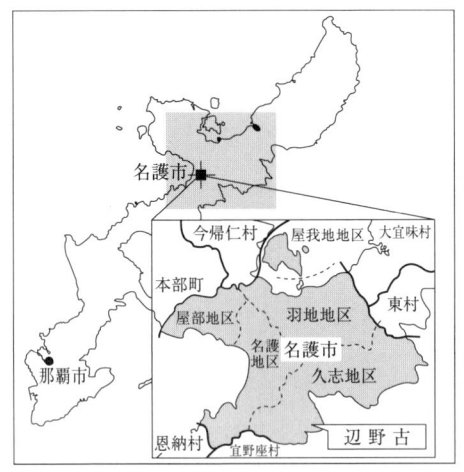

出所）名護市民投票報告集刊行委員会編『名護市民燃ゆ』海上ヘリ基地建設反対・平和と名護市政民主化を求める協議会，1999年．

図6-2　名護市の位置図

想』では，所得格差論にもとづく「沖縄振興開発計画」を厳しく批判し，「沖縄における自立経済社会建設の戦略的課題は，その農村漁業や地場産業を正しく発展させることにある」[39]と述べられている．ここで第1次産業を戦略産業に位置づけた提案をおこなった背景には，名護市における次のような土地利用状況があった．すなわち，森林面積が約13,600ha（65％），市街地が700ha（3％），集落や農地等からなる農業地域が7,700ha（32％）というように，市域のほとんどが非都市的土地利用でしめられているのである[40]．

ここで留意しておきたい名護市の地域特性の第1は，その3％ほどの市街地のほとんどが，西海岸の旧名護町（図6-2の名護地区）にあり，必然的に人口もそこに集中していることである．表6-7は，合併当時の人口と2006年の人口を旧町村別に比較したものである．この間，総人口は4万3,191人から5万8,725人へと合併時と比べ1万5千人，30％増加している．その増加人口のうち名護地区が1万2千人をしめており，その結果，合併当時の名護地区の人口は総人口の半分ほどであったのが，2006年には6割ほどをし

表 6-7 名護市旧町村別人口の推移

	1970年	2006年	増減
名護地区	22,107	34,895	12,788
屋部地区	3,980	7,887	3,907
羽地地区	8,080	9,209	1,129
久志地区	5,660	4,790	△870
屋我地地区	3,364	1,944	△1,420
合計	43,191	58,725	15,534

出所) 1970年は『名護市統計書』，2006年は名護市HPより，作成．

めていることがわかる．他方，名護地区から距離がある屋我地地区と久志地区の人口は減少しており，基地新設が予定されている辺野古を含む久志地区の人口は4,790人，総人口の8%ほどでしかないことがわかる．

第2に留意しておくべき点は，米軍基地分布の特性である．名護市の米軍基地面積は2,335haで，県内米軍基地所在自治体のなかでは国頭村，東村に次いで3番目の広さを有する．他方，その市域面積にしめる比重は11.1%と，行政区域面積にしめる米軍基地の割合が1割以上ある県内15自治体のなかでは最も低いのである[41]．そして，前節で取り上げた行政区域の8割以上を嘉手納基地がしめている嘉手納町，市の中心部を普天間飛行場が占拠し，基地を取り囲むようにドーナツ型の市街地が形成されている宜野湾市などとの決定的な相違は，圧倒的多くの名護市民は日常的に基地と隣り合わせの生活をしているわけでも，基地被害を被っているわけでもないことである．というのは，すでに述べたように市人口のほとんどが西海岸沿いの市街地に集中する一方，基地は東海岸の旧久志村などの自然・半自然地域に集中しているからである．そして，普天間飛行場の代替施設の建設予定地は，米軍基地キャンプ・シュワブの海域と陸上部であり，旧久志村のなかでも辺野古，久志，豊原の3行政区が「地元」と位置づけられている．

第3に，名護市においては，すでに述べたように基地関係収入のうち財産運用収入の比重が高いことである．図6-3は，名護市における基地関係収入の推移をみたものである．島田懇談会事業，SACO関連事業などが本格化して基地関係収入が急増する前の97年度までをみると，財産運用収入の比重が圧倒的に高いことがわかる．

名護市の基地関係収入の特質として今ひとつ留意しておくべきことは，この財産運用収入の使途である．実は，名護市をはじめとする北部地域におけ

(百万円)

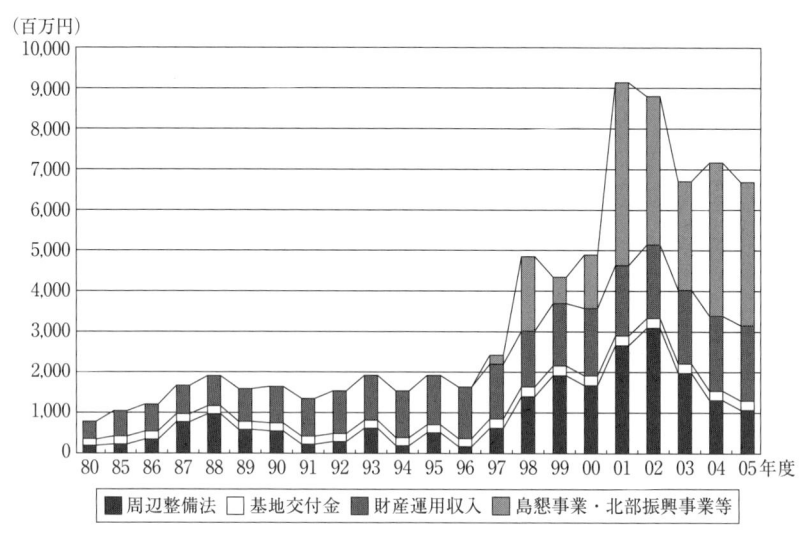

図6-3 名護市基地関係収入の推移

出所) 名護市財政課作成資料，より作成．

る財産運用収入の比重が高い自治体では，その収入の多くが，地元の行政区に配分されている．これは，市有地の入会権にもとづいて軍用地料の一定割合を配分する「分収制度」にもとづくものである[42]．配分の割合は，自治体によって異なっており，名護市の場合は，市6，区4の配分割合となっている．名護市の南隣に位置する宜野座村の場合は，数年ごとに協議によって決められているが，96年度は村5.5，区4.5となっている．かつては村一般会計への配分額のみ予算に計上されていたのであるが，地方自治法第210条の総計上主義の原則にもとづき，1983年度予算から各区への配分額も財産収入に計上して編成されるようになったのである．

　ところで宜野座村の場合，村面積の約半分が米軍基地でしめられ，そのほとんどが村有地である[43]．村内6行政区のうち軍用地料の分収金を受け取っているのは4区だけであるが，他の2行政区にもそれに相当する補助金が村の一般会計から支給されている．したがって，ほとんどの村民が基地と隣り合わせの日常を強制される一方，軍用地料の「恩恵」も享受している．他方

名護市の場合は，すでに述べたように，市財政を潤している基地関係収入は，主に東側の旧久志村に由来している．先の表6-1に示されているように，名護市の2004年度軍用地料は約18億3千万円で，その4割，7億円余が区に配分されるとしても，残り10億円以上が市の実質的な収入源となっているのである．圧倒的に多くの名護市民にとっての米軍基地は，遠くにあるのに10億円もの財政収入をもたらす存在なのである．復帰前1970年の合併を「久志は，軍用地料を持って名護に嫁入りした」とたとえる人も少なくないといわれる由縁がここにあるといえよう[44]．

　そして第4の留意点は，名護市財政支出の復帰後30年近くの推移をみると，復帰当初はもとより今日なお投資的経費の比重が高い状態が続いていることである．図6-4は，復帰以降の主な性質別歳出の推移をみたものである．復帰後しばらくは人件費と補助事業費がほぼ同じ水準であるが，1978年度に補助事業費が人件費を上回ってからは，83，86，92年度にほぼ同じ水準となっている以外は，補助事業費が人件費を上回っていること，なかでも

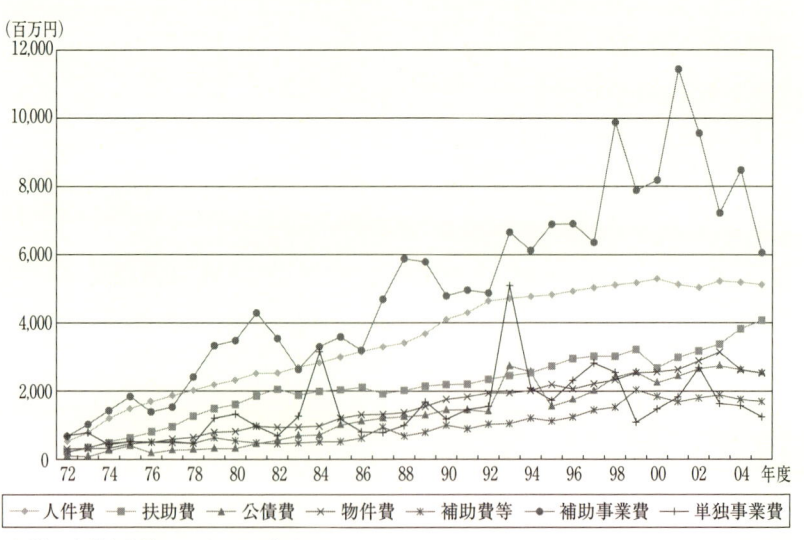

出所）　名護市決算カード，より作成．

図6-4　名護市主な性質別歳出の推移

第6章　安全保障と地方自治　　199

図6-5　名護市主な歳入の推移

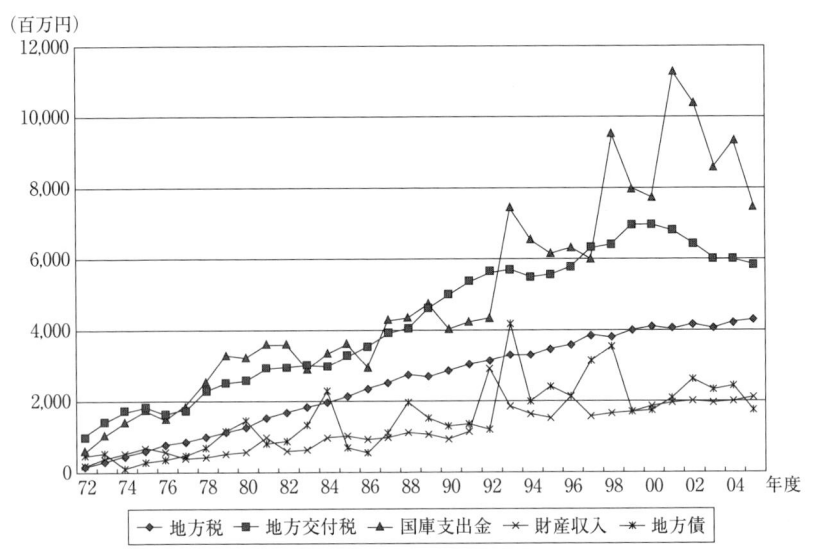

出所）名護市決算カード，より作成．

98年度ころからの補助事業費の増加が顕著であることがわかる．また，図6-5は，主な歳入の推移をみたものである．国庫支出金と地方交付税がほぼ同じ水準で推移しているが，98年度あたりから国庫支出金の伸びが顕著であることがわかる．さらに表6-8・表6-9は，1972年度から2005年度までの主な性質別歳出の5年ごとの平均値の推移を那覇市と比較したものである．那覇市の場合，80年代前半までは補助事業の比重が約3割，単独事業と合わせて4割近くを占めていたが，80年代後半から補助事業費の比重の低下傾向が顕著で，97年度から2001年度平均，02年度から05年度平均では補助・単独合わせても20％ほどに低下していることがわかる．これは要するに，「沖縄振興開発計画」にもとづいて30年間にわたりおこなわれた「格差是正」を目標とした高率補助金による各種事業が，ほぼ一段落したことを反映したものであろう．ところが名護市においては，復帰当初5年間は普通建設事業費が45％をしめ，以降も4割近くをしめていることがわかる．なか

表 6-8　名護市性質別歳出の推移

	72-76 平均		77-81 平均		82-86 平均		87-91 平均	
人件費	1,147,982	28.2	2,163,599	21.9	2,836,802	21.8	3,738,263	21.4
扶助費	498,625	12.3	1,417,409	14.3	1,990,522	15.3	2,074,793	11.9
公債費	216,563	5.3	337,233	3.4	809,751	6.2	1,313,654	7.5
物件費	401,713	9.9	756,830	7.7	1,056,126	8.1	1,529,871	8.7
普通建設補助事業費	1,260,216	31.0	2,998,735	30.3	3,227,203	24.8	5,193,357	29.7
普通建設単独事業費	574,132	14.1	892,954	9.0	1,390,326	10.7	1,195,327	6.8
合　計	4,067,444	100.0	9,892,687	100.0	12,988,906	100.0	17,495,978	100.0

出所）名護市決算カード，より作成．

表 6-9　那覇市性質別歳出の推移

	72-76 平均		77-81 平均		82-86 平均		87-91 平均	
人件費	5,971,685	27.0	11,032,089	23.3	14,268,188	21.1	18,125,241	22.3
扶助費	2,933,034	13.3	8,371,900	17.7	11,597,458	17.2	12,282,506	15.1
公債費	1,393,481	6.3	2,154,246	4.5	4,293,581	6.4	7,342,465	9.1
物件費	1,874,736	8.5	3,752,300	7.9	5,346,732	7.9	6,452,673	8.0
普通建設補助事業費	6,026,647	27.3	14,885,781	31.4	20,008,883	29.6	19,151,875	23.6
普通建設単独事業費	2,248,634	10.2	3,434,931	7.2	4,994,527	7.4	7,397,139	9.1
合　計	22,107,033	100.0	47,415,461	100.0	67,592,387	100.0	81,109,256	100.0

出所）那覇市決算カード，より作成．

でも普通建設補助事業費は，復帰後 10 年間は 30％ ほどであるのは那覇市と同じであるが，97 年度以降もなお 3 割をしめており，公共事業費の比重が今日なお復帰当初とさほど変わらない状況が続いていることがわかる．

　すでに述べたように，名護市は復帰直前の 1970 年に 1 町 4 村が合併して誕生した自治体で，本島市町村の中では最も広い面積を有する．その上に，本島北部地域の中核市であること，市全体の人口も旧名護市域を中心に順調に増加していることなどのため，投資的経費への需要は元々大きい．これに対し，那覇市は復帰以来，人口はほぼ 30 万人で頭打ちであり，3 次にわたる振興開発計画がめざした「格差是正」のための社会資本整備が一段落したら，投資的経費が減少するのは必然のことかもしれない．しかし名護市が，一貫して投資的経費が高水準で推移しているのは，「格差是正」のための必需的な社会資本整備によることだけでは説明できない．第 1 次産業が衰退す

第6章 安全保障と地方自治

(単位：千円，％)

	92-96 平均		97-01 平均		02-05 平均	
	4,738,734	19.5	5,103,534	18.2	5,088,261	18.2
	2,579,829	10.6	2,952,910	10.6	3,570,486	12.8
	2,006,890	8.3	2,334,445	8.3	2,628,891	9.4
	2,011,443	8.3	2,428,559	8.7	2,756,357	9.8
	6,243,762	25.7	8,738,215	31.2	7,791,436	27.8
	2,520,733	10.4	1,915,886	6.8	1,761,562	6.3
	24,297,299	100.0	27,988,976	100.0	27,992,933	100.0

(単位：千円，％)

	92-96 平均		97-01 平均		02-05 平均	
	22,799,628	23.3	23,511,166	23.0	21,496,614	20.6
	15,675,442	16.0	19,296,516	18.8	23,018,113	22.1
	11,696,232	11.9	12,194,670	11.9	11,901,031	11.4
	8,401,669	8.6	8,819,210	8.6	9,610,943	9.2
	17,566,466	17.9	14,576,211	14.2	13,646,364	13.1
	8,752,028	8.9	5,215,263	5.1	7,111,006	6.8
	98,058,989	100.0	102,376,647	100.0	104,293,263	100.0

る中で，新たな地域振興をめざして，バブル経済期にはリゾート開発に力を注いだこと，1994年に開学した名桜大学設置のために多額の事業費を費やすなど，必需的でない施策の展開による側面も大きかったのである．そして近年における名護市の補助事業費増大は，普天間飛行場代替施設建設を受け入れたことに伴う政府による格段の財政支援策によるものなのである．次にその詳細をみることとしよう．

(2) 基地新設と名護市財政

すでに述べた新たな基地維持財政政策の展開は，名護市財政に次のように現れている．

第1は，旧久志村のうち，米軍基地がなく，西岸の市街地から最も遠隔にあり，軍用地料の分収金の配分の対象となっていない二見以北10区への財

政資金の散布である．実はこの地域は，基地新設の「地元」とは位置づけられていないが，基地が新設されると深刻な騒音被害が予想されるため，反対運動が熱心に展開されているところである[45]．

この地域へ投入された財政資金の1つは，97年度から普通交付税の算定項目に加えられた安全保障への貢献度にもとづき名護市への配分された資金を原資とする「地域振興補助金」である．名護市の「普通交付税における基地関連経費の傾斜配分に係る久志二見以北10区地域振興補助金交付要綱」第1条によると，その趣旨は「これまで本市における駐留軍用地賃貸借料の分収金の配当で還元を受けられなかった久志二見以北10区の地域振興を図ることを目的」としたものであるという．補助金額は，傾斜配分額の20％を上限として，97年度から毎年6,000万円交付されている．

今ひとつは，SACO関連事業の展開である．98年度から，二見以北10区での公民館建設事業などにSACO補助金が充当されている．この補助事業は，周辺整備法8条にもとづくものであり，9割補助となっている．注目すべきは，1割負担分のうち一般財源で賄われている分の資金源である．これらは，いずれも地元からの寄付金で充当されている．では，地元は1割だけとはいえ，みずから負担して公民館等の施設建設に同意したかというとそうではない．実はこれは，上述の「地域振興補助金」をあてにした寄付である．要するに，地元負担は実質零での事業なのである．この事業は，1997年，つまり基地新設の受け入れをめぐる住民投票がおこなわれたときに，防衛施設庁が持ちかけてきた事業である．市関係者によると「基地問題とは別」と繰り返し説明して区長を説得したという[46]．

そしてこのSACO関連事業は，2001年12月に開かれた名護市第125回定例議会に提出された補正予算で，重大な質的変化を見せる．その補正予算には，周辺整備法第9条にもとづくSACO「交付金」によるところの，公民館や公園などの建設事業が8億5千万円ほど新たに計上されたのである．その財源内訳をみると，上述のSACO補助金による事業のような，名目だけとはいえ1割の地元負担もなく，全額この交付金でまかなわれているので

ある．重大な質的変化という点については，この補正予算を審議した議会において，宮城康博議員が的確な指摘をおこなっている．

> 「SACO補助金ということについては政府が明確に定義づけていることで言うと，SACO事案との因果関係が認められる事業に対し，原則として10分の9の補助率でうんぬんかんぬんとあると．この場合，因果関係を認めているのは政府なんだから，因果関係を勝手に認めて因果関係はない公民館の事業をやっているんだねというふうに私は了解しましょうということで，私はSACO補助金については納得しましたよ．しかしSACO交付金は違うんだよ．いい，移設先となる市町村に対して公共用の施設の整備を行うための費用に当てさせるんだから，これは明らかに移設先なんだよ．SACO補助金とSACO交付金は性格が全然違うんだよ」．

つまり，SACO補助金による事業の場合は，日本政府が勝手に因果関係を認めているだけで，名護市として建前は「基地問題とは別」と認識している．これに対しSACO交付金は，名実ともに基地受け入れを前提としており，名護市もそれを承知していることを意味するのである[47]．

第2は，島田懇談会事業を通じた資金散布である．この事業は，基地所在25市町村の38事業47事案が採択されているが，うち名護市が7事業11事案と最も多くをしめている．しかも名護市は事業着手が早く，多くの事業はおおむね2000年頃には完成しているのである．先に述べた名護市の地域特性との関連で留意しておくべき点は，名護市で実施されている島田懇談会事業のうち，マルチメディア館を除くと，ほとんどが基地から離れた西部地域で行われていることである．例えば，多目的ホールと留学生センターなどは，すでに述べたように名護市が全面的に支援して1994年に開学した名桜大学の施設である．嘉手納町や宜野湾市のように行政区域の多くを基地に占拠されている地域なら，島田懇談会報告書のいう「閉塞感」は基地の存在がもた

らしたものであることは明白であろう．しかし名護市西域に「閉塞感」があるとしても，基地の所在故のことでは決してない．にもかかわらず，東海岸の基地の存在を口実にこれだけの財政支出がおこなわれているという事実は，先に軍用地料収入の使途について指摘した，「久志は，軍用地料を持って名護に嫁入りした」というのと同じ構造が垣間見えるのである[48]．

　第3は，北部振興事業である．これは閣議決定「普天間飛行場の移設に係る政府方針」(99年12月28日)において「普天間飛行場移設先及び周辺地域の振興に関する方針」および「沖縄県北部地域の振興に関する方針」を定めたことにともなう事業である．その予算額は，10年間で1,000億円，内訳は公共事業500億円，非公共事業500億円である．ここにおいても，すでに述べたように実質的な負担が零である非公共事業を中心に名護市が多くの予算を獲得している．例えば，事業初年度である2000年度に採択された非公共事業13事業をみると，ほとんどが調査事業にすぎない中で，名護市の2事業と宜野座村の1事業が着手されており，補助総額50億円のうち30億円が名護市に配分されているのである．公共事業については，すでに述べたような財政上の優遇措置がないために予算の消化が進まず，2000年度はほとんど国と県が事業主体となっている事業が採択されている．また，01年度の非公共事業は，前年度の3事業のほかにも実施段階にはいっている事業があるが，名護市の2事業だけで補助総額の半分をしめている．また公共事業については，市町村の事業が増えているが，ここでも名護市は4事業採択されている．なかでも外郭線街路新設改良事業は，予定総事業規模20億円と，それまでに採択された公共事業の中では最大規模となっているのである[49]．

　このように基地新設を受け入れた名護市には，元来基地新設とは直接関連するものではないはずの島田懇談会事業も含め多くの事業が集中している．その結果，名護市財政はつぎのような状況を呈している．まず第1に，前掲図6-3でみたように，98年度以降基地関係収入が急激に増加していることである．先に述べたように，かつての名護市の基地関係収入は，ほとんどが財産運用収入，つまり軍用地料であった．ところが，98年度以降，島田懇

談会事業と北部振興事業，そして SACO 関連を反映した周辺整備法にもとづく収入が大幅に増えていることがわかる．ピーク時の 2001 年度基地関係収入 91 億 1,429 万円のうち，島田懇談会事業と北部振興事業で 44 億 4,470 万円と半分近くをしめ，これに SACO 関連 9 億 6,815 万円を加えると，基地関係収入のおよそ 6 割を占めることとなるのである．復帰以来，名護市の歳入総額にしめる基地関係収入の比重は，最も高い 87・88 年度においても 10％ほどで，おおむね 6～8％で推移してきた．それが 98 年度から急増し，ピーク時の 2001 年度においては 29.4％にも上昇し，以後も 20％台で推移しているのである．

第 2 は，すでに述べたことの繰り返しになるが普通建設事業費のうち補助事業費を中心とした経費の膨張である．前掲表 6-9 をみると，72 年度から 96 年度までの名護市における補助事業費は，単独事業費の 2～4 倍で推移している．ところが，97 年度から 2001 年度，02 年度以降は 4 倍を上回っていることがわかる．なかでも，1999 年度から 3 年間の当初予算においては補助事業費が単独事業費の 10 倍にもなっている．とくに補助事業費が前年度比 6 割近くも増加した 01 年度の補助事業費は 103 億円と，単独事業費 7 億 7,759 万円の 13 倍，歳出全体にしめる割合も 37.0％となった[50]．01 年度は，これに加えて，すでに述べたように補正予算で SACO 交付金による事業が加わることによって，基地関係収入も大きく膨れあがったのである．

そして第 3 に，このように補助事業を中心に財政膨張を続ける過程で，財政指標が悪化している．経常収支比率をみると，99 年度においては 86.3％と県内市平均 85.7％を少し上回る程度であった．ところが 2004 年度は 95.0％で，県内市平均 91.6％を 3.4％ポイント上回っている．また起債制限比率をみると，97 年度は 13.9％と県内市平均 13.8％とほぼ同じであった．ところが，県内市平均は翌 98 年度 14.0％をピークに低下し 2004 年度は 12.6％であるが，名護市は 99 年度に 15.4％に上昇し，以後も 15％台で推移しているのである[51]．

このように，基地新設「同意」と引き換えの各種財政資金の投入は，名護

市財政の県内自治体のなかでも特異な公共事業費依存度をいっそう高める一方，財政事情は決して好転を見せていないのである．

おわりに

前章で述べたように，「本土との格差を是正する」ことと「自立的発展の基礎条件を整備する」ことを目標として30年近くにわたりすすめられてきた振興開発事業においては，主に沖縄開発庁・内閣府沖縄総合事務局を通じて，8兆円をこえる財政支出が行われてきた．しかしそれはもっぱら既存の政策の枠組みの中での補助事業であり，しかも沖縄振興開発特別措置法にもとづく嵩上げ措置が講じられていた．そのため，県内自治体財政における補助事業費の比重は，今日なお県外の自治体と比べてもなお格段に大きくなっている．またこの政策は，過重な基地負担を前提としたものであった．その負担の'見返り'として，さまざまな名目で基地所在市町村には多大な基地関係収入がもたらされた．復帰前から使われている「軍関係受取」[52]が県民総所得にしめる割合は，復帰当初の15%から今や5%に低下しているとはいうものの，これら様々な財政支出を考慮に入れると，決して5%にはとどまらないのである．

こうした政策の縮図ともいうべき嘉手納町の財政をみると，復帰当初は湯水のように補助金を投じて大量の公共事業がおこなわれたものの，基地の存在が，税源を著しく制約している上に，90年代の補助事業費急減が示すように，国の補助事業を展開する余地さえ奪っていることがわかる．嘉手納町では今，島田懇談会事業による再開発事業などを積極的にすすめているが，それはあくまで「閉塞感の緩和」でしかない．

他方，名護市など北部4市町村に存在する基地は，所有形態では市町村有地が多いこと，土地利用では山林が多いことにより，大量の軍用地料収入をもたらすものであった．その一部は分収金として地元の行政区に再配分され，行政区の財政基盤を豊かにしているのである．とくに本島北部の中心都市で

ある名護市においては，圧倒的多数の市民にとって基地は，その存在すら日常的に認識されないものである．そうした名護市における米軍基地立地と財政資金散布の構造は，冒頭に述べた日本における迷惑施設立地政策を維持する財政政策の縮図ともいえる状況にあった．すなわち，1970年に合併した旧久志村に基地が集中する一方，それがもたらす軍用地料収入は，半分近くを分収金として行政区に配分しても，名護市財政にとっては重要な歳入源となっていたのである．1997年12月におこなわれた普天間飛行場の代替ヘリポート基地建設をめぐる住民投票において，中央政府が打ちだした「振興」策に期待して，条件付き賛成が4割近くをしめ，市街地ほどその比重が高かったことの背景には，名護市におけるこうした地域構造と基地がもたらす財政資金の流れがある．しかしそれでも，名護市民の過半数は基地建設に反対の意思表示をしたのである．

こうした民意に反して，名護市辺野古に普天間飛行場に代わる新たな基地を建設することは，冒頭に述べた日本における迷惑施設立地政策──迷惑施設を少数者に押し付けて，その犠牲の上に便益を多数者が享受するというモラル・ハザードをもたらす政策──を21世紀も継続することを意味する．というのは，在日米軍専用施設の75％を沖縄に集中させるという差別構造に何ら手をつけず，沖縄本島のなかでも人口の少ない北部地域に基地をさらに集中させ，北部のなかでもさらに人口の少ない東海岸に集中させることになるからである．

様々な優遇措置を講じた基地新設と引き換えに展開されている財政支出も，こうした構造の枠組みを何ら変えるものではない．確かに，「地元」と位置づけられている辺野古など東海岸地域にも公民館建設や「地域振興補助金」などの財政支出がおこなわれ，さらに高等専門学校も開学された．しかしその一方で，基地新設の「地元」ではない名護市西域をはじめとする北部地域全体にも大量の財政資金が投じられているのである．

ところで，2006年5月30日閣議決定「在日米軍の兵力構成見直し等に関する政府の取組について」によって，北部振興などを定めた1999年の閣議

決定は廃止された．打ち切られようとしている北部振興事業に代わって政府が新たに検討している「再編交付金」制度は，再編計画に関係する基地を「再編関連特定防衛施設」に指定し，周辺市町村に①環境影響評価開始，②事業着工，③事業完了，の各段階に応じて増額する交付金を支出するというものである[53]．原発交付金をモデルとして，2000 年度からの北部振興事業の展開にもかかわらず，普天間飛行場代替施設の建設がまったく進まなかったことを'教訓'として創設されてようとしているこの制度は，要するに事業が進行しないと交付金も支払われないのである[54]．1999 年の閣議決定の趣旨からして，北部振興事業と普天間飛行場移設とがリンクしないというのは重要な'建前'であった．政府が一方的にこの建前を放棄したにもかかわらず，なおも北部自治体が振興策の継続を求めるという状況は，分権の時代

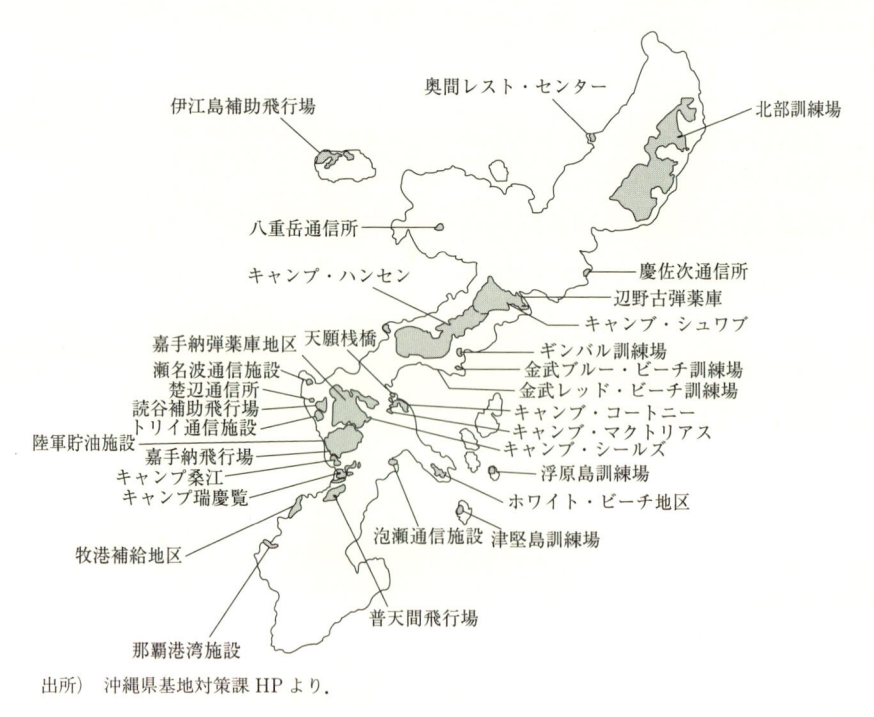

出所）沖縄県基地対策課 HP より．

付図 2　米軍提供施設・区域の概要

注

1) 沖縄県総務部知事公室基地対策室『沖縄の米軍及び自衛隊基地（統計資料集）』2006年3月，より．
2) SACO最終報告では11事案の基地返還が合意されたが，10年を経過しても全面返還は3基地にとどまっている（「SACO最終報告合意から10年」『沖縄タイムス』2006年12月2日付）．
3) この市民投票については，名護市民投票報告集刊行委員会編『名護市民燃ゆ』海上ヘリ基地建設反対・平和と名護市政民主化を求める協議会，1999年，に詳しい．
4) 佐藤昌一郎『地方自治体と軍事基地』新日本出版社，1981年．本章における従来型基地関係財政支出に関連する叙述，とくにその成立過程については，同書，及び沖縄県基地対策室『沖縄の米軍基地』2003年3月，に負うところが大きい．
5) 地方財務協会編『地方税制の現状とその運営の実態』地方財務協会，2003年，より．
6) 旧3公社が，経営形態の変更によって納付金制度の対象外となったため，1989年度から納付金制度が廃止され，法律の名称も「国有資産等所在市町村交付金法」に改められた．
7) 創設時は10分の8と10分の2であったが，航空機の近代化等にともなう財政需要の増高などを理由に，沖縄返還の翌1973年度に10分の7.5と10分の2.5に，そして92年度からは現行の比率となっている．
8) 佐藤昌一郎，前掲書，48頁．
9) 佐藤昌一郎，前掲書，49頁．
10) 総額は，財政調査会『2005年度補助金総覧』日本電産企画，沖縄分は，前掲『沖縄の米軍及び自衛隊基地』，による．
11) 前掲『沖縄の米軍及び自衛隊基地』，より．
12) 佐藤昌一郎，前掲書，112頁．
13) 特定防衛施設とは，次に掲げる防衛施設のうち，その設置または運用がその周辺地域における生活環境またはその周辺地域の開発に及ぼす影響の程度及び範囲その他の事情を考慮し，当該周辺地域を管轄する市町村がその区域内において行う公共用の施設の整備について特に配慮する必要があると認められる施設で，内閣総理大臣があらかじめ関係行政機関の長と協議のうえ指定したもの．
①ターボジェット発動機を有する航空機の離陸又は着陸が実施される飛行場
②砲撃又は航空機による射撃若しくは爆撃が実施される演習場
③港湾
④大規模な弾薬庫

⑤市街地又は市街化しつつある地域に所在する防衛施設（上記①〜④に掲げるものを除く）でその面積が所在する市町村の面積にしめる割合が著しく高いもの．

14) 前掲『沖縄の米軍及び自衛隊基地』，35頁．また，沖縄でおこなわれていた米軍演習を受け入れさせられた沖縄県外の5演習場所在16市町村に対し，防衛施設庁は，この交付金を5年間にわたり年約22億円ずつ上乗せすることとした（『朝日新聞』1997年5月23日付）．

15) 前掲『沖縄の米軍及び自衛隊基地』，より．

16) 軍用地料に，「軍人・軍属等への財・サービスの提供」と「軍雇用者所得」を加えて「軍関係受取」と言われている．復帰時の1972年度は計777億円で県民総所得の15％をしめていたが，89年度以降は5％未満で推移し，2004年度は計1,743億円，県民総所得比は4.6％となっている．2007年3月，沖縄県企画部はこのうち「軍人・軍属等への財・サービスの提供」の実態が明らかになったとして推計値を見直し，2004年度の公表値465億円を729億円に改めた．この結果，軍関係受取の県民総所得にしめる割合は5.3％となった．また，729億円のうち約7割は「思いやり予算」による米軍施設整備や米軍直轄工事などで，米軍発注契約の県内受注率も20％弱にとどまっていることが明らかになった（「米軍基地収入2,006億円」『沖縄タイムス』2007年3月8日付）．推計の詳細は沖縄県企画部統計課HPに公表されている．

17) この点は，前掲『沖縄の米軍基地』，165頁の指摘による．また，2004年度の決算数値は，沖縄県企画部市町村課『沖縄県市町村概要（2006年3月）』，による．

18) 原子力発電所所在自治体の財政については，清水修二『差別としての原子力』リベルタ出版，1994年，同『NIMBYシンドローム考』東京新聞出版局，1999年，参照．

19) 交付金が計上されている電源開発促進特別会計については，清水修二「電源開発特別会計と電力自由化」『財政学研究』第30号，2002年6月，参照．2000年12月に議員立法により成立し，01年4月から施行された「原子力発電施設等立地地域の振興に関する特別措置法」では，道路，港湾，漁港，消防用施設，義務教育施設を対象に，補助率の嵩上げなどの支援措置がおこなわれるが，原発交付金との最大の違いは，財源を一般財源に求めていることにある．さらに，2003年度からは従来の交付金を統合した「電源立地地域対策交付金」が創設され，一部交付金については原子力発電所の運転終了まで交付されることとなった．

20) 宮本憲一「地域開発と復帰政策」宮本憲一編『開発と自治の展望・沖縄』筑摩書房，1979年，50頁．

21) 前掲『沖縄の米軍及び自衛隊基地』，より．

22) 軍用地料が高すぎることを問題提起した文献として，来間泰男『沖縄経済の幻想と現実』日本経済評論社，1998年，がある．軍用地料の存在が返還合意を困難にしている事例の1つとして，2006年9月30日に返還された読谷村の瀬名波

通信施設を挙げておく．読谷村は農地としての利用を中心にした計画をすすめているが，宅地としての利用を望む地主の大半が返還を望んでいないという（『沖縄タイムス』2006年9月29日付）．ちなみに，同施設は面積約61haで，うち民有地が約58ha，地主は401人，2005年の賃貸料は3億7,200万円，地主1人平均賃貸料は約93万円である．

23) 岡本全勝『地方交付税・仕組と機能』大蔵省印刷局，1995年，194頁．
24) ただし，助成交付金・調整交付金ともに予算の範囲内であるのに対し，国有財産台帳記載の評価額の1.4％で算出される国有資産等所在市町村交付金には，そうした制限はない．
25) 沖縄県内市町村の2005年度配分額は54億288万円で，市町村別内訳は，沖縄市9億1,260万円，北谷町6億8,868万円，金武町5億488万円，嘉手納町4億8,849万円，宜野湾市4億2,860万円，浦添市4億1,486万円などとなっている（沖縄県企画開発部地域・離島振興局市町村課『2005年度地方交付税算定状況』より）．これが設けられた初年度である1997年度における嘉手納町への傾斜配分額は3億887万円であった．嘉手納町長は，この配分額が県内自治体の中で7位となったことに対し，「基地被害の実態を反映していない」と反発して，整理縮小から全面返還へと基地政策を転換した（その経過は，『沖縄タイムス』1997年7月31日付，8月8日付，8月11日付，参照）．そこで新たに総面積にしめる基地面積の割合により補正をかけることとしたため，嘉手納町への配分額は上記のように増加した．
26) 『沖縄タイムス』2000年12月26日付．
27) 正式には「特別行動委員会関係特定防衛施設周辺整備交付金」といい，2005年度予算額は35億3,800万円である（『2005年度補助金総覧』による）．
28) 2005年度の予算額は，特別行動委員会関係教育施設等騒音防止対策事業費補助金17億4,543万円，特別行動委員会関係施設周辺整備助成補助金41億5,931万円である．特別行動委員会関係道路改修等事業費補助金は，04年度90億88万円であったが，05年度は計上されていない（『2005年度補助金総覧』による）．
29) 移設先とは名護市，周辺地域は東村と宜野座村を意味する．
30) 仲地博「軍事基地と自治体財政」日本財政法学会編『地方自治と財務会計制度』学陽書房，1989年，127頁．
31) 前掲『沖縄の米軍基地』より．
32) 沖縄県企画開発部市町村課『沖縄県市町村概要』2005年，より．
33) 琉球銀行調査部編『戦後沖縄経済史』琉球銀行，1984年，959頁．
34) 基地補正額は沖縄県企画開発部市町村課『2004年度地方交付税算定状況』，島田懇談会事業経費は嘉手納町作成資料による．また，沖縄県内自治体が毎年作成している『決算統計検収調書』という資料には，「基地関係収入決算額の状況」という欄が設けられており，2000年度から島田懇談会事業経費を基地関係収入に含めている．

35) 久場政彦「沖縄の産業経済振興の道」『経済』第31号，1998年4月，83頁．
36) 以下は，沖縄地域政策研究会『基地と地域づくり』(社)沖縄県対米請求権事業協会，2006年，および2005年12月におこなった北谷町での聞き取り調査で入手した資料による．
37) 本島以外の自治体で名護市より広い面積を有するのは，石垣市と竹富町である．
38) 地井昭夫「沖縄振興のもう一つの視点」『朝日新聞』1997年9月17日付「論壇」より．
39) 『名護市総合計画・基本構想』1973年，8頁．
40) 名護市建設部都市計画課『名護市都市マスタープラン』1998年，2頁．
41) 前掲『沖縄の米軍及び自衛隊基地』2006年3月，9頁．
42) 分収制度については，沖縄タイムス社編『127万人の実験』沖縄タイムス社，1997年，宜野座村『村政50周年記念誌』1996年，等を参照した．
43) 村内1,610haの米軍基地のうち1,432haが村有地である（『第3次宜野座村総合計画』1997年，133頁）．
44) 沖縄タイムス社編『民意と決断』沖縄タイムス社，1998年，51頁．
45) 建設予定地の南に隣接する宜野座村松田区も，騒音被害への危機感が強く，2001年3月の区民総会で移設反対決議をおこなっている．
46) 『沖縄タイムス』1999年11月4日付．
47) 『名護市議会第125回定例会会議録』，100-101頁の宮城康博議員の発言より．このほか，「基地問題とは別」という建前が通らない資金にもとづく事業であることについて，地元に十分説明し納得を得ているのかどうか，基地新設については「条件付き受け入れ」で場合によっては撤回することもあり得るというのが市長の姿勢であるにもかかわらず，基地建設を前提としたこうした資金を受け入れることの妥当性，などが議論されている．
48) 名護市における島田懇談会事業の1つに総事業費約90億円のうち3割をしめる「ネオパーク国際種保全研究センター」という事業がある．ネオパークの前身となる施設は，1987年に県や市が出資し，第三セクターとしてオープンした．用地を借り受けて運営したが，経営に行き詰まり92年に解散した．その運営資金として，金融機関から借地を抵当に入れた借入金が返済されないままだったため，別の第三セクターが引き継いで営業を再開したものの，土地は競売にかけられそうになった．島田懇談会事業でこの土地を買い取る，つまり金融機関の不良債権を公的資金で救済することになってどうにか息を吹き返したものの，入園者数は採算ラインの7割にとどまるなど，経営状況は芳しくない．以上の経緯については，宮城康博「炭坑のカナリアの歌声」『建築とまちづくり』282号，2000年11月，「脱閉塞感―島田懇事業中間報告⑲」『沖縄タイムス』2003年2月16日付，同⑳『沖縄タイムス』2003年2月17日付，「脱基地のシナリオ33」『沖縄タイムス』2006年6月29日付，を参照．
49) 内閣府沖縄担当部局HP，より．

第 6 章　安全保障と地方自治

50)　名護市財政課『2001 年度一般会計予算（案）概要説明書』，より．
51)　以上は，名護市企画総務部企画財政課『中期財政計画』2005 年 10 月，及び前掲『沖縄県市町村概要』各年版，による．
52)　本章の注 16 を参照．
53)　『沖縄タイムス』2006 年 5 月 15 日付夕刊，より．
54)　この再編交付金を盛り込んだ米軍再編推進特別措置法が国会で審議されているさなか，2007 年 4 月 10 日に防衛施設庁が発表した 2007 年度 SACO 関係経費の実施計画によると，前年度まで交付していた名護市のキャンプシュワブ（6 億 3 千万円），浦添市の牧港補給基地（3 億 6 千万円）への配分がなくなっている．担当課は「名護市，浦添市は SACO から米軍再編に移行されているため，SACO 交付金には計上していない」と説明しているというのである（『琉球新報』2007 年 4 月 11 日付）．

終章

地方交付税を連帯の証に

　序章で述べたように，明治期において日本の地方自治制度の確立に中心的な役割をはたした山縣有朋は，現在の憲法で認められているような民主主義的権利としての地方自治ではなく，中央政府の統治の単位としての行政区域を作ろうとした．山縣にとって地方自治とは「地方人民ノ義務」であり，「國民タル者國ニ盡スノ本務ニシテ，丁壮ノ兵役ニ服スルト原則ヲ同ク」だったのである．

　その明治地方自治制確立期にすすめられた町村合併政策の実情を批判的に検証した島恭彦は，明治地方自治制の性格について次のように述べている．

> 「町村の自治能力といえば，国家権力の踏み台たりうる能力である．町村はどれだけ重い国家の義務を，つまり国政事務を負担する能力があるかという角度から，その行財政力を測定される．従ってまた「地方自治の強化」という言葉は，国政事務を負担し遂行し得る地方団体の行財政力を強化するという意味で使用されるようになる」[1]

　いうまでもなく，当時の最大の国政委任事務は義務教育であり，封建社会の「自然村」をそのまま引き継いだような零細町村では，その遂行は不可能であった．その義務を中央政府に負担をかけないよう遂行できるようにするために大規模な町村合併が強行されたのである．まさにそれは，「国家権力の踏み台たりうる能力」なのである．

　こうした地方自治制度下の地方財政の実態については，大内兵衛が『財政

学大綱』において詳細な分析を行っている．大内は，地方の経費を教育，土木，警察，勧業，衛生に分類して，それぞれにおいて地方自治体が国の下請的な役割を担わされていることを強調している．そのために地方自治体がどれだけの財政支出を余儀なくされているかについて，大塚辰治の分析に依拠して，次のように述べている．

> 「1934 年度の六大都市における国政事務は歳出の 46％ であるが中小都市においてはその比は 53％，町村にありては 73％ となっている．之を全市町村の歳出総額について云えば 13 億 20 万円中委任の国政事務費は 7 億 5,110 万円，57％ に当たっている．之に対して国庫より交付される下渡金及び徴収交付金補助金の類は何程であるか，それは六大都市においては僅かに 8％，中小都市においては 11％，町村では 24％ となっている．一般に地方費というものの可なりの部分が実質的には国費であり，それに対して国家が相当する交付金を与えていない事実は之を蔽うことは出来ない」[2]

このように，自治体は歳出の半分以上を国政委任事務の遂行に費やしながら，国からの財政援助はわずかでしかなく，「地方費というものの可なりの部分が実質的には国費」でしかない実情を指弾しているのである．

さらに 1914 年から 35 年まで助役または市長として大阪市政をになった関一も，委任事務に追われる自治体行政の実情について次のように批判している．

> 「此（補助金の―筆者）当否は国政事務の委任の程度に依って決せられるべきである．わが国に於ては元来他国に於て自治事務と考へらる事務を国の事務と認めて居る場合が多いのみでなく，近来法律命令に依って国の事務を市町村に委任して其費用は市町村に負担せしめ，其一部を例えば三分の一とか六分の一とかを補助金の名称の下に交付する実例が増

加する傾向が著しいので，名は補助金であって，実は国政事務費の一部分を国家が負担するに過ぎない」[3]

　義務教育費国庫負担金が創設されるなど，日本においても補助金を軸とする財政統制の萌芽的展開がみられるなかにあって，それが実は委任事務の増加を反映したものに過ぎないこと，しかも国はわずかな負担だけで自治体に委任事務を執行させている実情が明らかにされている．
　1970年代半ばに戦後2回目の全国的な自治体財政危機を迎えてから今日までの変遷を振り返ってみると，自治体財政は，次の2つの意味で，以上で述べた戦前と同じく国の政策目的実現の踏み台とされてきたのである．
　第1に，国の財政再建の踏み台とされた．すなわち，1970年代後半から「改革」を標榜する施策がたびたび登場したが，それらはいずれも自治体からみると，国から自治体への財源移転の縮小であり，単なる歳出カット・住民サービス低下策に過ぎなかった．70年代後半に打ち出された「都市経営論」，「増税なき財政再建」をスローガンに1980年代にすすめられた「行政改革」，橋本内閣による「財政構造改革」[4]，そして今すすめられている「三位一体改革」や市町村合併の事実上の強制策などが，それである．
　第2に，内需拡大を中心とした景気回復策の踏み台とされた．1985年のプラザ合意を契機とした急速な円高の進展や，日米貿易摩擦への対応策としての内需拡大政策の一環として打ち出された「民活」型公共投資政策，バブル経済崩壊後の公共土木事業を中心とした景気対策などが，それである．これらの施策において，国が自治体を財政誘導する手段としてその相対的役割が急速に高まったのが，交付税措置という名の「交付税先食い策」をともなう起債であった．
　そして第6章で示したように，分権型財政という視点でみると，最も問題が多いと思われる基地関連収入に依存する自治体には，「振興策」という名の資金散布により，安全保障という国の政策実現の踏み台とする施策をすすめてきた．それでもこれまでの施策は，沖縄をはじめ基地が所在する自治体

および住民が，みずからの意志で基地を受け入れたのではないという点を考慮した，補償または賠償金的な性格を有していた．ところが今，米軍基地再編を強行するために，基地受入を条件とした新たな財政資金の散布が，文字通り露骨におこなわれようとしているのである．分権の時代であればこそ，どのような施策であっても「地域の将来は地域住民の意思で決める」という原則がこれまで以上に尊重されなければならないはずである．しかし，安全保障という国策実現の「踏み台」とするべく，こうした原則はいっこうに顧みられないのである．ちなみに，基地所在自治体，とくに沖縄の場合は，財政力指数などをみると財政基盤が弱いにもかかわらず，こうした財政資金散布がある故に，政府がすすめる合併がまったくすすまないという皮肉な事態をもたらしている．

　第3章で紹介したように，1970年代の戦後2回目の自治体財政危機に際して，すでに今議論されているような抜本的な改革が提起されていた．にもかかわらず改革を怠る一方で，自治体の財源不足を交付税特別会計の借り入れなどにより補い，民間委託などにより自治体のサービス水準を引き下げて経常収支比率を引き下げることによって一般会計の実質収支「黒字」を演出してきた．そしてこの間も，テクノポリス，リゾート開発，「民活」型開発，ふるさとづくり，自治体合併など，さまざまな方策で開発幻想をばらまきながら，自治体を開発政策に動員してきたのである．自治体本来の役割である住民サービスは縮小することを追求する一方で，交付税措置がついた種々の起債を乱発するなど，投資的経費による財政膨張を抑制する手だては講じなかったのである．その結果，人件費は抑制したものの，公債費の増加により財政の硬直化はすすみ，未曾有の規模と速さで地方債や交付税特別会計の債務残高が急増し，今日の危機的な状況を迎えることとなったのである．

　重要なことは，この過程において序章で確認した地方交付税の本来の趣旨を逸脱した施策が継続して行われてきたことである．第1に，地方交付税の原資は国税5税の一定割合という無償資金でまなかうのが大原則である．ところが，地方交付税法第6条の3第2項に該当する事態が1977年度以来続

いていることは，政府自身も認めているにもかかわらず，その趣旨に反して，借入金や財源対策債，臨時財政対策債への振り替えなど，交付税の「先食い策」を続けてきたのである．第2に，運営の基本を定めた地方交付税法第3条において「国は，交付税の交付に当たっては，地方自治の本旨を尊重し，条件を付け，又はその使途を制限してはならない」とされている．にもかかわらず，地域総合整備事業債，合併特例債など，交付税措置がついた「有利な」起債を乱発し，国の政策実現の「踏み台」として，交付税を活用してきたのである．とくに，事業費補正による投資的経費の膨張には，著しいものがあった．そして第3に，この事業費補正の乱発も，交付税の趣旨を逸脱した施策であった．交付税法第2条において，「単位費用」の定義として「標準的条件を備えた地方団体が合理的，かつ，妥当な水準において地方行政を行う場合又は標準的な施設を維持する場合に要する経費を基準とし」と明記されている．つまり，投資的経費については「標準的な施設を維持する場合に要する経費を基準」とするのであって，決して事業費そのものではないのである．事業費補正は当初，財政力の弱い自治体の補助事業の裏負担をまかなうための例外的措置であった．それが，なし崩し的にその対象を拡大し，いたずらに投資的経費を膨張させたのである．今，交付税改革に関しておこなうべきは，次に述べるような，条件不利地域自治体の財政基盤を破壊しかねない簡素化を性急に強行することではなく，まず本来の趣旨に立ち返ることではないだろうか．

　さて，序章で紹介したように，このたびの分権型社会をめざす行財政改革の口火を切った地方分権推進委員会の『中間報告―分権型社会の創造』(1996年3月) は，それまでのような戦前以来の国と地方自治体との「上下・主従の関係」を「対等・協力の新しい関係」に転換することをめざしたものであった．はたして「三位一体改革」は，その一里塚を築いたであろうか．

　表終-1は，三位一体改革の成果として，政府が発表しているものである．元来，分権型財政改革の原点は，「上下・主従の関係」の象徴ともいうべき

表終-1 「三位一体の改革」の成果

(2004-2006)

国庫補助負担金改革	約 4.7 兆円
税源移譲	約 3 兆円
地方交付税改革 （地方交付税及び臨時財政対策債）	約△5.1 兆円

国庫補助負担金改革

- ○即決定分　　　　　　　　　　　3 兆 8,553 億円
- ○ 2006 年度新規決定分　　　　　　　8,108 億円
- （うち，税源移譲に結びつく改革）　6,544 億円）

　　合　　　計　　　　　　　　　　4 兆 6,661 億円

税源移譲

- ○ 2006 年度税制改正で，所得税から個人住民税への 3 兆円規模の税源移譲を実施（2007 年分所得税，2007 年度分個人住民税から）
- ○ 2006 年度は移譲額の全額を所得譲与税で措置（3 兆 94 億円）

地方交付税改革

- ○総額の大幅な抑制
  - ・地方交付税及び臨時財政対策債の総額の抑制（2004-2006）△5.1 兆円
- ○主な制度の改革等
  - ・「行政改革インセンティブ算定」の創設・拡充
  - ・財政力格差拡大への適切な対応（税源移譲分を基準財政収入額へ100%参入（当面の措置））
  - ・不交付団体の増加　　人口割合（市町村）2000 年 11.5%→ 2005 年 18.4% 等

　自治体の裁量を縛っている機関委任事務に象徴される事務配分の見直しと，補助負担金改革のはずであった．序章で紹介した地方分権推進委員会が示す「収入の質」の転換は，自治体の裁量を拡大する方向での補助負担金改革と税源移譲を最優先に進めるはずであった．

　ところが，「三位一体」と命名することによって，交付税の縮小が同じ土俵にのせられることとなり，移譲される税額は補助負担金削減額に比べて1.7 兆円も不足する上に，交付税「改革」と称して，5 兆円も総額が抑制されることとなったのである．つまり，地方自治体の側からみると，今回の「改革」によって 6.7 兆円もの財源を失ったことになる．しかも，税源移譲すれば最も自治体の自由度が高まるはずの公共事業や施設整備関係の補助負担金が，建設国債を原資としているから税源移譲の対象にできないという財

務省の頑なな姿勢のため，対象から除かれた．自治体側の強い批判を受けて，2006年度においては，公立学校施設整備費などについて廃止・減額分の5割が税源移譲の対象となったものの，3年間にすすめられた補助負担金削減策の多くは，かつて1980年代にすすめられた施策と同じく単なる補助率削減にすぎず，自治体の裁量が高まった事業は，公立保育所などわずかでしかなかったのである．

　他方，この改革の「成果」を中央政府からみると次のような姿が浮かび上がってくる[5]．まず，三位一体改革により，国庫補助金事務に関し減った国家公務員は，05年度は27人，06年度は20人にしかすぎないという．この数字ほど，今回の改革の本質を象徴するものはないのではないだろうか．補助金改革が本来目指すところは，自治体の裁量権を拡大し，補助金獲得などのために担当省庁への説明に費やしていた膨大な人的資源・資金を，主権者への説明責任をはたす方向に向けることにあったはずである．つまり，'霞ヶ関向け説明優先財政システム'から'主権者向け説明優先財政システム'への転換を促すことである．もしこうした方向に改革がすすんでいたなら，いわば'補助金分配業'に携わっていた国家公務員こそ，大幅に減少しなければならないはずである．すでに述べたように，2004年度から06年度にかけて地方財政計画上の人員4万人減が盛り込まれたことと比べると，彼我の差はあまりに大きいというべきであろう．

　また，法定5税を上回る国による交付税特例加算額をみると，2002年度には3.5兆円，減税補塡のための特例交付金を含めると4.4兆円，さらに交付税特別会計借入額のうち国の責任分1兆円を加えると5.4兆円であった．これが06年度には2.0兆円に減少している．

　2002年度から06年度の国と地方全体のプライマリー・バランスは，27.8兆円の赤字から14.4兆円の赤字と，13.4兆円改善した．そのうち，国の寄与は6.8兆円，地方の寄与は6.7兆円とほぼ同額なのである．ところがその要因をみると，国の改善の内訳は，歳入によるもの4.8兆円，歳出によるもの2.0兆円と，主として税収増によるところが大きい．他方，地方は，歳入

によるものが2.3兆円であるのに対し，歳出によるものが4.4兆円と，主に歳出削減によってプライマリー・バランスを改善させているのである．

要するに，国からみた「三位一体改革」は，自治体への財政移転を大幅に減らすことにより国の財政再建に大いに貢献したのみならず，補助金削減はもっぱら補助率の引き下げであったため，関係する国家公務員の減員はわずかですますことができたのである．

他方，地方自治体は交付税の削減等による大幅な財政規模の縮小，地方公務員の削減を余儀なくされている．そして交付税の削減は，交付税への依存度が高い小規模自治体の財政運営をいっそう困難な状況に追い込んでいるのである．それでも，これまでの交付税縮小は，もっぱら基準財政需要額の投資的経費の削減によるところが大であった．経常的経費の削減幅は相対的に小さかったことで，小規模自治体はかろうじて存続の基盤を維持することができているのである．ところが，その基盤を危うくしかねない施策が2007年度からすすめられようとしている．

ことの発端は竹中前総務大臣の私的懇談会「地方分権21世紀ビジョン懇談会」において「新型交付税」が提案されたことによる．それは複雑な算定方式を簡素化するべく，交付税総額の3分の1に当たる約5兆円について，人口と面積だけを基準として配分しようとするものである．表終-2は，沖縄県市町村課が算定した新型交付税導入に伴う影響額試算を示したものである．この試算には，次のような前提条件が設けられている．

①算定の基礎となる人口・面積及び基準財政需要額は2005年度普通交付税算定数値とする．

②基準財政収入額は2005年度と同額と仮定し，基準財政需要額の増減が普通交付税に影響を及ぼすとし，2005年度ベースで影響を試算．

③新型交付税に移行する経費は，基準財政需要額全国総額（市町村分）19.7兆円の概ね3分の1相当（6.4兆円）に達するように，事業費補正を除く投資的経費のすべて及び経常経費のうち測定単位を人口・面積とするもの

を中心に行政項目を抽出．これに該当しない行政項目は，従来と同様の算式により基準財政需要額が算定されるものとする．

④選定した行政項目に係る補正係数は事業費補正を除きすべて廃止されるものとする．

⑤全国の人口，面積に係る団体ごとのシェアを算出する一方，6.4兆円を人口と面積に按分し，これにそれぞれの当該シェアを乗じ，加算することにより，新型交付税の需要額を算出するとともに，影響額を試算した．

表終-2は，人口：面積を8：2とした場合の影響を示したものである．総額で106億円の減少，うち増加は8団体で35億円，減少は33団体で141億円となっている．増加は那覇市が21億円で最大，次いで那覇市周辺の都市自治体と名護市，そして面積が広い竹富町となっている．減少では20団体が25％以上の減，なかでも渡名喜村など離島5町村は40％をこえる減少となっていることがわかる．さらに沖縄県は，人口：面積を9：1とした場合の影響も試算している．その場合，総額で64億円の減少，うち増加は11団体で76億円，減少は30団体で141億円となっている．個別にみると，本島の概ね人口3万人以上の団体は増加し（那覇市が38億円で最大の増加），減少では20団体が25％以上の減で，特に離島1町が50％以上の減となるなど，8：2とした場合に比べて，都市部に有利で離島など条件不利地域にある小規模自治体にはいっそう厳しい試算結果となっているのである．

様々な仮定にもとづく試算ではあるが，この表から，まず第1に，第6章で述べたような政治的配慮にもとづく基地補正はさておいて，隔遠地補正，段階補正が廃止された場合の影響が小規模自治体にとっていかに大きいかを改めて確認できる．隔遠地補正は沖縄の場合は1級補正を適用されており，本島以外のすべての自治体に適用されている．段階補正については，98年度から小規模自治体にとって不利な見直しがすすめられているものの，人口10万人が割増となるかどうかの分水嶺となっており，那覇市，沖縄市，浦添市を除くすべての自治体には増加要因となっているのである．「簡素化」

表終-2 人口・面積による普通交付税の配分に(新型交付税対象経費を人口8：面積2の割合で按分した場合)

団体名	普通交付税額	05基準財政需要額（臨財債振替前）	新型交付税対象需要額	新方式按分額	影響額
渡名喜村	287,541	340,940	176,134	38,747	▲137,387
与那国町	955,074	1,203,244	634,837	191,770	▲443,067
多良間村	759,506	943,084	482,066	142,195	▲339,871
北大東村	524,667	631,564	305,097	78,681	▲226,416
南大東村	809,263	1,031,677	523,683	177,671	▲346,012
北谷町	1,989,828	4,873,307	2,089,980	1,303,057	▲786,923
嘉手納町	1,613,865	2,926,040	1,345,404	723,662	▲621,742
粟国村	506,605	606,281	267,227	73,792	▲193,435
伊江村	1,506,274	1,910,785	886,448	330,546	▲555,902
宜野座村	926,348	1,553,443	677,026	342,617	▲334,409
金武町	1,779,846	2,790,740	1,264,588	628,564	▲636,024
北中城村	1,291,855	2,843,929	1,243,586	813,803	▲429,783
久米島町	2,753,059	3,676,132	1,553,151	681,407	▲871,744
座間味村	565,454	681,695	286,464	108,824	▲177,640
伊平屋村	850,324	1,011,570	403,596	150,965	▲3,095,319
宮古島市	10,868,046	16,135,125	6,474,213	3,378,894	▲252,631
伊是名村	1,103,511	1,303,340	458,828	147,011	▲311,817
渡嘉敷村	465,611	559,539	232,575	102,796	▲129,779
東村	907,028	1,195,202	612,088	377,141	▲234,947
恩納村	822,079	2,165,535	831,440	622,560	▲208,880
南条市	4,894,028	7,858,088	2,918,218	2,095,894	▲822,324
中城村	1,288,367	2,631,913	984,704	790,276	▲194,428
石垣市	5,832,669	10,053,602	3,701,032	2,926,378	▲774,654
今帰仁村	1,942,817	2,656,886	855,083	605,482	▲249,601
八重瀬町	2,966,770	4,850,313	1,681,833	1,303,771	▲378,062
大宜味村	1,155,978	1,462,620	505,983	381,462	▲124,521
与那原町	1,373,935	2,560,904	869,933	759,105	▲110,828
本部町	2,131,158	3,222,810	1,051,406	902,966	▲148,440
うるま市	9,705,536	18,584,087	6,203,661	5,704,438	▲499,223
国頭村	1,925,934	2,728,502	1,050,417	965,959	▲84,458
沖縄市	8,757,286	19,352,831	6,376,033	6,051,286	▲324,747
南風原町	1,786,409	4,660,829	1,622,080	1,614,465	▲7,615
読谷村	2,510,296	5,176,129	1,903,416	1,897,096	▲6,320
宜野湾市	3,958,991	11,689,814	4,199,526	4,330,183	130,657
名護市	4,999,375	9,961,015	3,273,304	3,514,831	241,527
糸満市	5,136,238	9,341,842	2,578,051	2,863,648	285,597
浦添市	3,776,670	14,763,079	4,895,791	5,113,939	218,148
豊見城市	3,499,386	7,512,064	2,274,480	2,534,151	259,671
西原町	1,522,381	4,583,758	1,550,369	1,665,643	115,274
竹富町	1,679,115	2,336,952	1,155,528	1,340,020	184,492
那覇市	10,193,752	44,472,486	12,862,156	14,926,244	2,064,088
合計	112,322,875	238,843,696	83,261,435	72,701,940	▲10,559,495
				マイナスのみの計	▲14,058,949
				プラスのみの計	3,499,454

出所) 沖縄県市町村課作成資料。

終章　地方交付税を連帯の証に　　　　225

かかる試算

(単位：千円)

05普通交付税にしめる影響額の割合	隔遠地補正による増加需要額	基地補正による増加需要額	段階補正による増加需要額
▲47.8	36,021	1,549	40,658
▲46.4	258,568		95,152
▲44.7	155,516		78,865
▲43.2	99,358	7,125	48,972
▲42.8	203,695		82,930
▲39.5		688,678	180,280
▲38.5		488,488	189,429
▲38.2	62,724		55,698
▲36.9	198,544	55,376	189,934
▲36.1		114,143	179,690
▲35.7		504,885	197,576
▲33.3		311,954	187,140
▲31.7	386,959	415	334,183
▲31.4	68,569		60,494
▲29.7	97,571		81,434
▲28.5	1,772,758	122	883,324
▲28.3	120,010		95,123
▲27.9	48,666		51,380
▲25.9	12,579	223,492	110,510
▲25.4		105,493	200,382
▲16.8	15,237	988	773,361
▲15.1		3,111	188,316
▲13.3	1,133,307	5,807	144,208
▲12.8	29,691		202,294
▲12.7		830	388,362
▲10.8	17,589	683	155,864
▲8.1			190,130
▲7.0	34,985	354	188,552
▲5.1	42,598	312,406	658,605
▲4.4	22,697	273,670	210,542
▲3.7		912,609	▲144,291
▲0.4		781	173,118
▲0.3		203,557	160,640
3.3		428,598	36,407
4.8		329,412	109,599
5.6		671	115,071
5.8		414,861	▲20,276
7.4		610	127,455
7.6		1,196	170,803
11.0	389,758		202,936
20.2		11,017	▲1,739,791
▲9.4	5,207,400	5,402,881	5,635,059

とはこれら補正をすべて廃止することを意味するのである[6]．

そして第2に，この「簡素化」なるものが結局は，条件不利地域へ配分される交付税を削減し，それを都市部自治体に吸い上げるものであることを示唆していることである．すでに述べたようにここ数年の基準財政需要額の見直しは，もっぱら投資的経費の縮小によるものであった．しかしこの試算によれば，簡素化とは，経常的経費の削減にまで踏み込んで小規模自治体存立の財政的基盤を完全に崩壊させるものといえよう[7]．

ところで，削減率が40％をこえる渡名喜村など5町村の05年度普通交付税総額は33億3,605万円で，同年度沖縄県内市町村の普通交付税総額1,123億2,287万円の3％にもみたない．著名な政治哲学者であるJ.ロールズは，自由の大切さを強調しつつも，「社会の最も不利な条件におかれている人々の厚生を最大化すべき」という「格差原理」を提唱した[8]．わずかな額の交付税を削減することで，地域経済を成り立たせる上で最も不利な条件下にある，これら離島自治体の「厚生を最大化」するどころか，存続を事実上不可能にし，一層の過疎化，ゆくゆくは無人島化にもつながりかねないような事態を招くことに何ほどの意味があるというのであろうか．

かつてこの国では，旧国鉄の赤字を問題にする際，いわゆる'赤字ローカル線'が1,000円の収入をあげるのにいくらかかるかという相対的な収益力の悪さをことさら問題視し，それらを切り捨てて民営化することによって財政再建を成し遂げようとした．しかしながら，それは財政再建という点からしても誤った政策であったのみならず，地域経済をいっそうの衰退に追い込み[9]，さらには2005年の宝塚線の大事故に象徴されるように，安全性という最も重要な公共性をないがしろにするものであった．

国の財政再建のために地方交付税の縮小を先行させ，本来であれば都市と農山漁村との連帯の証であるはずの地方交付税を，「受益と負担」の乖離をことさら強調することによって分断の手段と化している施策もまた，同じ轍を踏んでいるのではないだろうか．

注

1) 島恭彦「町村合併と農村行政機構の展開」島恭彦編『町村合併と農村の変貌』有斐閣，1958 年（島恭彦著作集 4『地域論』有斐閣，1983 年，所収），176 頁．
2) 大内兵衛『財政学大綱　下巻』未刊（『大内兵衛著作集　第 1 巻』岩波書店，1974 年），469 頁．
3) 関一『都市政策の理論と実際』三省堂，1936 年（『地方自治古典叢書 1』学陽書房，1988 年），179-180 頁．
4) 橋本内閣時に制定された財政構造改革法は，山一証券の倒産などによる経済危機のため，ほとんど実施されないまま凍結された．しかし，その施策の基本的枠組みは，一連の「改革」と変わらない．この点については，拙稿「財政構造改革と地方財政」自治体問題研究所編『自治体の「市場化」』自治体研究社，1998 年，参照．
5) 以下は，岡本全勝「進む三位一体改革－その評価と課題（4）」『地方財務』第 625 号，2006 年 7 月，118 頁，による．
6) 大阪市は 2006 年度当初予算において，普通交付税を 540 億円と見積もったが，交付決定額は 100 億円近く少ない 453 億円となった．これは，前掲図 4-4 の投資態容補正のうちの投資補正の簡素化によるものであるという（2006 年 10 月におこなった大阪市財政局での聞き取り調査より）．
7) こうした批判に応えるかのように，2007 年 1 月に総務省が示した交付税総額の約 10% に導入する新型交付税では，段階補正係数の見直しや地域振興費の外国語指導助手など外国人青年招致人員の項目が追加されるなど，財政力が弱い自治体への配慮がなされている．それにもとづいて沖縄県内自治体の影響額を試算すると，41 市町村のうち，12 市町村で減額となるものの，全体では約 1 億 5 千万円の増額となった．減額が大きかったのは，那覇市の約 9,700 万円，次いで沖縄市の約 9,100 万円と，人口が比較的多い 9 市がマイナスとなっているという（『沖縄タイムス』2007 年 3 月 1 日付）．
8) John Rawls, *A Theory of Justice*, Oxford University Press, 1972（矢島鈞次監訳『正義論』紀伊國屋書店，1979 年）．
9) 国鉄民営化と地域経済の衰退については，本間義人『地域再生の条件』岩波書店，2007 年，を参照．

参考文献

青木宗明「地方交付税の改革」神野直彦編『地方財政改革』(『自治体改革』第8巻) ぎょうせい，2004年
赤井伸郎・佐藤主光・山下耕治『地方交付税の経済学：理論・実証に基づく改革』有斐閣，2003年
赤井伸郎「地方公社（住宅・道路・土地）の実態と課題」『ファイナンシャル・レビュー』通巻第76号，2005年5月
赤川彰彦「自治体財政の重荷．土地開発公社という爆弾」『金融ビジネス』通巻244号，2005年11月
新崎盛暉・比嘉政夫・家中茂編『地域の自立　シマの力(上)(下)』コモンズ，2005年，2006年
五十嵐敬喜・小川明雄『公共事業をどうするか』岩波書店，1997年
五十嵐敬喜・小川明雄『図解 公共事業のしくみ』東洋経済新報社，1999年
五十嵐敬喜・小川明雄『図解 公共事業のウラもオモテもわかる』東洋経済新報社，2002年
五十嵐敬喜＋立法学ゼミ『破綻と再生―自治体財政をどうするか』日本評論社，1999年
池上惇『地方財政論』同文館，1979年
池上惇『日本財政論』実教出版，2000年
池上岳彦「地方交付税―推移と現状」神野直彦・池上岳彦編『地方交付税　何が問題か』東洋経済新報社，2003年
池上岳彦『分権化と地方財政』岩波書店，2004年
池上岳彦編『地方税制改革』(『自治体改革』第7巻) ぎょうせい，2004年
池田清『創造的地方自治と地域再生』日本経済評論社，2006年
石弘光監修『財政構造改革白書』東洋経済新報社，1996年
石弘光監修『財政構造改革の条件』東洋経済新報社，1997年
石島弘・碓井光明・木村弘之亮・山田二郎『固定資産税の現状と納税者の視点』六法出版社，1988年
石田頼房『都市農業と土地利用計画』日本経済評論社，1990年
石原信雄『新地方財政調整制度論』ぎょうせい，2000年
一河英洋・吉牟田勲・田中啓一・米原淳七郎編『資産政策と資産課税』有斐閣，1998年

伊藤和良『スウェーデンの分権社会―地方政府ヨーテボリを事例として―』新評論，2000年
井上誠一『高福祉・高負担国家スウェーデンの分析』中央法規，2003年
内田真人『現代沖縄経済論　復帰30年を迎えた沖縄への提言』沖縄タイムス社，2002年
占部裕典監修・全国婦人税理士連盟編『固定資産税の現状と課題』信山社，1999年
浦田賢治編『沖縄米軍基地法の現在』一粒社，2000年
遠藤晃・成瀬龍夫・横田茂『民主的行政改革―その理論と政策』自治体研究社，1980年
遠藤安彦「分権時代の地方財政」日本地方財政学会編『地方財政改革の国際動向』勁草書房，1999年
遠藤宏一・森靖雄・山田明編『国際化への空港構想』大月書店，1993年
大内兵衛『財政学大綱　下巻』未刊（『大内兵衛著作集　第1巻』岩波書店，1974年）
大住荘四郎『ニュー・パブリックマネジメント』日本評論社，1999年
大田昌秀『沖縄，基地なき島への道標』集英社，2000年
大田昌秀『平和の礎』岩波書店，1996年
岡崎靖典「地方単独事業における地方交付税の利用―事業費補正を中心として（上）（中）（下）」『自治研究』第75巻第10号，1999年10月，第76巻第3号，2000年3月，第76巻第8号，2000年8月
岡田章宏編『NPMの検証―日本とヨーロッパ』自治体研究社，2005年
岡田知弘『地域づくりの経済学入門』自治体研究社，2005年
岡本全勝『地方交付税　仕組と機能』大蔵省印刷局，1995年
岡本全勝『地方財政改革論議―地方交付税の将来像―』ぎょうせい，2002年
岡本全勝『新地方自治入門』時事通信社，2003年
岡本全勝「進む三位一体改革―その評価と課題(1)(2)(3)(4)」『地方財務』第602号，2004年8月，第603号，2004年9月，第612号，2005年6月，第625号，2006年7月
岡本直樹・吉村恵一『「論・説」地方財政改革シミュレーション』ぎょうせい，2002年
沖縄国際大学公開講座委員会編『沖縄の基地問題』ボーダーインク，1997年
沖縄国際大学公開講座委員会編『沖縄経済の課題と展望』那覇出版社，1998年
沖縄国際大学公開講座委員会編『基地をめぐる法と政治』編集工房東洋企画，2006年
沖縄タイムス社編『127万人の実験』沖縄タイムス社，1997年
沖縄タイムス社編『民意と決断』沖縄タイムス社，1998年
沖縄タイムス社編『しのびよる破綻　市町村財政危機』沖縄タイムス社，2004年
沖縄地域政策研究会『基地と地域づくり』(社)沖縄県対米請求権事業協会，2006年
尾林芳匡『自治体民営化と公共サービスの質』自治体研究社，2006年
片山義博「建前だけの三位一体論議を排す」『世界』第742号，2005年8月

金澤史男「財政危機下における公共投資偏重型財政システム」金澤史男編『現代の公共事業』日本経済評論社，2002年
我部政明『世界のなかの沖縄，沖縄のなかの日本』世織書房，2003年
川瀬光義『台湾の土地政策―平均地権の研究』青木書店，1992年
川瀬光義『台湾・韓国の地方財政』日本経済評論社，1996年
川瀬光義「財政構造改革と地方財政」自治体問題研究所編『自治体の「市場化」』自治体研究社，1998年
川瀬光義「沖縄復帰政策と自治体財政」『都市問題』第89巻第5号，1998年5月
川瀬光義「基地をめぐる政府間財政関係―沖縄の事例を中心に」『都市問題』第90巻第10号，1999年10月
川瀬光義「市町村と固定資産税」関野満夫・自治体問題研究所編『地方税財源の改革課題』自治体研究社，2001年
川瀬光義「都市財政危機が意味すること」原田純孝編『現代の都市法Ⅱ 諸相と動態』東京大学出版会，2001年
川瀬光義「基地新設と自治体財政」『都市問題』第93巻第11号，2002年11月
川瀬光義「構造改革の軌跡と自治体財政」重森暁・田中重博編『構造改革と地方財政―分権的税財政システムへの展望』自治体研究社，2004年
川瀬光義「「三位一体改革」と沖縄」『都市問題』第97巻第6号，2006年6月
川瀬光義「地方分権と固定資産税」日本租税理論学会編『地方自治と税財政制度』法律文化社，2006年
川瀬光義「住民税比例税率化をどうみるか」『季刊・自治と分権』第26号，2007年1月
木佐茂男・五十嵐敬喜・保母武彦編『地方分権の本流へ―現場からの政策と法』日本評論社，1999年
木佐茂男・五十嵐敬喜・保母武彦編『分権の光 集権の影―続・地方分権の本流へ』日本評論社，2003年
北沢栄『公益法人』岩波書店，2001年
北沢栄『官僚社会主義 日本を食い物にする自己増殖システム』朝日新聞社，2002年
木下和夫監修・地方税財政制度研究会編『固定資産税の理論と実態』ぎょうせい，1987年
久場政彦『戦後沖縄経済の軌跡』ひるぎ社，1995年
久場政彦「沖縄の産業経済振興の道」『経済』第31号，1998年4月，83頁．
京都府政研究会編『戦後における京都府政の歩み』汐文社，1973年
区画整理・再開発対策全国連絡会議編『区画整理・再開発の破綻』自治体研究社，2001年．
来間泰男『沖縄経済の幻想と現実』日本経済評論社，1998年
黒田武一郎編『三位一体の改革と将来像―地方税・地方交付税』(『地方税財政の構造改革と運営』第2巻) ぎょうせい，2007年

国家学会編『明治憲政経済史論』有斐閣，1919 年
小西砂千夫『地方財政改革論』日本経済新聞社，2002 年
小森治夫『地域開発政策における公共事業の財政問題』高菅出版，2005 年
斉藤彰秀「『国際集客都市構想』第 3 セクター事業の破綻」大阪自治体問題研究所・
　　関西地域問題研究会編『関西再生への選択』自治体研究社，2003 年
坂本忠次『現代日本地方自治財政論』青木書店，1986 年
佐藤和男『土地と課税―歴史的変遷からみた今日的課題』日本評論社，2005 年
佐藤昌一郎『地方自治体と軍事基地』新日本出版社，1981 年．
重森暁「沖縄の自立的・持続的発展と県財政」『大阪経大論集』第 49 巻第 6 号，1999
　　年 3 月
重森暁・都市財政研究会編『しのびよる財政破綻』自治体研究社，2000 年
重森暁・関野満夫・川瀬憲子『地方交付税の改革課題』自治体研究社，2002 年
重森暁「国家依存から脱却を図る将来ビジョンの共有を―自律性と自立性を欠く沖縄
　　財政」『地域政策―三重から』第 17 号，2005 年 10 月
自治省『地方交付税制度沿革史』地方財務協会，1969 年
自治省『地方交付税制度沿革史　第 2 巻』地方財務協会，1977 年
自治体問題研究所編『行政組織の改編と第三セクター』自治体研究社，1991 年
島恭彦「町村合併と農村行政機構の展開」島恭彦編『町村合併と農村の変貌』有斐閣，
　　1958 年（島恭彦著作集 4『地域論』有斐閣，1983 年，所収）
島恭彦・池上惇・重森暁・二宮厚美編『行政改革』青木書店，1982 年
清水修二「電源開発特別会計と電力自由化」『財政学研究』第 30 号，2002 年 6 月
清水修二『差別としての原子力』リベルタ出版，1994 年
清水修二『NIMBY シンドローム考』東京新聞出版局，1999 年
『住民と自治』編集部編『民間委託批判』自治体研究社，1985 年
ジュゴン保護キャンペーンセンター編『ジュゴンの海と沖縄―基地の島が問い続ける
　　もの』高文研，2002 年
白川一郎『自治体破産［増補改訂版］再生の鍵は何か』日本放送出版協会，2007 年
新藤宗幸『財政投融資』東京大学出版会，2006 年
神野直彦・金子勝編『地方に税源を』東洋経済新報社，1998 年
神野直彦編『分権型税財政制度を創る～使え!!自主財源～』ぎょうせい，2000 年
神野直彦編『分権型税財政の運営～工夫しよう自治体税財政～』ぎょうせい，2000 年
神野直彦・伊藤祐一郎編『どうなる地方税財源―分権委最終報告から見た地方税財源
　　充実の視点』ぎょうせい，2002 年
神野直彦・井出英策『希望の構想―分権・社会保障・財政改革のトータルプラン』
　　岩波書店，2006 年
菅原敏夫「地方自治体の歳出の課題と見通し，その分析のポイント」『破綻する自治
　　体，しない自治体』（『地方自治職員研修』臨時増刊 No.72）公職研，2003 年
杉野圀明・岩田勝雄編『現代沖縄経済論』法律文化社，1990 年

杉原泰雄・大津浩・白藤博行・竹森正孝・廣田全男編『資料　現代地方自治』勁草書房，2003年

砂川良和・権炳秋『土地税制と土地対策―日韓の比較』有信堂，1993年

隅谷三喜男『沖縄の問いかけ』四谷ラウンド，1998年

税金オンブズマン・固定資産税国賠訴訟を支援する会編『税の民主化を求めて―国家賠償請求訴訟の記録―』せせらぎ出版，2002年

関一『都市政策の理論と実際』三省堂，1936年（『地方自治古典叢書1』学陽書房，1988年）

関野満夫『地方財政論』青木書店，2006年

醍醐聰編『自治体財政の会計学』新世社，2000年

醍醐聰「財政規律の手段としての政府負債の情報開示」『財政と公共政策』第26巻第1号，20004年2月

高木健二『交付税改革』敬文堂，2002年

高橋誠『土地住宅問題と財政政策』日本評論社，1990年

地井昭夫「沖縄振興のもう一つの視点」『朝日新聞』1997年9月17日付

土居丈朗『三位一体改革　ここが問題だ』東洋経済新報社，2004年

土居丈朗「地方債と破綻処理スキーム」財務省財務総合政策研究所編『ファイナンシャル・レビュー』通巻第71号，2004年5月

東京自治問題研究所編『21世紀の都市自治の教訓』教育史料出版会，1994年

成瀬龍夫・自治体問題研究所編『公社・第三セクターの改革課題』自治体研究社，1997年

内閣府編『2001年版経済財政白書』財務省印刷局，2001年

仲地博「軍事基地と自治体財政」日本財政法学会編『地方自治と財務会計制度』学陽書房，1989年

中山徹『行政の不良資産』自治体研究社，1996年

名護市民投票報告集刊行委員会編『名護市民燃ゆ～新たな基地はいらない～』海上ヘリ基地建設反対・平和と名護市政民主化を求める協議会，1999年

西尾勝『未完の分権改革―霞ヶ関官僚と格闘した1300日―』岩波書店，1999年

日本都市センター編『都市経営の現状と課題』ぎょうせい，1978年

日本都市センター編『新しい都市経営の方向』ぎょうせい，1979年

日本都市センター編『新時代の都市税財政～都市自治体における資産課税の充実・確保～』2005年

林建久「水平的財政調整の動揺：スウェーデン」持田直樹編『地方分権と財政調整制度』東京大学出版会，2006年

日比野登『財政戦争の検証』第一書林，1987年

日比野登『美濃部都政の福祉政策』日本経済評論社，2002年

兵谷芳康・横山忠弘・小宮大一郎『地方交付税』ぎょうせい，1999年

平岡和久・森裕之『検証「三位一体の改革」―自治体から問う地方財政改革』自治体

研究社, 2005 年
平岡和久・森裕之「市町村における一般財源の機能分析―地方財政計画―決算一般財源の乖離の検証をつうじて―」『高知論叢』第 83 号, 2005 年 7 月
平岡和久・森裕之編『都市自治体から問う地方交付税』自治体研究社, 2006 年
広瀬道貞『補助金と政権党』朝日新聞社, 1993 年
福丸馨一『沖縄の財政問題と地方自治』鹿児島県立短期大学地域研究所, 1977 年
藤井威『スウェーデン・スペシャル(I)―高福祉高負担政策の背景と現状』新評論, 2002 年
藤井威『スウェーデン・スペシャル(III)―福祉国家における地方自治』新評論, 2003 年
藤岡純一『分権型福祉社会スウェーデンの財政』有斐閣, 2001 年
藤田武夫『現代日本地方財政史(上巻)』日本評論社, 1976 年
藤田武夫『現代日本地方財政史(中巻)』日本評論社, 1978 年
藤田武夫『現代日本地方財政史(下巻)』日本評論社, 1984 年
古川卓萬『地方交付税制度の研究』敬文堂, 1995 年
古川卓萬『地方交付税制度の研究II』敬文堂, 2005 年
保母武彦『公共事業をどう変えるか』岩波書店, 2001 年
保母武彦・河合博司・佐々木忠・平岡和久『夕張 破綻と再生―財政危機から地域を再建するために』自治体研究社, 2007 年
本多勝一『日本環境報告』朝日新聞社, 1992 年
本間正明・斉藤愼編『地方財政改革』有斐閣, 2001 年
本間義人『地域再生の条件』岩波書店, 2007 年
前田哲男『在日米軍基地の収支決算』筑摩書房, 2000 年
牧野浩隆『再考沖縄経済』沖縄タイムス社, 1996 年
正籬聡「大阪南港開発の砂鉄―特定調停の綻び」『都市問題』第 96 巻第 3 号, 2005 年 3 月
松島泰勝『沖縄島嶼経済史』藤原書店, 2002 年
松島泰勝『琉球の「自治」』藤原書店, 2006 年
三木義一「都市計画と税・受益者負担の再整備」原田純孝編『現代の都市法I 構造と展開』東京大学出版会, 2001 年
三澤美喜『これでいいのか東京臨海部開発』自治体研究社, 1991 年
水本忠武『戸数割税の成立と展開』御茶の水書房, 1998 年
三橋良士明・田窪五朗・自治問題研究所編『第三セクターの法的検証』自治体研究社, 1999 年
宮城康博「炭坑のカナリアの歌声」『建築とまちづくり』282 号, 2000 年 11 月
宮島洋『財政再建の研究―歳出削減政策をめぐって』有斐閣, 1989 年
宮崎義一『複合不況』中央公論社, 1992 年
宮本憲一『財政改革』岩波書店, 1977 年

宮本憲一「大阪府財政の現状と改革の課題」府民とともに大阪の躍進をはかる会『躍進大阪』自治体研究社，1979 年
宮本憲一編『開発と自治の展望・沖縄』筑摩書房，1979 年
宮本憲一「転換期の補助金」宮本憲一編『補助金の政治経済学』朝日新聞社，1990 年
宮本憲一・自治体問題研究所第三セクター研究会編『現代の地方自治と公私混合体（第三セクター）』自治体研究社，1992 年
宮本憲一・佐々木雅幸編『沖縄 21 世紀への挑戦』岩波書店，2000 年
三輪定宣「「三位一体改革」と義務教育国庫負担法」日本財政法学会編『教育と財政』敬文堂，2007 年
室田哲男「スウェーデンの財政調整制度」神野直彦・池上岳彦編『地方交付税 何が問題か』東洋経済新報社，2003 年
目良浩一・坂下昇・田中一行・宮尾尊弘『土地税制の研究─土地保有課税の国際比較と日本の現状』日本住宅総合センター，1992 年
持田信樹『地方分権の財政学』東京大学出版会，2004 年
百瀬恵夫・前泊博盛『検証「沖縄問題」』東洋経済新報社，2002 年
森裕之「土地開発公社の行財政研究」(社)大阪自治体問題研究所編『東アジアの地方自治』文理閣，1999 年
森裕之「地方財政の『時限爆弾』─土地開発公社がかかえる自治体の『隠れ借金』」『世界』2004 年 9 月
山田明「民活と公共投資」横田茂・永山利和編『転換期の行財政システム』大月書店，1995 年
山田明『公共事業と財政』高菅出版，2003 年
山本英治・高橋明善・蓮見音彦編『沖縄の都市と農村』東京大学出版会，1995 年
山本英治『沖縄と日本国家 国家を照射する〈地域〉』東京大学出版会，2004 年
山本節子『土地開発公社』築地書館，1999 年
山本正雄編『都市財政改革の構想─東京都新財源構想研究会報告集』新地書房，1979 年
吉岡健次『戦後日本地方財政史』東京大学出版会，1987 年
吉田和男『地方分権のための地方財政改革』有斐閣，1998 年
米原淳七郎「土地関連税制のあり方」『税経通信』第 55 巻第 12 号，2000 年 9 月
米原淳七郎『土地と税制』有斐閣，1995 年
米原淳七郎「固定資産税の本質と改革の方向」橋本徹編『地方税の理論と課題』税務経理協会，1995 年
琉球銀行調査部編『戦後沖縄経済史』琉球銀行，1984 年
琉球新報社・日米地位協定取材班『検証「地位協定」 日米不平等の源流』高文研，2004 年
琉球新報社『外務省機密文書 日米地位協定の考え方』高文研，2004 年

参考文献

Aaron, Henry J., *Who Pays the Property Tax*, The Brookings Institution, 1975
Galbraith, John Kenneth, *The Economics of Innocent Fraud*, Houghton Mifflin Company, 2004（佐和隆光訳『悪意なき欺瞞』ダイヤモンド社，2004年）
Gustafsson, Agne, *Kommunal självstyrelse*, 6th upplagan, SNS Forlag, 1996（岡沢憲芙監修，穴見明訳『スウェーデンの地方自治』早稲田大学出版会，2000年）
Harriss, C. Lowell, eds. *The Property Tax and Local Finance*, The Academy of Political Science, 1983
Inoue, Masamichi, *Okinawa and U.S. Military: Identify Making in the Age of Globalization*, Columbia University Press, 2007
Johnson, Chalmers, eds. *Okinawa: Cold War Island*, Japan Policy Research Institute, 1999
Kakazu, Hiroshi, *The Structure of Okinawa's Economy*, Graduate School of International Development Nagoya University, 1997
Ladd, Helen F. eds. *Local Government Tax and Land Use Policies in the US*, Edward Elgar Publishing, 1998
Netzer, Dick, *Economics of the Property Tax*, The Brookings Institution, 1966
Prest, A.R., *The Taxation of Urban Land*, Manchester University Press, 1981（田中啓一監訳『都市の土地課税論』住宅新報社，1995年）
Rawls, John, *A Theory of Justice*, Oxford University Press, 1972（矢島鈞次監訳『正義論』紀伊國屋書店，1979年）
Rawls, John, *Justice as Fairness: a Restetement*, Harvard University Press, 2001（田中成明・亀本洋・平井亮輔訳『公正としての正義　再説』岩波書店，1979年）
Report on Japanese Taxation by the Shoup Mission, 1949（(財)神戸都市問題研究所地方行財政制度資料刊行会編『戦後地方行財政資料 別巻1 シャウプ使節団日本税制報告書』勁草書房，1983年，福田幸弘監修『シャウプの税制勧告』霞出版社，1985年）
Revenue Statistics 1965-2004/OECD
Swedish Institute '*Taxes in Sweden*'
Swedish Association of Local Authorities and Regions, *The Economy Report. On Swedish municipal and county council finances—November 2005*
スウェーデン統計庁 HP，http://www.scb.se/eng/index.asp

参考資料

大阪市財政局『大阪市の財政』各年
大阪市財政局『大阪市税務統計』各年
大阪府地方税財政制度研究会『大都市圏における市町村税源の拡充について』1975年
大阪市『大阪市特定団体調査委員会報告書』2004年10月
沖縄開発庁沖縄総合事務局総務部調査企画課『沖縄の米軍基地が地域経済に与える影

響調査報告書』1988 年
沖縄県『沖縄県市町村合併推進構想』2006 年 3 月
沖縄県企画部市町村課『市町村行財政概況』各年
沖縄県企画部市町村課『市町村決算・公共施設状況調』各年
沖縄県企画部企画調整課『沖縄県勢のあらまし』各年
沖縄県企画開発部地域・離島振興局市町村課『地方交付税算定状況〈市町村分〉』各年
沖縄県総務部知事公室基地対策室『沖縄の米軍及び自衛隊基地（統計資料集）』各年
沖縄県基地対策室『沖縄の米軍基地』2003 年 3 月
沖縄県企画部市町村課『沖縄県市町村概要』各年
嘉手納町『嘉手納町と基地』2004 年
宜野座村『村政 50 周年記念誌』1996 年
宜野座村『第 3 次宜野座村総合計画』1997 年
経済財政諮問会議『今後の経済財政運営及び経済社会の構造改革に関する基本方針』各年
経済戦略会議『日本経済再生への戦略』1999 年 2 月
(財)神戸都市問題研究所地方行財政制度資料刊行会編『戦後地方行財政資料』第 4 巻，勁草書房，1983 年
固定資産税研究会編『要説固定資産税』ぎょうせい，各年
財政制度審議会『予算の編成等に関する建議』各年
財政調査会『補助金総覧』日本電産企画，各年
財務省財務総合政策研究所『地方財政システムの国際比較』2002 年
(財)資産評価システム研究センター『地方税における資産課税のあり方に関する調査研究―固定資産税の負担調整措置のあり方，情報開示の一層の推進について―』2005 年 3 月
(財)資産評価システム研究センター『地方税における資産課税のあり方に関する調査研究―資産評価の共同化，今後の固定資産税のあり方等について―』2006 年 3 月
(財)自治総合センター『三位一体改革後の財源調整機能及び財源保障機能のあり方に関する研究会最終報告書』2006 年 6 月
政府税制調査会『土地税制のあり方についての基本答申』1990 年 10 月
政府税制調査会『2005 年度の税制改正に関する答申』2004 年 11 月
全国市長会『税源移譲と国庫補助負担金の廃止・縮減に関する緊急提言～地方分権推進のための三位一体改革の早期具体化について～』2003 年 10 月
全国町村会『町村の訴え～町村自治の確立と地域の創造力の発揮～』2003 年 2 月
全国町村会『町村からの提言～市町村合併と分権改革・三位一体改革について～』2003 年 12 月
全国町村会『町村自治の発展を支える財政制度の構築に向けて～地方交付税制度のあり方について～』2004 年 12 月

地域企業経営研究会編『地方公社総覧 2002』ぎょうせい，2003 年
地方自治センター編『資料・革新自治体』日本評論社，1990 年
地方自治センター編『資料・革新自治体(続)』日本評論社，1998 年
地方分権推進委員会『中間報告―分権型社会の創造―』1996 年 3 月
地方分権推進委員会最終報告『分権型社会の創造：その道筋』2001 年 6 月
地方 6 団体『国庫補助負担金等に関する改革案～地方分権推進のための「三位一体の改革」～』2004 年 8 月
地方 6 団体『国庫補助負担金等に関する改革案(2)～3 兆円の税源移譲を確実なものとするために～』2005 年 7 月
地方 6 団体新地方分権構想検討委員会『分権型社会のビジョン最終報告　第二期地方分権改革とその後の改革の方向』ぎょうせい，2006 年
中央教育審議会『新しい時代の義務教育を創造する（答申）』2005 年 10 月 26 日
総務省編『地方財政白書』国立印刷局，各年
総務省『第三セクター等の状況に関する調査結果』各年
総務省『土地開発公社事業実績調査結果』各年
地域政策研究会編『行政投資』地方財務協会，各年
地方債制度研究会編『2002 年改訂版　地方債』地方財務協会，2002 年
地方債制度研究会編『地方債のあらまし』地方財務協会，各年
地方財政制度研究会編『地方財政要覧』地方財務協会，各年
地方財務協会編『地方税制の現状とその運営の実態』地方財務協会，2003 年
地方交付税制度研究会編『地方交付税のあらまし』地方財務協会，各年
地方税務研究会編『地方税関係資料ハンドブック』地方財務協会，各年
出井信夫編『図説地方財政データブック』学陽書房，各年
東京都企画審議室調整部『臨海副都心開発懇談会最終報告』1996 年
東京都財務局『転換期を迎えた都財政―東京都財政白書―』1995 年
東京都税制調査会『東京都税制調査期答申―21 世紀の地方主権を支える税財政制度―』2000 年
東京都税制調査会答申『真の地方分権の確立に向けた税制のあり方』2005 年 11 月
東京都知事本局企画調整部企画調整課『東京の米軍基地』各年
土地保有税研究会（座長：宇田川璋仁）報告書『固定資産税の改革に向けて』1999 年 11 月
内閣府『沖縄振興計画』2002 年 7 月
内閣府沖縄総合事務局『沖縄の振興』各年
内閣府沖縄総合事務局『沖縄県経済の概況』各年
名護市『名護市総合計画・基本構想』1973 年
名護市建設部都市計画課『名護市都市マスタープラン』1998 年
那覇市・南風原町・南部離島村合併任意協議会『那覇市・南風原町・南部離島村　新市将来構想報告書』2003 年 8 月

(財)南西地域産業活性化センター『沖縄懇話会受託調査事業 米軍基地が地域経済に及ぼす影響とその対応策について調査報告書』1999年3月
南部離島地域行財政研究会『研究会報告書(最終)』2005年1月28日

事項索引

［あ行］

赤字ローカル線　226
アジア太平洋トレードセンター　121
奄美群島復興特別措置法　145
泉佐野コスモポリス　121
一般財源　115
ウォーターフロント開発　110, 118
営業税　57
衛星都市　88
オイルショック　19
応益原則　76
欧州評議会　139
大蔵省　98, 113
大阪シティドーム　137
大阪府地方税財政制度研究会　38, 107
大阪ワールドセンター　121
沖縄開発庁　142, 144, 146, 186, 205
沖縄関係経費　145
沖縄振興
　　——開発計画　144, 145, 155, 188-190, 191, 195, 199
　　——開発事業　145, 176
　　——計画　144
　　——特別交付金　154-156, 165, 166
　　——特別措置法　144, 156, 165
沖縄特例　145, 149, 154, 156, 165
沖縄における施設及び区域に関する特別行動委員会（SACO）　172, 183, 184-185
沖縄米軍基地所在市町村活性化特別事業（島田懇談会事業）　168, 184, 185, 191, 192, 194, 196, 203, 204-205, 206, 211, 212
思いやり予算　210

［か行］

介護保険　29, 102, 104, 105
　　——事務費交付金　151
カウンシル税（イギリス）　36
家屋税　57
価格下落率　69
隔遠地補正　223
格差原理　226
革新自治体　19, 35, 83, 85, 89, 92, 93, 105-106
霞ヶ関向け説明優先財政システム　221
課税最低限　48
課税自主権　5, 30, 34, 45, 50, 64, 89, 91
河川改修費補助　150
学校教育設備整備費等補助金　154
合併推進債　134, 139
合併特例債　12, 18, 133, 134, 138, 139, 142, 219
嘉手納飛行場（基地）　176, 177, 186, 187, 196
関西国際空港株式会社　118
企画振興費　161
機関委任事務　50, 217, 220
起債許可制　92-93, 107
起債充当率　17
起債制限　35
　　——比率　205
基準財政収入額　182, 192, 222
基準財政需要額　96, 128, 130-134, 157, 160, 162, 165, 166, 169, 184, 222, 222, 223, 226
規制緩和　118
基礎自治体　8, 55, 77, 87, 139

スウェーデンの―― 44-46
基礎的財政収支 ⇒プライマリー・バランス
基地交付金 172, 173, 181, 182, 186, 192
基地補正 183-184, 185, 192, 211, 223
義務教育費国庫負担金 2, 7, 11, 25, 48, 151, 217
義務的経費 84
逆格差論 194
キャンプ・シュワブ 172, 183, 185, 186, 196, 213
キャンプ・ハンセン 186
行政改革 7, 87, 101, 102, 106, 109, 117, 135, 217
行政投資 84, 113, 114, 115, 148
区画整理 52, 123
繰入金 154
クリスタ長堀 137
操出金 104
軍関係受取 206, 210
軍用地料 172, 173, 177, 180-183, 187, 197-198, 204, 210
景気対策 6, 7, 17, 18, 20, 35, 48, 75, 102, 110, 120, 125, 127, 129, 217
経済財政運営と構造改革に関する基本方針（基本方針）
　――2001 10
　――2002 9, 99
　――2003 7, 8-9, 158
　――2005 10
経済戦略会議 7, 12
警察法 53
経常一般財源比率 178
経常収支比率 94, 100, 101-102, 105, 106, 178, 205, 218
経常的経費 7, 11, 20, 100, 104, 130, 222, 226
減債基金 152
原子力発電施設等立地地域の振興に関する特別措置法 210
原子力発電所 172

――所在自治体 180-183, 210
減税補塡債 17, 75, 178
建設国債（公債） 11, 106, 150, 220
減損会計 123, 137
減損損失 123, 138
県道104号線越え演習 184
憲法を暮らしにいかす 85
広域自治体 139
　スウェーデンの―― 44-46
公益法人 103
公害国会 85
公害対策基本法 85
恒久的減税 49
公共事業（費） 109, 110, 113, 125-127, 145, 148, 154, 200
公共事業費補助金 150, 151, 152, 165, 169, 220
公共投資基本計画 125
公共用地先行取得事業債 121, 137
公共用地の先行取得 120-121
控除主義 48, 50
厚生省 98
公的年金等控除 29
高度経済成長 19, 33, 50, 59, 65, 82, 87, 111, 114, 115, 117, 132, 134, 135
交付税措置 2, 12, 17, 20, 48, 110, 121, 128, 129, 134, 135, 137, 138, 157, 185, 217, 218, 219
公有地の拡大の推進に関する法律 117, 137
公立学校施設整備費補助金 150, 221
高率交付金制度 154
公立保育所運営費 48, 53, 151, 158, 165, 169
　――一般財源化 157-158
高率補助金 97-100, 199
国民健康保険 2, 11, 29, 104, 105, 136
国有資産等所在市町村交付金 182-183, 211
国有提供施設等所在市町村助成交付金（助成交付金） 172, 174, 180-183, 192, 211

個人所得税
　——（カナダ）　36
　——（スウェーデン）　36, 43
　——（ドイツ）　43
戸数割　37
国庫支出金　4, 111, 115, 124, 128, 154, 158, 189, 190, 199
国庫補助負担金　2, 7, 9, 10, 11, 17, 48, 50, 99, 109, 141, 149, 151, 154, 165, 166, 180, 220
固定資産税　32, 35, 55 - 77, 143, 174, 181, 192, 193-194
　——評価替え　59, 66, 67, 68, 70, 77, 78
　——評価額と課税標準の乖離　61-62, 67
　——不服審査請求　67

[さ行]

財源対策債　12, 17, 75, 92, 107, 128, 219
財源不足（額）　87, 94, 95, 96, 97, 99, 107, 134, 218
財産（運用）収入　177, 181, 186, 187, 192, 196, 204
財政改革　20
財政構造改革　6, 217, 227
財政硬直化　100, 101-102, 105, 106
財政再建　5, 9, 11, 16, 20, 48, 50, 81, 98, 100, 106, 110, 113, 134, 141, 217, 226
財政制度審議会　5, 25
財政戦争　89, 107
財政調整基金　152
財政誘導　12, 17, 110, 134, 135
財政力指数　14, 15, 143, 158, 218
在日米軍の兵力構成見直し等に関する政府の取組について　207
再編関連特定防衛施設　208
再編交付金　208, 213
財務省　11, 150, 165
債務保証　119
先食い　129, 138, 217, 219
暫定特例措置　67-68
三位一体改革　1, 6, 7, 8, 11, 12, 30, 38, 39, 44, 48, 50, 91, 100, 133, 141, 142, 143, 149, 151, 154, 158, 165, 166, 169, 217, 219, 222
　——の改革行程　9
塩漬け土地　119-120
市街化区域内農地　63
　一般——　63
　特定——　63
シーガイヤ　121
事業税　32, 34, 37, 55, 87, 91, 111
事業費補正　128 - 132, 135, 137, 219, 222, 223
資金運用部　96, 97
資産評価システム研究センター　72
施設整備費国庫補助金　150, 158, 168, 220
施設等所在市町村調整交付金（調整交付金）　172, 175, 180-183, 192, 211
自治省　18, 64, 93, 94, 116, 121
自治体財政危機　19, 20, 81, 93, 135
　戦後２回目の——　7, 38, 82-88, 95, 217
市町村合併　7, 8, 10, 133, 217
市町村の合併の特例等に関する法律　134, 139
市町村の合併の特例に関する法律　134
実質公債費比率　51
実質収支　87, 107, 138, 218
指定管理者制度　106
児童手当　2, 11
児童福祉法　92
児童保護費等負担金　98
島田懇談会事業　⇒沖縄米軍基地所在市町村活性化特別事業
シャウプ使節団日本税制報告書（シャウプ勧告）　7, 18, 37, 50, 57, 78
社会資本整備法　117, 118
住居税（フランス）　36
住宅用地の特例措置　56, 65-66, 67, 77
　小規模——　66, 68-69
周辺整備法　⇒防衛施設周辺の生活環境の整備等に関する法律
住民税　17, 29, 32, 34, 55, 74, 89, 91, 143,

　　　　192, 193-194
　　——均等割　35, 37, 51
　　——所得割　30, 37, 49, 51, 64
　　——フラット（比例税率）化　30, 39-43,
　　　44, 50, 52
　　——法人税割　35, 37
住民投票　30, 172, 207
受益と負担　4, 5, 12, 14, 15, 72, 226
縮小均衡路線　10, 12, 110, 158
主権者向け説明優先財政システム　221
小規模自治体　10, 12, 16, 19, 76, 142, 161,
　　162, 165, 166, 222, 223, 226
小規模島嶼自治体　142, 143
償却資産　57, 60, 78
使用料・手数料　94, 101
譲渡所得税　89
消費者主権論　16
消防防災設備整備費補助金　154
奨励的補助金　151
助成交付金　⇒国有提供施設等所在市町村
　　助成交付金
所得譲与税　42, 48, 151, 154, 157, 159
新型交付税　222-226, 227
人件費　7, 44, 45, 83, 84, 93, 94, 100, 101,
　　146, 147, 198, 218
人税　56
水利地益税　58
聖域なき改革　7
生活保護費　11, 104, 108
　　——負担金　98
税源移譲　2, 4, 9, 10, 11, 25, 38, 39, 48, 90-
　　91, 141, 150, 151, 152, 154, 157, 165, 166,
　　168, 169, 220
制限税率　35, 63
生産緑地　63
政府固定資本形成　109, 134
政府税制調査会　30, 51, 60, 78
税率決定権　46, 56
政令指定都市　15, 87, 136
瀬名波通信施設　210-211
全国革新市長会　107

全国知事会　7, 17, 141
全国町村会　15
前年度課税　42-43
総合課税　89
総合経済対策　120-121
総合保養地域整備法　⇒リゾート法
増税なき財政再建　7, 109, 113, 217
総務省　18, 40, 70, 77, 116, 119, 136, 137,
　　164, 227
測定単位　128, 132
租税特別措置　35, 90
その他行政費　160
ソフトな予算制約　26

[た行]

第三セクター　74, 110, 117, 118, 119, 137,
　　138, 212
　　開発型——　121-123, 135
大正デモクラシー　57
退職手当債　17
第2次臨時行政調査会　86, 93, 103
態容補正　128, 227
　　特別——　132
単位費用　128, 132, 133, 157, 219
段階補正　10, 169, 223, 227
宅地並み課税　63
竹芝地域開発　123
単独事業（費）　12, 47, 114, 133, 134, 161,
　　190, 199, 205
　　地方——　110, 125-127, 135, 138
地域開発　83
地域協定の実施に伴う所得税法等の臨時特
　　例に関する法律　174
地位協定の実施に伴う地方税法の臨時特例
　　に関する法律　174
地域再生事業債　12, 133
地域振興補助金　202, 207
地域総合整備事業債（地総債）　12, 18, 129,
　　133, 219
地価高騰　111
地価税　60

事項索引

地租　57
地方行革　94, 101, 102
地方公営事業会計　102
地方公社　116, 118
地方交付税　4, 5, 8, 9, 12, 16, 18-19, 20, 31, 34, 47, 75-76, 81, 86-87, 95-97, 111, 151, 154, 158, 165, 166, 182, 189, 199, 218, 226
　──財政力格差是正機能　16
　──の財源保障機能　5, 9, 10, 16, 25, 133
　──の特例増額　96
　──補助金化　110
地方交付税特別会計　4, 10, 12, 13, 15, 17, 76, 106, 135
　──借入金　17, 96, 97, 112, 141, 218, 221
　──債務残高　12-13, 15, 19, 20, 76, 134, 218
地方交付税法　18, 95, 96, 132, 134, 162, 218, 219
地方債　8, 17, 97, 106, 115, 124, 126 - 127, 133, 138
　──協議制　35
　──許可制　35
地方債計画　17
地方財政委員会　18
地方財政危機　⇨自治体財政危機
地方財政計画　9, 12, 16, 47, 87, 93, 94, 95, 125, 133, 152, 157, 158, 165, 221
　──一般財源総額　26
　──過大計上　25
地方財政再建特別措置法　123, 138
地方財政対策　81, 96, 112
地方財政調整制度　139
地方財政法　92
地方財政余裕論　113
地方自治の本旨　18, 134, 219
地方自治法　27, 51, 197
地方住宅供給公社　117, 118, 119
地方消費税　143
地方所得税　44, 46, 94
地方制度調査会　93

地方税法　34, 35, 37, 63, 64, 91
地方道路公社　117, 118
地方分権一括法　35
地方分権推進委員会　1, 142, 220
　──最終報告　4, 19, 25, 165
　──中間報告　1, 219
地方6団体　25, 141, 149, 150, 154, 166, 168
中央教育審議会　25
駐留軍用地特別措置法　183
超過課税　35, 51, 63, 107
超過負担　91-92, 94
調整交付金　⇨施設等所在市町村調整交付金
調整費　186
直接請求　37
直轄事業　99, 129, 137, 145
積立金　112
定額減税　49
定率減税　49
電源開発促進特別会計　210
電源3法交付金　181
電源立地地域対策交付金　210
東京テレポートセンター　122
東京都新財源構想研究会　78, 89, 107
東京都税制調査会　52, 79
東京臨海副都心建設　122
投資的経費　11, 12, 19, 20, 83, 84, 99, 102, 104, 106, 110, 130, 132, 134, 135, 151, 152, 154, 189, 198, 200, 218, 219, 222, 226
道州制　10
登録免許税　78
特殊法人　103
特定調停　121, 137
特定防衛施設周辺整備調整交付金　176
特別減税　17, 124
特別行動委員会関係特定防衛施設周辺整備交付金　⇨ SACO交付金
特別交付税　161-164, 166, 185
特別地税　77
特例公債　106

都市経営論　6, 93, 102, 217
都市計画税　55, 56, 57, 59, 66, 67, 70, 78
都市計画法　57, 58
都市再開発　110, 123
都市問題　83, 85
土地開発公社　117, 118-121, 135
土地保有税　60
　――重課論　78
ドーナツ化現象　88

［な行］

内閣府沖縄担当部局　144, 145, 146, 147
内需拡大　20, 109, 113, 114, 217
那覇防衛施設局　184, 191
日米安保条約　171, 177, 178
日米構造協議　125
日米地位協定　173
日本電信電話株式会社の売払収入の活用による社会資本の整備に関する特別措置法⇒社会資本整備法
ネオパーク国際種保全研究センター　212
ネガティブ・インベストメント　192

［は行］

配偶者控除　48,
バブル経済　12, 18, 34, 60, 97, 101, 109, 110, 111, 112, 113, 115, 117, 133, 138, 201
　――崩壊　18, 20, 55, 58, 67, 95, 110, 124, 126, 129, 134, 135, 217
ハンビー飛行場　192-194
非課税限度額　29, 30
標準税率　35, 37, 56, 63
不均一課税　56, 64, 91
複合不況　124
福祉元年　19, 86
扶助費　83, 104, 147
負担水準　56, 68-72
負担調整措置　56, 66-72, 77
普通建設事業費(費)　82-83, 91, 114-115, 126, 133, 142, 144, 146, 152, 165, 190, 199, 205

普通交付税　13, 15, 154, 157, 158, 159-161, 162, 163, 164, 165, 166, 183, 185, 192, 202, 222, 226, 227
物件費　102-104
物税　56
普天間飛行場(基地)　172, 176, 177, 183, 186, 187, 196
　――代替施設　148, 154, 173, 186, 196, 201, 207, 208
普天間飛行場の移設に係る政府方針　185, 204
不動産鑑定士　79
不動産取得税　78
不動産税(ドイツ)　36
富裕団体　88
扶養控除　48
プライマリー・バランス(基礎的財政収支)　10, 221-222
プラザ合意　20, 109, 217
ふるさとづくり(創生)　133, 161, 218
分権型福祉社会　5, 19, 44, 94, 106
分収金　197, 201, 206
分離課税　89
米軍基地　142, 172, 180, 207
米軍再編推進特別措置法　213
平衡交付金　18, 130
へきち保育所　158, 169
防衛施設周辺の生活環境の整備等に関する法律(周辺整備法)　175-176, 179-180, 181, 192, 202, 205
防衛施設庁　168, 180, 202
法人税　90
法定普通税　35
北部振興事業　149, 168, 185, 205, 208
　――公共事業　186, 204
　――非公共事業　186, 204
保健衛生施設等設備整備費補助金　154
補助金　8, 31, 141
　――一律カット　7, 11, 97-100, 113, 114, 118, 148
補助事業(費)　7, 47, 99, 114, 126, 129, 144,

事項索引

145, 146, 147, 149, 152, 153-154, 189, 190, 191, 198-199, 201, 205
補助費　104
補助率の嵩上げ　145, 146, 149, 156, 165, 180, 205
補正係数　128, 163, 223
補正予算　125
北海道開発法　145
本土との格差是正　144, 145, 156, 190, 200, 206

[ま行]

牧港補給基地　213
まちづくり交付金　151
密度補正　130, 132, 183
湊町開発センター　121
「民活」型公共投資　20, 109, 116-123, 135, 217
民間委託・外注化　8, 10, 93, 94, 102-103, 117, 218
民間事業者の能力の活用による特定施設の整備に関する臨時措置法（民活法）　117, 118
民間都市開発の推進に関する特別措置法　117
民事再生法　123
民生安定施設の助成　175, 192
名桜大学　201, 203
明治地方自治制　11, 26, 215
メイモスカラー射撃訓練場　192-194
迷惑施設　172, 180, 207
黙認耕作地　188

モラル・ハザード　4, 5, 8, 12, 16, 19, 26, 139, 207

[や行]

用途別差別課税　65
横田基地　42, 179

[ら行]

ラストバッター　7, 25
リゾート法　110, 117, 118, 135
離島自治体　160, 165
離島振興法　145
臨海副都心開発　122-123
臨時財政対策債（臨財債）　2, 9, 10, 12, 17, 75, 141, 151, 154, 156, 157, 158, 158, 164, 178, 219
臨時地方特例交付金　96
臨時特例措置　68
累進課税　89
老人福祉施設保護費負担金　98
老人保健　104, 105
老年者控除　29

[欧文]

NPM（ニューパブリック・マネジメント）　106
OECD　35, 52, 60
SACO交付金　185, 202-203, 205, 211, 213
SACO補助金　185, 202-203
Swedish Association of Local Authorities and Regions　53
Swedish Institute　52

地名索引

アイスランド 43
赤池町 123, 138
昭島市 41-42, 179
粟国村 143, 168
阿智村 162
アメリカ合州国 32, 60
イギリス 32, 35, 37, 55, 60
石垣市 212
石川市 187
伊是名村 143
内灘村 174
浦添市 178, 186, 211, 213, 223
うるま市 187
大阪市 15, 29, 56, 61, 72-76, 79, 88, 104-105, 112, 121, 123, 136, 137, 227
大阪府 41, 84-86, 87, 88, 91, 92, 121
沖縄県 41, 52, 130, 143, 146-147, 149, 152, 154, 168, 183
沖縄市 104, 177, 211, 223, 227
恩納村 177, 178, 186
勝連町 187
嘉手納町 178, 184, 186-192, 196, 203, 206, 211
神奈川県 41, 51, 60
カナダ 37
鎌倉市 138
韓国 38, 60, 78
北大東村 143, 168
宜野座村 177, 178, 186, 197, 204, 211, 212
宜野湾市 172, 186, 187, 196, 203, 211
岐阜県 5
京都府 41
金武町 177, 178, 180-182, 186, 211
久志 196, 198, 201, 202, 204, 207
具志川市 187
高知県 143
座間味村 143, 168
静岡県 107
静岡市 15
渋谷区 41
島根県 51
清水市 15
スウェーデン 31, 35, 43-48, 50, 94
逗子市 171
砂川 174
世田谷区 41
摂津市 92
台湾 38, 78
竹富町 212
北谷町 178, 186, 187, 192-194, 211
デンマーク 43
ドイツ 31, 32, 35, 43, 52
東京都 41, 64, 69, 87, 88, 91, 92, 111, 122-123, 124, 137, 143
渡嘉敷村 14-15, 143, 158-164, 166, 168
鳥取県 51
渡名喜村 143, 168, 223, 226
長野県 41
名護市 153-154, 157, 172, 177, 183, 185, 186, 194-208, 213, 223
那覇市 104, 143, 159, 168, 199-200, 223, 227
奈良県 41
西原町 178
ノルウェー 43
南風原町 143, 168
浜岡町 180-182
東村 211
兵庫県 41
平良市 152, 156
フィンランド 43
二見以北 201-202
フランス 31, 32, 35, 55
辺野古 172, 186, 196, 207
港区 41
南大東村 143, 168
宮崎県 121
武蔵野市 41
本山町 162
泰阜村 162
夕張市 5, 123, 138
与那城町 187
与那原町 168
読谷村 210-211

人名索引

青木宗明　133, 139
赤井伸郎　26, 136
赤川彰彦　137
秋山幹男　107
池上岳彦　25, 138
石田頼房　78
石原信雄　108, 132, 138
石弘光　138
出井信夫　138
井上誠一　53
内田剛弘　107
遠藤宏一　136
遠藤安彦　138
大内兵衛　215, 227
大住荘四郎　108
大田昌秀　172
大塚辰治　216
岡崎靖典　132, 139
岡田章宏　108
岡本直樹　52
岡本全勝　27, 47, 53, 139, 163, 169, 211, 227
尾林芳匡　108
片山義博　25, 138
金澤史男　94, 108, 136
北沢栄　103, 108
来間泰男　210
権炳秋　78
久場政彦　168, 212
小宮大一郎　169
小森治夫　168

斉藤彰秀　137
斉藤愼　108
佐藤和男　107
佐藤昌一郎　173, 209
佐藤主税　26
重森暁　103, 108, 168
島恭彦　215, 227
島田晴雄　184
清水修二　210
白川一郎　137
菅原敏夫　108
砂川良和　78
関一　216, 227
醍醐聡　27, 138
高木健二　138
高橋誠　78
竹内謙　138
竹中平蔵　222
地井昭夫　194, 212
塚田十一朗　96
仲地博　186, 187, 211
羽柴駿　107
林建久　52
日比野登　107
平岡和久　25, 162, 169
平嶋彰英　53
藤井威　52
藤岡純一　52
藤田武夫　81, 107, 108, 109, 132, 134, 136, 138
兵谷芳康　169

本間正明　108
本間義人　227
正籬聡　137
三木義一　78
三澤美喜　137
水本忠武　51
美濃部亮吉　89, 107
宮城康博　203, 212
宮崎義一　138
宮本憲一　107, 136, 142, 166, 210
三輪定宣　26
務台俊介　52
室田哲男　52
目良浩一　78
持田信樹　53
森裕之　25, 136, 162, 169
森靖雄　136
山縣有朋　11, 26, 215
山田明　136
山下耕治　26
山本節子　136
横山忠広　169
吉岡健次　108
吉村恵一　52
米原淳七郎　30, 51, 77, 78

Agne Gustafssom　52
John Kenneth Galbraith　26
John Rawls　226, 227

初出一覧

　本書の執筆に際しては，下記の既発表論文を活用して，新たに資料を加えるなどして，大幅な加筆・訂正をおこなった．ただし，序章と終章は書き下ろしである．

第1章　「住民税比例税率化をどうみるか」『季刊・自治と分権』第26号，2007年1月
第2章　「市町村と固定資産税」関野満夫・自治体問題研究所編『地方税財源の改革課題』自治体研究社，2001年，「地方分権と固定資産税」日本租税理論学会編『地方自治と税財政制度』法律文化社，2006年
第3章　「戦後における地方財政の歩みと特質」池上惇・植田和弘・重森曉編『地方財政論』有斐閣，1990年，「第2臨調と地方財政」『住民と自治』1997年8月
第4章　「バブル経済と地方財政」『住民と自治』1997年9月，「バブル経済の崩壊と地方財政」『住民と自治』1997年10月，「都市財政危機が意味すること」原田純孝編『現代の都市法Ⅱ 諸相と動態』東京大学出版会，2001年，「構造改革の軌跡と自治体財政」重森曉・田中重博編『構造改革と地方財政―分権的税財政システムへの展望』自治体研究社，2004年
第5章　「「三位一体改革」と沖縄」『都市問題』第97巻第6号，2006年6月
第6章　「沖縄復帰政策と自治体財政」『都市問題』第89巻第5号，1998年5月，「復帰政策と地方自治」宮本憲一・佐々木雅幸編『沖縄　21世紀への挑戦』岩波書店，2000年，「基地新設と自治体財政」『都市問題』第93巻第11号，2002年11月

［著者紹介］

川瀬　光義（かわせ　みつよし）

京都府立大学福祉社会学部教授．1955 年大阪市生まれ．86 年京都大学大学院経済学研究科博士後期課程指導認定，87 年同前退学．埼玉大学，立命館大学，静岡県立大学を経て現職．京都大学博士（経済学）

［主著］

『台湾の土地政策―平均地権の研究』青木書店，1992 年
　（東京市政調査会藤田賞受賞）
『台湾・韓国の地方財政』日本経済評論社，1996 年
『グローバル化時代の都市』（共著），岩波書店，2005 年

幻想の自治体財政改革

2007 年 9 月 20 日　第 1 刷発行

定価（本体 3200 円＋税）

著　者　　川　瀬　光　義

発行者　　栗　原　哲　也

発行所　　株式会社　日本経済評論社

〒 101-0051 東京都千代田区神田神保町 3-2
電話 03-3230-1661／FAX 03-3265-2993
E-mail: nikkeihy@js7.so-net.ne.jp
振替 00130-3-157198

装丁＊渡辺美知子　　　　太平印刷社・美行製本

落丁本・乱丁本はお取替いたします　Printed in Japan

Ⓒ KAWASE Mitsuyoshi 2007

ISBN978-4-8188-1956-6

・本書の複製権・譲渡権・公衆送信権（送信可能化権を含む）は㈱日本経済評論社が保有します．
・JCLS〈㈱日本著作出版権管理システム委託出版物〉
本書の無断複写は著作権法上での例外を除き禁じられています．複写される場合は，そのつど事前に，㈱日本著作出版権管理システム（電話 03-3817-5670，FAX03-3815-8199，e-mail : info@jcls.co.jp）の許諾を得てください．